Kohlhammer

Die Autorin

Dr. Lisa Hoffmann ist Dipl.-Psychologin und Wissenschaftlerin. Von 2012–2024 forschte und lehrte sie am psychologischen Institut der Universität Bonn in der Abteilung Sozial- und Rechtspsychologie. Seit August 2024 ist sie Wissenschaftliche Mitarbeiterin und Lernbereichsleitung (Gesundheits-, Sozialwissenschaften und Psychologie) am Institut für Hebammenwissenschaft der Universität Bonn. Ihre Forschungsschwerpunkte liegen vor allem im Bereich Geburt, Übergang zur Elternschaft, Mindsets, Emotionen, Genderstereotype und Sexualität. Neben ihrer wissenschaftlichen Tätigkeit setzt sie sich in den sozialen Medien, vor allem Instagram (unter dem Handle @einanfang), für Wissenschaftskommunikation ein.

Lisa Hoffmann

Female Mindsets

Wie Denkmuster Weiblichkeit formen – über Geburt, Sexualität und die Macht der Erwartungen

Mit einem Geleitwort von Susanne Mierau

Verlag W. Kohlhammer

1. Auflage 2025

Gesamtherstellung: W. Kohlhammer GmbH, Heßbrühlstr. 69, 70565 Stuttgart
produktsicherheit@kohlhammer.de

Print:
ISBN 978-3-17-045584-9

E-Book-Formate:
pdf: ISBN 978-3-17-045585-6
epub: ISBN 978-3-17-045586-3

Für meine Töchter

Geleitwort

Wie sprechen wir über Frauen, über Mütter, über Geburt, über Sexualität, über Fürsorglichkeit – und wie prägt das, was wir sagen und gesagt bekommen, unser Denken? In den vergangenen Jahren sind wunderbare Bücher erschienen über die Unsichtbarkeit von Frauen in vielen Bereichen wie Literatur, Politik und Medizin. Wenn Sie dieses Buch in den Händen halten, wird Ihr Blick nun auf die psychologische Forschung rund um Erwartungen an Weiblichkeit und Mutterschaft gerichtet und mit hoher Wahrscheinlichkeit werden Sie die Welt nach dieser Lektüre anders sehen als zuvor.

Oft ist uns nicht bewusst, wie tief gesellschaftliche Erwartungen an Weiblichkeit und Elternschaft in unseren individuellen Mindsets verwoben sind. Wir tragen Glaubenssätze in uns, deren Entstehung und Verfestigung wir selten hinterfragen. Das gilt für unseren Alltag, aber auch für das berufliche Handeln all jener Personen, die in den verschiedenen Berufsfeldern rund um Reproduktion, Geburt, Familie tätig sind. Dabei sind viele dieser in uns verfestigten Strukturen kulturell geprägte Narrative und keinesfalls biologische Notwendigkeiten. Was wir als »normal« oder »natürlich« betrachten oder uns als solches vorgestellt wird, ist letztlich häufig sozial erlernt und reproduziert – ob nun in Bezug auf das Geburtserleben, auf Bindung, Mutterschaftsbilder, Verteilung von Sorgearbeit und Rollenbilder, mentale Gesundheit oder generelle Wahlfreiheit zur Elternschaft.

Auch in meiner eigenen Arbeit treffe ich immer wieder auf Familien, die Geburtserlebnisse verarbeiten oder mit Glaubensmustern über Elternschaft ringen. Nicht selten wurde Gebärenden suggeriert, sie hätten »versagt«, wenn medizinische Interventionen benötigt worden sind. Auch ich selbst bin mit solchen Aussagen konfrontiert worden, nachdem ich mein drittes Kind nicht wie das Kind zuvor zu Hause, sondern mittels Interventionen im Krankenhaus geboren habe. Werden diese Glaubenssätze verinnerlicht, kann das langfristige Folgen haben. Umso bedeutsamer ist ein achtsamer Umgang aller Beteiligten mit eben solchen Bildern und Denkweisen. Geburt ist ein tiefgreifendes Lebensereignis, das psychisch wie körperlich Wirkung entfaltet. Ob eine Geburt positiv erlebt wird, hängt nicht an einem Ideal, sondern an guter Begleitung – und an der Anerkennung der gebärenden Person in ihrer Autonomie und ihren Bedürfnissen. Das entspricht zutiefst meinem Verständnis einer bindungs- und bedürfnisorientierten Elternschaft: Es geht nicht um »richtige« Wege, sondern um individuelle Sicherheit, Beziehung und Würde – von Anfang an. Dabei sind eben nicht »nur« Geburten höchst ideologisch überfrachtet, auch auf dem unregulierten Markt der Coachingformate und Elternberatungen finden wir zahlreiche Bindungsideale und Mythen, die Scham- und Schuldgefühle von Eltern und gerade Müttern ansprechen, hervorrufen und von diesen monetär profitieren. Umso wichtiger ist es, hier ethische und fachliche Standards einzufordern. Es ist höchste Zeit, dass jemand einen klaren Blick auf die ethische Verantwortung der Beratungsarbeit wirft.

Dr. Lisa Hoffmanns Buch ist ein starkes Plädoyer dafür und für mehr Diversität in der psychologischen Forschung – in Themen, Perspektiven und Fragestellungen. Es erinnert uns daran, wie notwendig es ist, weibliche Erfahrungen nicht als Randphänomen abzutun, sondern sie mit ins Zentrum von Wissenschaft, Gesundheit und Gesellschaft zu rücken. Es eröffnet Räume für Fragen, die lange nicht gestellt wurden – präzise, fundiert und dennoch nahbar. Und auf eine Weise, die zugleich klug, persönlich und politisch ist. Ich wünsche Ihnen daher mit diesem Buch eine spannende Reise zu einer erweiterten Weltsicht.

Susanne Mierau

Inhalt

1 Ein sehr kurzer Prolog

Es ist die deutsche Konferenz der psychologischen Fachschaft. Ich stehe im Seminarraum, der immer voller wird. Stühle werden aus anderen Räumen geholt und Zuhörer*innen sitzen auf dem Boden. Während ich meinen Vortrag halte, der ungefähr die Inhalte dieses Buches widerspiegelt, werde ich an vielen Stellen unterbrochen, es werden Fragen gestellt. Ich switche zwischen den Folien hin und her. Mich stört das nicht, ich bin das gewöhnt. Nach dem Vortrag kommen einige auf mich zu und fragen, ob ich den Vortrag auch noch mal an anderer Stelle halten könnte. Das kann ich, klar. Ich habe schon viele Vorträge über Geburt gehalten. Vor Hebammen, vor Mediziner*innen, im Rahmen der Bonner Ringvorlesung, vor den Juror*innen, die mir später den Promotionspreis für meine Arbeit verliehen haben, vor Student*innen der Psychologie oder anderer Fächer. Meistens gehe ich aus diesen Vorträgen mit einem guten Gefühl und der Gewissheit, dass es schon irgendwie Sinn macht, was ich hier tue.

In der wissenschaftlichen Psychologie jedoch ist das ein bisschen anders. Reiche ich einen Vortrag auf einer Tagung ein, wird dieser zwar in der Regel angenommen, der Vortragslot, also die Uhrzeit, ist meistens aber eher undankbar: Früh morgens, wenn die Hälfte der Teilnehmenden noch schläft, oder parallel zu Vorträgen, bei denen die Themen so *en vogue* sind, dass sich dort die Mehrzahl tummelt. Um darauf aufmerksam zu machen, dass das Thema Geburt in der Psychologie vielleicht ein bisschen mehr Aufmerksamkeit verdient hat, habe ich bei der letzten Tagung der Deutschen Gesellschaft für Psychologie einen längeren Vortrag eingereicht, bei dem mein ehemaliger Chef meinte, er hätte einen guten Titel, nämlich *Das ungeliebte Kind der Psychologie.* Eben weil Psycholog*innen das Thema nicht lieben, weil es keine Rolle spielt in der Psychologie. Weil wir einen Beitrag in einer psychologischen Fachzeitschrift einreichen und dieser mit ziemlich hoher Wahrscheinlichkeit abgelehnt wird, aber nicht etwa, weil methodisch etwas nicht stimmt, sondern meistens mit der Begründung, dass Thema würde nicht zur Ausrichtung passen, weil es nicht für alle, sondern nur für eine Substichprobe, also Frauen, relevant wäre (das stimmt übrigens nicht). Nicht weniger ironisch wird diese Argumentation, wenn wir die Artikel bei Zeitschriften einreichen, die im Titel *Gesundheit* oder *Frau* tragen.

Als die Rückmeldungen zu den Vorträgen kamen, schickte mir eine Freundin lachend einen Screenshot und fragte mich, ob ich gesehen hätte, dass mein Vortrag in einer Session gepaart wurde zum Thema Flüchtlinge? Ich schrieb als Scherz zurück, dass es ja wohl sein könnte, dass um Geburten ginge, die Frauen auf der Flucht erleben. Scherzend nicht, weil das Thema so lustig ist, im Gegenteil, scherzend, weil klar war, dass es ganz sicher nicht so ist. Geburt ist kein Thema in der Psychologie und wahrscheinlich noch mal weniger, wenn es Frauen auf der Flucht betrifft. Und so wichtig das Thema Flüchtende ist und ich es für ausgesprochen bedeutsam halte, dass das Thema in der Psychologie behandelt wird, und es ganz gewiss keine Beleidigung ist, in einer Session gemeinsam zu diesem Thema vorzutragen, so zeigt diese sonderbare Paarung der beiden Vorträge doch eines: Psycholog*innen haben keine Ahnung, wo sie das Thema Geburt einsortieren sollen. Weil es bisher in der Psychologie kaum existiert hat. Weil Forschung zu diesen Themen erst so langsam beginnt. Weil das Thema nicht gelehrt wird, weder an der Universität noch in der Weiterbildung zur*m psychologischen Psychotherapeut*in. Weil ein bisschen Interesse erst im letzten Jahrzehnt entflammt ist. Vielleicht, weil erst jetzt immer mehr Frauen eine wissenschaftliche Karriere machen. Sicher weiß ich es nicht. Ich kann nur raten.

Dieses Buch schreibe ich, weil Jana Heinicke mich für ihr Buch *Aus dem Bauch heraus – wir müssen über Mutterschaft reden* interviewt, Annika Grupp von Kohlhammer genau dieses Buch gelesen und dann mich kontaktiert hat, um zu fragen, ob ich mir vorstellen könnte, auch eines zu schreiben, welches aus einer psychologisch-wissenschaftlichen Perspektive heraus die Themen Mutterwerden und Muttersein beleuchtet. Jana Heinicke wiederum ist auf mich gestoßen, weil sie an einer meiner Studien teilgenommen hat. Und das ist schon ein wenig verrückt. Verrückt, dass eine wissenschaftliche Studie Frauen so sehr berühren kann, dass sie anfangen, sich mit dem Thema Geburt auseinanderzusetzen. Ob bei Jana meine Studie der Anfang war oder ob das Thema schon vorher präsent war, weiß ich nicht, aber ich weiß, dass das für manche Frauen so ist, dass die Teilnahme an meinen Studien zu einem Nachdenken über das Erlebte während der Geburt führt – jedenfalls bekomme ich manchmal diese Rückmeldungen per E-Mail, wenn ich bei Instagram eine Studie poste mit der Bitte teilzunehmen. Dass das so ist, liegt gar nicht an mir oder daran, dass meine Studien so toll sind, es liegt daran, dass ich mit den Studien einen Nerv treffe, weil Frauen sich gesehen fühlen, weil sich endlich jemand mit ihnen und ihren Geburtserfahrungen, die so oft negativ sind, beschäftigt. Weil – zurecht – der Eindruck entsteht, dass nicht egal ist, was passiert ist. Und so gut das für mich ist, weil es mir häufig ermöglicht in sehr kurzer Zeit viele Studienteilnehmende zu rekrutieren, so ist es gleichzeitig auch sehr traurig, denn es zeigt, an welcher Stelle das Thema Geburt in der Gesellschaft steht (und vielleicht auch, an welcher Stelle Frauen eigentlich stehen).

Ich schreibe dieses Buch, weil ich ein bisschen Glück hatte, weil zwei Frauen zur richtigen Zeit meine Forschung entdeckt haben. Vielleicht aber wäre es erstrebenswert, wenn Frauen nicht so viel Glück haben müssten, damit zufällig die richtigen Personen die Themen, die uns betreffen, sehen, sondern dass diese Themen als wichtig und als valide angesehen werden, unabhängig davon, ob wir zufällig zur richtigen Zeit am richtigen Ort sind – oder wie in meinem Fall im richtigen Buch stehen.

2 About Mindsets

Vor einigen Jahren bekam ich einen Tweet zugeschickt, in dem Magarete Stokowski fragte, warum *Mindset* eigentlich ein so unsympathisches Wort sei (Stokowski, 2020). Die Antwort ist vermutlich, dass der Begriff zweckentfremdet wurde von der Coaching-Szene, die suggeriert, Mindsets hätten etwas mit Optimierung der eigenen Denkmuster und Persönlichkeit zu tun. Der Titel dieses Buches spielt mit diesem Klischee und der Idee, dass Frauen ihre Denkmuster optimieren müssen, um gleichberechtigt zu leben, als sei Ungleichheit irgendwie ihre Schuld. So, wie man Frauen jahrelang erzählt hat, der Gender-Pay-Gap würde deshalb vorliegen, weil sie in Verhandlungen nicht so hart auftreten wie ihre männlichen Kollegen und sie letztlich einfach nur mehr Gehalt fordern müssten, um ebenso gut bezahlt zu werden. Nun gibt es mittlerweile Daten, die zeigen, dass Frauen inzwischen zwar nach einer höheren Bezahlung fragen, sie aber trotzdem nicht bekommen (Artz et al., 2018). Weil es vielleicht gar nicht um Female Mindsets geht, die optimiert werden müssen, sondern vielmehr um ein gesellschaftliches Bild von Frauen, von strukturellem Sexismus, der sich in vielen Bereichen äußert – auch in Bereichen, in denen es auf den ersten Blick gar nicht den Anschein hat.

Und ja, vielleicht ist *Mindset* ein unsympathisches Wort, weil es vordergründig etwas suggeriert, was es nicht ist, weil mit dem Wort ein Hauch Leichtigkeit einhergeht und die implizite Forderung sich selbst zu optimieren, selbst das eigene Glück zu formen. Von der Tellerwäscherin zur Millionärin, wenn der Wunsch und die Motivation nur hoch genug sind. Eine Welt, in der Frauen potentiell alles erreichen könnten, wenn sie nur wollten – wenn ihr Mindset stimmt. Aus wissenschaftlicher Sicht jedoch beschreiben Mindsets etwas anderes, etwas, was gar nicht so unsympathisch ist, sondern erstmal mehr oder weniger neutral erklären soll, dass Menschen die Welt unterschiedlich wahrnehmen und warum sie sich verhalten, wie sie es eben tun – und kommt dabei, anders als der gesellschaftlich-patriarchale Blick, ohne Schuldzuweisung aus (zumindest meistens).

Mindsets – wissenschaftlich betrachtet

Mindsets sind internalisierte, also verinnerlichte Denkmuster, die beeinflussen können, welche Informationen wir aus der Umwelt wahrnehmen, wie sie interpretiert werden und welche Handlungen auf Basis dieser Wahrnehmung und Interpretation vollzogen werden (Gollwitzer et al., 1990). Sie sind als eine Art mentale Brille zu verstehen, durch die Menschen ihre Umwelt sehen (Crum et al., 2013). Mindsets entstammen der Grundannahme der Psychologie, dass es keine objektive Realität gibt, sondern alles, was wahrgenommen wird – und wie es wahrgenommen wird – auf unseren vorherigen Erfahrungen beruht. Im Laufe unseres Lebens lernen wir Menschen, wie unsere Umwelt funktioniert, wir übernehmen Denkweisen, die in der Gesellschaft vorherrschend sind. Wir lernen zum Beispiel, wie Mädchen angeblich sind, nämlich weich, gefühlsbestimmt und selbstaufopfernd (Bem, 1974a), und wie Jungs sind, nämlich eher stark, durchsetzungsfähig und mutig. Wir lernen, wie sich Mädchen und Jungs und später Frauen und Männer entsprechend der vorherrschenden sozialen Normen verhalten sollen. Wir lernen Menschen hinsichtlich bestimmter Kategorien wie Abstammung, Aussehen, Geschlecht, Sexualität, Intelligenz oder was auch immer einzuordnen. Wir formen Stereotype basierend auf diesen Kategorien und diskriminieren basierend auf Stereotypen. Oder werden Betroffene von Diskriminierung.

Über Mindsets zu reden, so, wie sie aus einer psychologischen Perspektive heraus zu verstehen sind, ist also gar nicht so dumm. Denn letztlich beschreiben sie erst mal nur, dass wir unsere Umwelt durch eine gefärbte Brille wahrnehmen. So wie Verliebte angeblich alles durch eine rosa-rote Brille wahrnehmen, weil sie glücklich sind und ihre Partnerperson und damit die gesamte Umwelt idealisieren, so nehmen auch Nicht-Verliebte ihre Umwelt gefärbt wahr. Manchmal ist dies gut – so wie es das für Verliebte ist –, manchmal jedoch eher weniger, nämlich immer dann, wenn unsere Mindsets, also die Art und Weise, wie wir unsere Umwelt wahrnehmen, andere Personen in ihrem Wohlergehen und ihrer Würde eingrenzen, indem wir ihnen mit Stereotypen, Vorurteilen, Stigmatisierung und Diskriminierung begegnen, oder wenn wir anderen Personen potentiell schaden, weil unser Mindset dazu führt, dass wir uns in einer weltweiten Pandemie nicht an die Infektionsschutzregeln halten.

Empirische Befunde

In der Forschung gibt es eine Vielzahl von Themen, zu denen Mindsets diskutiert werden. Ein ziemlich prominentes ist das Thema Intelligenz (Dweck, 2012), das in den sozialen Medien häufig dargestellt wird und erklären soll, dass Menschen kognitive Fähigkeiten als eher begrenzt und starr wahrnehmen können (Fixed Mindset) oder als etwas Veränderbares (Growth Mindset). Letzteres wird als positiv für die Lernmotivation diskutiert. Mindsets werden aber auch in den Bereichen Selbstkontrolle (Job et al., 2010), Verschwörungstheorien (Imhoff et al., 2022) oder Geburt (Hoffmann & Banse, 2021) erforscht. Das vielleicht bekannteste Mindset, welches jedoch in der Regel nicht explizit als solches bezeichnet wird, sondern den Begriff des *internalen Arbeitsmodells* verwendet, ist sicherlich das Konzept der Bindung, welches insbesondere für Frauen eine Rolle spielt, weil es inhärent verwoben ist mit dem Aufziehen von Kindern, für das in den meisten Fällen Frauen verantwortlich sind.

Mindsets können sich auf das Verhalten auswirken. Zum Beispiel darauf, wie viel Selbstkontrolle ich aufwende, wenn ich von vornherein denke, dass Selbstkontrolle eine limitierte Ressource ist, nämlich weniger, als wenn ich denke, dass Selbstkontrolle unlimitiert ist (Job et al., 2010). Sie stehen damit in Zusammenhang, welches Schutzverhalten ich in einer Pandemie ausführe: Wenn ich zu einer stärkeren Verschwörungsmentalität neige, dann eher weniger als Personen mit geringerer Verschwörungsmentalität (Imhoff & Lamberty, 2020). Sie können vorhersagen, ob ich mehr oder weniger Interventionen unter Geburt benötige (Hoffmann et al., 2023a), oder im Bereich Sexismus, ob ich als linke Frau lieber einen frauenverachtenden Kandidaten (Donald Trump) wähle als eine Frau (Hillary Clinton). So zeigte eine Studie, die Daten zu den U.S.-Wahlen 2016 analysierte, dass Sexismus zwar natürlich nicht als der einzige Faktor angesehen werden kann, der für den Wahlverlust von Hillary Clinton gegenüber Donald Trump verantwortlich war, aber dennoch eine entscheidende Rolle spielte. Interessanterweise war Sexismus insbesondere für Personen mit linker politischer Orientierung ein zentraler Aspekt bei der Wahlentscheidung (Rothwell et al., 2019).

Die Autor*innen der dargestellten Forschungsarbeiten unterscheiden sich übrigens nicht nur bezüglich der unterschiedlichen mindsetbezogenen Themen, sondern auch in der expliziten und impliziten Annahme darüber, inwieweit sich Mindsets modifizieren lassen und ob dies überhaupt notwendig und ethisch vertretbar ist. Für den Bereich Geburt gehe ich davon aus, dass sich das geburtsbezogene Mindset als eher stabil darstellt. Dazu aber später mehr.

Mindsets spielen also eine Rolle in den unterschiedlichsten Bereichen. Teilweise sind diese bekannt und erforscht, teilweise noch nicht. Teilweise erfahren sie eine große Öffentlichkeit, weil Forschung in diesem Bereich gerade *en vogue* ist, wie vor einigen Jahren im Bereich der Selbstkontrolle und momentan der Verschwörungsmentalität. Teilweise sind die betreffenden Mindsets und ihr Effekt noch eher unbekannt.

Female Mindsets

Klassischerweise fehlt Forschung zum Mindset in den Bereichen, in denen es vor allem Frauen betrifft. Darum genau jedoch geht es in diesem Buch: um Denkmuster, die damit verbunden sind, Frau zu sein. Um Female Mindsets. Nichts an diesen Mindsets ist jedoch per se *female*, also weiblich, vielmehr geht es um die Frage, wie mentale Repräsentationen, also unsere verinnerlichten Annahmen und Überzeugungen eine bestimmte Kultur oder Norm der Weiblichkeit erzeugen und aufrechterhalten. Eine Kultur, in der Gleichberechtigung der Geschlechter in vielen Bereichen und Belangen nach wie vor nicht erreicht ist, eine Kultur, die also noch immer sexistisch ist – in der Wissenschaft, im Gesundheitssystem, bei der Care-Arbeit, beim Sex.

Female Mindsets sind dabei nur zu bergreifen, wenn man sich anguckt, wie stark sie in die vorherrschenden sozialen Normen der bestehenden Gesellschaft eingebettet sind, wenn man versteht, dass die Kultur der Ungleichheit sowohl von außen an Frauen herangetragen wird, aber auch durch sie und ihre verinnerlichten Denkmuster aufrechterhalten wird. Female Mindsets sind dabei übrigens nicht wirklich getrennt von Male Mindsets zu verstehen. Ich konzentriere mich in diesem Buch auf Annahmen und Überzeugungen über Frauen, letztlich sind Female und Male Mindsets jedoch spiegelbildlich komplementär, stützen und verstärken sich gegenseitig, sind beide internalisiert und beeinflussen damit das menschliche Zusammenleben mal mehr und mal weniger offensichtlich.

Ein bisschen versteckter Sexismus

Ich habe direkt nach dem Abitur angefangen, Psychologie zu studieren, gerade aus der Schule, nicht ganz unvertraut mit dem Fach

Psychologie, da ich es bereits als Leistungskurs in der Schule hatte. Was neu war, war der stark wissenschaftliche Zugang, die sehr starke Fokussierung auf das methodische Vorgehen, viel Statistik, viele englische Originalartikel. Das Psychologiestudium war anders als ich erwartet hatte, es war vor allem viel Auswendiglernen. Manches Mal bin ich an der Sinnhaftigkeit dahinter verzweifelt. Und dann gab es da aber die Sozialpsychologie, die mich ein bisschen gerettet hat. Weil es gar nicht ums Auswendiglernen, sondern ums Verstehen ging. Ich erinnere mich noch sehr genau an die mündliche Prüfung in Sozialpsychologie. Es ging um benevolenten Sexismus und der Prüfer fügte den Satz dazu, dass ich dazu doch bestimmt etwas zu sagen hätte. Benevolenter Sexismus beschreibt die Tendenz, Frauen stereotyp wahrzunehmen (Glick & Fiske, 1996), also als weich, aber gleichzeitig als sehr fragil und vulnerabel. Der entsprechende Fragebogen umfasst Aussagen wie die, dass Frauen von Männern umsorgt und beschützt werden sollten (ebd.). *Frauen und Kinder zuerst von Bord* ist vielleicht das bekannteste Beispiel für benevolenten Sexismus. Diese Form des Sexismus ist jedoch besonders schwer zu erkennen, weil sie vermeintlich wohlwollend ist, aber eben darauf beruht, dass Frauen als schwächer angesehen werden als Männer, und Männer Frauen damit überlegen sind.

Tatsächlich hatte ich etwas zu der Prüfungsfrage zu sagen, aber viel weniger als ich es jetzt hätte, und vor allem war mir bis dahin gar nicht klar, wie selbstverständlich für mich manche Dinge waren, die aber für viele Frauen gar nicht so selbstverständlich sind. Es hat etwas gedauert, mir dieses Privilegs und der damit verbundenen Selbstverständlichkeit bewusst zu werden.

Eingebettet in soziale Normen

Darüber hinaus ist es oft auch gar nicht so leicht Sexismus (oder jegliche Form der Diskriminierung) zu erkennen, da er manchmal sehr subtil ist, ebenso wie benevolenter Sexismus. Weil Sexismus häufig Teil der vorherrschenden sozialen Normen ist, also der expliziten und impliziten Vorstellungen, Erwartungen und Regeln für angemessenes Verhalten, welche von der Gesellschaft, Institutionen oder Gruppen aufgestellt werden (Smith & Mackie, 2007). Die Abweichung von diesen Normen hat für Personen in der Regel Konsequenzen, seien es soziale, wie zum Beispiel die Ausgrenzung der Person, oder rechtliche, wenn es zum Beispiel um die Überschreitung von Gesetzen geht. Daher sind wir bestrebt, uns innerhalb der Grenzen der festgelegten Normen zu verhalten. Auch geben soziale Normen Orientierung, welches Verhalten in bestimmten Situationen angemessen ist und unterstützen das menschliche Bedürfnis, Dinge *richtig* zu machen (Werth et al., 2020b). Wenn Sexismus also mehr oder weniger explizit Teil der vorherrschenden sozialen Normen ist, wenn es eine Kultur gibt, in der Frauen als weniger wert betrachtet werden, es cool ist, sie sexuell zu objektifizieren, eine *bro culture* vorherrscht, in der sich Männer gegenseitig helfen und Frauen damit strukturell benachteiligt sind, und es Gesetze gibt, die Frauen und ihre sexuelle Selbstwirksam beschneiden, indem zum Beispiel Schwangerschaftsabbrüche kriminalisiert werden – wenn all das »normal« ist und schon Heranwachsende mit diesen Sichtweisen konfrontiert sind, verlangt es eine gewisse Sensibilität und vor allem auch Wissen darüber, was Sexismus ist, um ihn zu erkennen. Soziale Normen jedoch sind wandelbar, sie sind nicht festgeschrieben, sie sind eingebettet in kulturelle und zeitliche Gegebenheit und sie können auch die Gesetzgebung beeinflussen. Beispiele dafür sind das veränderte Gesetz zu Vergewaltigungen in der Ehe ab den 1990er Jahren oder auch die #Metoo-Bewegung der letzten Jahre.

Manchmal also benötigt es eine Veränderung des eigenen Mindsets und des eigenen Wissens, um Ungleichheit wahrzunehmen, vielleicht hervorgerufen durch die Änderung einer Situation. Dass Frauen noch nicht vollständig gleichberechtigt sind, wurde mir letztlich erst klar, als ich Mutter geworden bin. Eigentlich ist dies verwunderlich, denn wenn ich zurückblicke, kann ich viele Situationen benennen, in denen ich als Frau diskriminiert wurde – vor allem gesundheitliche Faktoren betreffend. Etwas, was nicht unüblich ist, wenn man sich Daten zum Gender-Gap in der Medizin anguckt, die verdeutlichen, wie untererforscht Krankheiten sind, die vor allem Frauen betreffen und wie häufig Frauen zum Beispiel Schmerzen abgesprochen werden – etwas, was mehr und mehr Aufsehen auch in der Öffentlichkeit erfährt (Thomas, 2024). Aber, wie beschrieben, es brauchte erst einen *Mindset Shift*, also eine Änderung meiner Wahrnehmung und eine stärkere Sensibilität für bestimmte Themen, um zu verstehen, welche Female Mindsets in mir und gesamtgesellschaftlich existent sind. Dieses Buch stellt einige von ihnen dar. Es soll zeigen, inwieweit Mindsets beeinflussen können, wie Frauen als Forschende wahrgenommen werden, wie und ob geschlechtsspezifische Themen und auch Krankheiten erforscht werden, wie Frauen sich und die ihnen zugeschriebenen Eigenschaften und ihre Sexualität wahrnehmen, wie sie Geburt und Gewalt unter Geburt bewerten und ob sie sich schuldig fühlen, wenn sie Interventionen unter Geburt benötigt oder gewollt haben, und wie sie sich als Mutter begreifen.

Diese Themen sind relevant. Frauen sind relevant. Misogynie ist relevant. Ich schreibe dieses Buch in einem Jahr, in dem Gisèle Pelicot als feministische Hoffnung beschrieben wurde, dafür, dass sie öffentlich gemacht hat, dass sie jahrelang von ihrem damaligen Ehemann mit Medikamenten betäubt und von ihm sowie dutzenden anderen Männern jeglicher Profession und jeden Alters vergewaltigt wurde. Ein Prozess, der vor allem Frauen berührt hat, wie teilweise von Journalist*innen hervorgehoben wurde (Schläfer, 2024). Vielleicht, weil das Thema nach wie vor für viele Männer nicht wichtig ist, vielleicht weil Sexismus, Vergewaltigungen und Gewalt gegen Frauen noch viel zu sehr Teil unserer sozialen Normen sind. Dieses Buch beschreibt Female Mindsets, die aber nur existieren können, weil sie Teil dieser Gesellschaft und deren Strukturen sind, in der Frauen immer noch benachteiligt sind – in einem unterschiedlichen Ausmaß der Sichtbarkeit.

Female Mindsets, der Titel dieses Buches suggeriert, es ginge um das Individuum, die einzelne Person, so wie häufig in der Psychologie betrachtet. Die einzelne Person, die für ihr Glück und ihre psychische Gesundheit verantwortlich ist. Von der Tellerwäscherin zur Millionärin – wenn doch nur ihr Mindset stimmen würde. Letztlich jedoch soll dieses Buch an vielen Stellen patriarchale Strukturen und damit patriarchale Mindsets sichtbar machen, die in uns allen verankert sind und die uns allen schaden – egal ob Frau oder Mann.

3 Science-Geflüster

Mehrere Jahre habe ich in der Uni ein Seminar unterrichtet, in dem es um Theorien der Psychologie sowie um strittige Befunde ging. Was es nicht gab – und vielen der Studierenden fehlte –, waren klare Antworten. Kein: So ist das jetzt. So funktioniert das. Das oder das muss getan werden, um dieses oder jenes zu erreichen. Psychologische Wissenschaft gibt häufig keine klaren Antworten oder sie gibt sie zumindest nicht sofort, weil es sich um einen kumulativen Prozess handelt (Eronen & Bringmann, 2021).

Es werden Sachverhalte messbar gemacht, Eigenschaften Zahlen zugeordnet, um daraus Schlüsse zu ziehen. Manchmal passieren dabei Fehler, nicht selten sogar. Dann werden Aussagen nach einigen Jahren revidiert, Methoden verworfen, Empfehlungen neu ausgesprochen. Befunde, die in der Psychologie lange Zeit als Standard galten, lassen sich in neueren Studien nicht replizieren. Das heißt, die Ergebnisse zeigen sich nicht erneut, auch weil längere Zeit statistische Analysen angewendet wurden, die dazu führen, dass Ergebnisse gefunden werden, die eigentlich nicht korrekt sind – und das nicht, weil Forschende bewusst täuschen, sondern weil sie bestimmte Freiheiten in ihrer Forschung haben und Entscheidungen treffen können, die die Ergebnisse auf die eine oder andere Art beeinflussen (Simmons et al., 2011). Dass Forschungsmethoden sich verändern und verbessert werden und dass Ergebnisse und damit Empfehlungen sich ändern können und nicht starr oder beständig bleiben, ist nicht nur in der Psychologie so, sondern allgemein in der Forschung – weil Wissen wächst und sich anreichert. Häufig finden diese Prozesse für Personen, die nicht in der Wissenschaft tätig sind, eher unsichtbar statt. Während der COVID-19-Pandemie waren die Prozesse jedoch sichtbar, da zu dieser Zeit Empfehlungen schnell ausgesprochen werden mussten, um die Pandemie möglichst effizient zu bekämpfen. Die Empfehlungen änderten sich jedoch im Laufe der Pandemie. So wurde am Anfang noch kommuniziert, dass Maskentragen nicht notwendig sei, beziehungsweise, dass das Tragen von Stoffmasken ausreichend wäre. Später war klar, dass medizinische Masken sicherlich die sinnvollste Möglichkeit der Infektionsvermeidung darstellten.

Menschen im Allgemeinen und einigen im Besonderen fällt es schwer, zu akzeptieren, dass Wissenschaft nicht immer klare Antworten liefert. Das erfordert nämlich ein gewisses Maß an Ambiguitätstoleranz, also der Fähigkeit, mit Mehrdeutigkeit von Situationen (und Ergebnissen) umgehen zu können. Das Bedürfnis nach klaren Antworten, ist vielen Menschen so wichtig, dass es als möglicher Grund dafür diskutiert wird, warum Menschen an Verschwörungstheorien glauben, weil diese im Gegensatz zur Wissenschaft klare Antworten liefern, zum Beispiel dafür, wer die Schuld für schreckliche Ereignisse hat oder wie man sie angeblich überwinden kann (Imhoff, 2020).

Forschung beschreibt keine Wahrheit

Zu Fehlern oder veränderten Empfehlungen in der Wissenschaft muss es fast zwangsläufig kommen, weil (psychologische) Wissenschaft nicht Dinge einfängt, die irgendwo als Wahrheiten in der Luft herumschweben. Vielmehr wird versucht, Konstrukte, zum Beispiel Persönlichkeitseigenschaften oder Mindsets, messbar zu machen, indem man Personen Fragen stellt oder ihr Verhalten beobachtet (wobei Beobachten häufig nicht wirklich Beobachten meint, sondern vielmehr, dass man misst, wie sich Menschen in computergestützten Experimenten verhalten). Wissenschaftliche Psychologie misst also nicht die Wahrheit, sondern versucht Stück für Stück diese Konstrukte einzufangen, in der Hoffnung, sich ein Stück der Wirklichkeit anzunähern; wobei diese Wirklichkeit immer nur Tendenzen beschreibt und nicht allgemeingültig auf alle Personen zutreffen muss.

Letzteres ist übrigens wichtig zu wissen, denn sehr oft ist von Nichtwissenschaftler*innen als Kritik an Studien zu lesen, dass man das selbst aber anders erlebt habe und die Ergebnisse deswegen nicht stimmen könnten. Können sie trotzdem, denn es geht bei psychologischen Studien nicht um Einzelfallbeobachtungen, sondern vielmehr darum, Prinzipien abzuleiten, die für einen Großteil der Personen gelten, und optimalerweise lassen sich auch Prinzipien für das Abweichen ableiten, also für Faktoren, die aufzeigen, unter welchen Bedingungen Dinge zutreffen oder eher nicht.

Aber so verwirrend und fehlerhaft Wissenschaft auch manchmal ist, wenn sie korrekt durchgeführt wird, ist sie eines nicht: Persönliche Erfahrung – und damit zumindest ein bisschen weniger der Gefahr von Biases, also Verzerrungen in der Wahrnehmung, ausgesetzt. Denn wie bereits beschrieben, nehmen Menschen ihre Umwelt nicht objektiv wahr, sondern sind durch ihre Vorerfahrungen und Annahmen beeinflusst.

Confirmation Bias: Wenn ich sehe, was ich sehen will

Eben dies wird vom Confirmation Bias, dem Bestätigungsfehler, beschrieben, der Tendenz, neue Informationen selektiv so wahrzunehmen, wie sie unseren Voramnahmen entsprechen. Diese Tendenz, Informationen konsistent zu unseren Vorerfahrungen aus der Umwelt herauszufiltern, wird mittlerweile als Grundstein für viele andere Wahrnehmungsverzerrungen diskutiert (Oeberst & Imhoff, 2023). Dabei ist es so, dass alle Menschen diesem Fehler in der Verarbeitung von Informationen unterliegen. Wir tun das nicht bewusst oder aus bösem Willen, sondern automatisch, weil wir bestrebt sind, unsere Umwelt konsistent wahrzunehmen – vielleicht, weil dies das Gefühl von Sicherheit gibt, ganz sicher, weil es uns hilft die Vielzahl von Informationen, mit denen wir täglich konfrontiert sind, sinnvoll zu filtern.

Der Confirmation Bias ist ein Beispiel und womöglich der stärkste Grund dafür, warum es wenig sinnvoll ist, auf unsere Erfahrung zu pochen oder davon auszugehen, dass man beurteilen kann, ob bestimmte Maßnahmen, die wir ergreifen, wirksam sind. Hierfür ist eine wissenschaftliche Evaluation wichtig. Wie oft lese ich im Internet, dass insbesondere Frauen teure Kurse verkauft werden, zum Beispiel zur Geburtsvorbereitung oder um eine bessere Mutter zu werden, ohne dass irgendwer mal überprüft hätte, ob diese Kurse überhaupt wirksam sind. Damit Therapien von der Krankenkasse übernommen werden können, müssen sie sich einer recht strengen Evaluation unterziehen, ob diese nachweislich wirksam sind und Menschen helfen. *Coaching* hingegen ist kein geschützter Begriff, was dazu führt, dass jede*r Coaching anbieten kann, wozu er*sie meint, etwas zu wissen. Dann entwickeln plötzlich Frauen Geburtsvorbereitungskurse, weil sie selbst eine *schöne* Geburt hatten und dieses vermeintliche Wissen gerne weitergeben möchten. Und selbst wenn sie dies nicht tun, um Geld zu verdienen, bleibt die Frage, ob sie tatsächlich das nötige Wissen haben, um andere Menschen zu beraten. Beratung aber kann machtvoll sein, und zwar auch dahingehend, dass es anderen Menschen schaden kann. Das kann natürlich auch Psychotherapie, aber hier werden zumindest seit einigen Jahren Nachteile erforscht und man weiß um dieses Problem und im besten Fall auch, wie man es bestmöglich minimieren kann. Manchmal liest man auf den Seiten von Beratenden oder Kursanbieter*innen, dass viele andere Kund*innen berichten, dass sie von den Kursen profitiert hätten, oder die Kursleiter*innen berichten davon, dass die Kurse funktionieren, weil sie sehen, dass es den Teilnehmenden danach besser geht. Und ich würde argumentieren, dass die Beratenden und Kursleiter*innen das nicht erzählen, um einfach Werbung zu machen, sondern dass dies tatsächlich ihrer Wahrnehmung und Überzeugung entspricht.

Das Problem ist aber der oben beschriebene Confirmation Bias. Dieser führt dazu, dass wir sehen, was unseren Vorerfahrungen und

Annahmen entspricht, und da ich als Kursleiter*in motiviert bin, zu sehen, dass ich gute Arbeit mache, ist die Wahrscheinlichkeit hoch, dass ich eher die positiven Aspekte, die für die Wirkung sprechen, wahrnehme, als die, die es nicht tun. Eine kürzlich veröffentlichte Studie hat jedoch gezeigt, dass selbst ausgebildete Therapeut*innen nicht sehr gut darin sind, einzuschätzen, ob sich die Symptome ihrer Patient*innen verschlechtert haben (Østergård et al., 2024).

Menschen sehen, was sie sehen wollen, und dass nicht, weil wir uns bewusst so entscheiden, sondern weil wir Menschen so sind, weil es uns das Leben vermutlich ein Stück vereinfacht. Aber weil wir anfällig dafür sind, Informationen verzerrt wahrzunehmen, ist es wichtig, Wege zu finden, die diese Fehler reduzieren. Vertrauen und das Heranziehen guter Forschung sind sicherlich zwei davon.

Korrelation und Kausalität: Henne und Ei

Lange Zeit wurde unter Laien und Fachpersonal die Meinung vertreten, dass Schokolade ein potenzieller Auslöser für Migräne sei. Das schloss man aus der Beobachtung, dass diese beiden Ereignisse (Schokolade essen und Migräne) häufig zeitlich nah beieinander auftraten, also korrelierten, und der Konsum der Schokolade scheinbar vor der Migräne stattfand. Menschen wurde also geraten auf Schokolade zu verzichten, um keine Migräne zu provozieren. Eine Literaturzusammenfassung, die in den letzten Jahren publik wurde, lässt nun an dieser These zweifeln, weil sich keine wirklichen Hinweise dafür finden lassen, dass Schokolade ein Auslöser für Migräne ist (Nowaczewska et al., 2020). Vielmehr wird angenommen, dass Schokolade konsumiert wird, weil es vor der Migräne zu Heißhungerattacken kommt. Der Konsum ist also schon Teil der Migräne und damit eher die Folge und nicht die Ursache. Dies ist eines von vielen Beispielen, anhand derer man erkennen kann, dass Korrelationen und Kausalitäten sehr häufig miteinander vermischt werden – welche Wirkrichtung angenommen wird, entscheidet vielleicht das Mindset der Forschenden. Und der Confirmation Bias.

Eine Korrelation beschreibt erst mal nur, dass zwei Variablen zusammenhängen, ohne dass man weiß, warum oder ob es überhaupt einen kausalen Effekt zwischen den beiden Aspekten gibt. Dabei können Variablen verschiedene Ausprägungen, also Werte, annehmen. Variablen sind so etwas wie Mindsets, Intelligenz oder Alter. Statistisch gesehen bedeutet eine Korrelation, dass höhere Werte in Variable A mit höheren Werten in Variable B auftreten (positive Korrelation) oder höhere Werte in Variable A mit niedrigeren in Variable B (negative Korrelation). So hängt zum Beispiel *viel Schokolade essen* (Variable A) mit *Auftreten einer Migräne* (Variable B) zusammen. Oder höhere Werte in der Annahme *Geburt ist ein eher natürlicher Prozess* gehen mit niedrigeren Werten in der Variable einher, die die Häufigkeit von medizinischen Interventionen misst. Oder man sieht, dass die Variable, die misst, ob Frauen glauben, dass Männer einen Orgasmus mehr verdient haben als Frauen, mit niedrigen Werten in der Variablen zusammenhängt, die die Orgasmushäufigkeit der Frau abbildet. Funfact: All dies sind übrigens tatsächlich existierende Zusammenhänge, auf die ich später noch genauer eingehen werde.

Dass sich all diese Zusammenhänge statistisch abbilden lassen, heißt, sie treten überzufällig oft miteinander auf, also häufiger als es durch Zufall erwartbar wäre. Dass das so ist, sagt aber nichts über die Kausalität aus, weil verschiedene Wirkrichtungen möglich sind. Es ist möglich, dass Variable A Variable B beeinflusst, oder dass Variable B Variable A beeinflusst. Und weil Psychologie und das Leben allgemein ja eher kompliziert sind, ist auch möglich, dass sich beiden Variablen gegenseitig beeinflussen. So kann es zum Beispiel sein, dass Frauen, die glauben, Männer hätten den Orgasmus mehr verdient als sie, weniger Orgasmen haben, weil sie dann nicht so auf ihren Orgasmus achten und ihn weniger einfordern. Es könnte aber auch sein, dass sie einfach seltener einen Orgasmus haben, weil zum Beispiel der Partner nicht so darauf achtet oder sie nicht wissen, was sie benötigen, um zum Orgasmus zu kommen, und deswegen für sich sagen: Für Männer ist das ja eh wichtiger, deswegen ist das nicht so schlimm.

Eine reine Korrelation sagt dabei nicht aus, welches der beiden Dinge eher zutrifft. Man sieht nur, dass die beiden Dinge über den Zufall hinaus häufig miteinander auftreten. Praktisch hat es aber eine große Bedeutung, ob ich nur formuliere, dass Dinge eben gehäuft miteinander auftreten, oder dass ich angebe, eine Kausalität sei gegeben und damit behaupte, Dinge würden in einer bestimmten Richtung miteinander zusammenhängen. Dies impliziert nämlich andere Handlungen, die vorgenommen werden müssten, um ein bestimmtes Ziel zu erreichen.

Einleuchten wird dies vielleicht, wenn man sich Zusammenhänge zur Paarbeziehung anguckt. Hier findet man, dass die Art und Weise, wie Paare miteinander kommunizieren, damit korreliert, wie zufrieden sie in der Beziehung sind. Ausgegangen ist man lange davon, dass eine warme und wohlwollende Kommunikation Ursache für die höhere Zufriedenheit ist, das heißt, dass theoretisch eine Verbesserung in der Kommunikation zu einer höheren Zufriedenheit führen müsste. Entsprechend wurde jahrelang an Interventionen geforscht, die die Kommunikation in der Partnerschaft verändern sollten – mit der Annahme, dass dann auch die Beziehungsqualität ansteigt. Neuere Studienergebnisse deuten jedoch eher darauf hin, dass es sich auch hier mit der Wirkrichtung anders verhält als gedacht. Es scheint nämlich so zu sein, dass zufriedene Paare wohlwollender miteinander kommunizieren. Sind sie weniger zufrieden, verschlechtert sich auch die Kommunikation (Asendorpf et al., 2017).

Experimente – wo ein bisschen Random erwünscht ist

Aussagen über Kausalitäten können streng genommen nur auf Basis von experimentellen Studien getroffen werden. In diesen wird systematisch eine Variable (abhängige Variable) manipuliert, also abgewandelt, und dann eine zweite Variable (unabhängige Variable) gemessen, mit der Annahme, dass die erste manipulierte Variable die Veränderung in der zweiten Variable kausal beeinflusst. Wenn man beim Migräne-Beispiel bleibt, könnte man zum Beispiel einer Gruppe von Migräne-Patient*innen Schokolade geben und einer zweiten Gruppe von Migräne-Patient*innen etwas, was wie Schokolade aussieht und schmeckt, aber keine ist (Scheinschokolade). In welcher Gruppe (echte Schokolade oder Scheinschokolade) sich die Proband*innen befinden, wissen weder sie noch die Versuchsleiter*-innen. Messen würde man, ob in der ersten Gruppe häufiger Migräneanfälle auftreten als in der zweiten Gruppe. Dass beide Gruppen etwas bekommen, was entweder Schokolade ist oder eben zumindest so aussieht, als wäre es Schokolade, ist wichtig, damit man ausschließen kann, dass die Migräne nicht allein darauf zurückzuführen ist, dass die Patient*innen genau dies erwarten.

Experimente manipulieren in der Regel eine Variable und überprüfen deren Einfluss auf eine andere Variable. Dies entspricht natürlich nicht so richtig der Realität, in der man davon ausgehen kann, dass es eine Vielzahl von Variablen gibt, die eine andere Variable beeinflussen können. Hier spricht man von sogenannten Drittvariablen – wenn es Variablen sind, die mich potenziell interessieren – oder im Kontext des Experiments von Störvariablen, weil es Variablen sind, die die saubere Durchführung des Experiments beziehungsweise den kausalen Schluss stören können. Nur wenn ich die Störvariablen kontrolliere, kann ich von einem kausalen Effekt ausgehen, denn sonst weiß ich nicht, welche Variable eigentlich die beeinflussende Variable ist – die, die ich getestet habe, oder die, die stört.

Um Störvariablen in Experimenten auszuschließen, gibt es verschiedene Möglichkeiten, die am besten in Kombination Anwendung finden. Die Basics sind erst mal, dass das ganze Vorgehen möglichst objektiv und standardisiert abläuft. Das heißt, dass alle Teilnehmenden die gleichen Fragen bekommen, dass sie alle im gleichen Ausmaß über die Ziele der Studie informiert sind und so weiter. Diese Prinzipien werden allerdings auch in korrelativen Studien umgesetzt. Was das Experiment so besonders macht, ist die zufällige Zuteilung der Versuchspersonen auf verschiedene Gruppen. Wenn die Stichprobe groß genug ist, kann man davon ausgehen, dass sich bestimmte Eigenschaften der Versuchspersonen zufällig auf die unterschiedlichen Gruppen verteilen und damit keinen systematischen Einfluss mehr haben. Eigentlich ist das ganz einfach: Wenn ich zum Beispiel das Mindset habe, dass Geburt ein natürlicher Vorgang ist, der von der gebärenden Person weitestgehend ohne medizinische Hilfe bewältigt werden kann, suche ich mir vielleicht in der Vorbereitung einen Kurs, der diese Annahme unterstützt und damit wirbt, dass das Ziel des Kurses ist, dass Frauen interventionsfrei gebären können. Personen mit einem eher medizinischem Mindset, also der Annahme, dass Geburt ein risikohafter Vorgang ist, der routinemäßig medizinischer Unterstützung bedarf, tun dies vielleicht seltener. Wenn sich jetzt zeigt, dass der Kurs mit der Werbung für interventionsfreie Geburten dazu führt, dass Gebärende tatsächlich seltener Interventionen benötigen, weiß ich aber nicht, ob das jetzt tatsächlich am Kurs liegt oder vielleicht doch daran, dass ein natürliches Mindset mit weniger Interventionen verbunden ist (Hoffmann et al., 2023a) und die Kursteilnehmenden so oder so interventionsarm geboren hätten. Um das herauszufinden, muss ich die Gruppen zufällig zuteilen. Dann darf das Mindset vor Kursteilnahme nicht dafür verantwortlich sein, dass der Kurs überhaupt ausgewählt wird.

Natürlich gibt es auch Bereiche und Studien, in denen ich Proband*innen nicht zufällig aufteilen kann. Wenn das der Fall ist, muss ich versuchen, Störvariablen möglichst konstant zu halten oder deren möglichen Einfluss statistisch zu kontrollieren (das geht mit bestimmten Methoden), oder ich teile Personen so auf die Gruppen auf, dass sie in wichtigen Merkmalen vergleichbar sind, zum Beispiel, dass in jeder Gruppe gleich viele Männer und Frauen sind, oder dass das Alter oder die Mindsetausprägung vergleichbar ist. Dieses Vorgehen bezeichnet man als Parallelisierung.

Jetzt kann man sich natürlich fragen, ob in Studien, die sich lediglich Zusammenhänge angucken und keine Experimente sind, nie Schlüsse über Kausalitäten vorgenommen werden können. Die strenge Antwort ist: Ja. Die etwas mildere ist, dass es zumindest sinnvoll ist, eine Längsschnittstudie durchzuführen, bei der die Variablen nicht zur gleichen Zeit erhoben werden, sondern zeitlich versetzt. Wenn ich zum Beispiel das Mindset vor der Geburt erhebe und drei Monate später die Geburtsoutcomes, also zum Beispiel wie geboren wurde oder wo, dann weiß ich zumindest, dass die Outcomes nicht das Mindset beeinflusst haben können, da diese zur Zeit der Messung noch gar nicht existiert haben. Außerdem ist wichtig, dass für mögliche Drittvariablen kontrolliert wird und diese auch systematisch zu testen und zu spezifizieren (Grosz et al., 2020). Drittvariablen können nämlich manchmal der eigentliche Grund für gefundene Zusammenhänge sein. Man spricht dann von Scheinkorrelationen.

Über Störche und Scheinkorrelationen

Man lernt im Psychologiestudium sehr viel und vor allem sehr viel auswendig. Und man vergisst sehr schnell sehr viel wieder. Aber manchmal bleiben einige Sachen im Kopf. So werde ich vermutlich nicht so schnell vergessen, dass es tatsächlich einen Zusammenhang zwischen der Geburtenrate in Europa und dem Vorkommen von Störchen gibt (Matthews, 2001). Störche bringen die Kinder, fast zumindest. Denn natürlich ist diese Korrelation nicht sinnvoll. Störche bringen keine Kinder, Frauen und Personen mit Uterus gebären sie. Der Zusammenhang scheint nur so. Tatsächlich weiß man mittlerweile, dass die Ursache der Korrelation die Landfläche ist: Je größer ein Land ist, desto mehr Störche und Kinder gibt es (Matthews, 2001).

Warum das alles?

Warum genau erzähle ich dies alles, so, als wäre dies hier ein Buch für psychologische Methodenlehre? Weil es wichtig ist, weil ebenso wie der Begriff *Mindset* in den sozialen Medien nicht korrekt gebraucht wird, sich bei Instagram, X, Facebook und Co auch allerhand pseudowissenschaftlicher Kram tummelt. Begriffe werden inflationär verwendet, etwa wenn alle plötzlich ein *Trauma* haben, unglückliche Beziehungen *toxisch* sind, gefühlt die Mehrzahl der Menschen *gaslightet* oder was auch immer. Um kein falsches Bild zu vermitteln: Ich kann Social Media und Themen, die dort verbreitet werden, häufig sehr viel Positives abgewinnen, weil Wissen schnell und leicht für alle zugänglich gemacht werden kann. Es gibt Themen, die lange in der Gesellschaft keine Rolle gespielt haben, die jetzt aber dort bekannt gemacht werden und insbesondere Menschen, die sonst weniger sichtbar sind, helfen können. Wenn jemand sagt, man solle etwa medizinische Informationen oder Tipps zur Erziehung nicht googeln, sagt ein Impuls in mir gleich: Ja, doch, warum nicht? Googel, bitte. Es ist wichtig, sich an verschiedenen Stellen zu informieren. Wichtig ist jedoch auch, dass die dargebotenen Informationen nicht lediglich persönliche Meinungen abbilden, sondern dass auch ein wissenschaftliches Fundament da sein sollte. Manchmal ist dies der Fall und manchmal eher nicht. Grundsätzlich stellt dies jedoch nicht nur ein Problem von Social Media oder dem Internet dar. Sondern auch in Offlineberatungen von medizinischem, pädagogischem oder psychologischem Fachpersonal können nicht-evidenzbasierte Meinungen ausgesprochen und Empfehlungen gegeben werden – die Wahrscheinlichkeit ist jedoch etwas geringer. Aber dennoch ist es immer wieder erschreckend, wie viel Unsinn in der digitalen und analogen Welt herumschwebt, wie unvorsichtig Ergebnisse verbreitet werden. Es werden Korrelationen und Kausalitäten vermischt und Drittvariablen als mögliche kausale Faktoren ausgeblendet. Auch die Wissenschaft und die Psychologie kann sich davon nicht frei machen, weil natürlich auch Forschende (und Fachpersonen in der Praxis) dem Confirmation Bias unterliegen und Ergebnisse, die mehrdeutig sind – und das sind sie sehr häufig – so interpretiert werden, wie sie den eigenen Vorannahmen entsprechen.

Von Marshmallows, Bindung und vorschnellen Schlüssen

Die Sozialpsychologie hat sich sehr lange mit dem Thema Selbstkontrolle und Belohnungsaufschub beschäftigt. Den meisten Personen sind dabei sicherlich die Marshmallow-Experimente bekannt (Mischel, 2012). In diesen Experimenten wird Kindern eine Süßigkeit, ursprünglich ein Marshmallow, präsentiert, mit der Aussage, dass sie ein zweites bekämen, wenn sie das erste nicht essen, bis der*die Versuchsleiter*in zurückkommt. Gemessen wird, wie lange es die Kinder schaffen, die Süßigkeit nicht zu essen, also auf sie zu verzichten. Es gibt liebenswerte und sehr witzige Videos bei Youtube dazu, die das Experiment sehr einleuchtend darstellen. Mischel konnte zeigen, dass Vorschulkinder, die länger warteten, also die Süßigkeit nicht aßen, um die größere Belohnung (zwei Süßigkeiten) zu bekommen, später zum Beispiel akademisch erfolgreicher waren, seltener delinquent, mehr soziale Verantwortung trugen und psychisch stabiler waren (Mischel, 2012). Er begründete den Zusammenhang zwischen den Ergebnissen der Studien im Marshmallow-Experiment und dem späteren Erfolg damit, dass Selbstkontrolle eine wichtige Eigenschaft ist, die eben darüber bestimmt, wie erfolgreich wir sind. Den Zusammenhang zwischen den Ergebnissen des Marshmallow-Experiments im Vorschulalter und späterer Leistung begründete er dabei kausal.

Interessant dabei ist, dass das Experiment und die Schlüsse daraus lange Zeit nicht angezweifelt wurden und dass, obwohl sich die Forschenden Zusammenhänge über einen sehr langen Zeitraum anguckten und deshalb hier der Einfluss von vielen weiteren Variablen sehr wahrscheinlich ist, etwas, was Psycholog*innen eigentlich hellhörig werden lassen sollte. Ich habe allerdings ein wenig die Befürchtung, dass die Ergebnisse der Studien zu gut in das Bild der meistens eher strebsamen Psycholog*innen passte, um es angemessen kritisch zu hinterfragen – empirisch überprüft habe ich diese Aussage jedoch nicht. Seit einigen Jahren gibt es allerdings eine Studie, die zeigt, dass die Schlüsse von Mischel vielleicht mit etwas mehr Zurückhaltung formuliert werden sollten. Denn so fand die neuere Studie weitaus weniger starke Zusammenhänge und diese waren unter anderem abhängig vom sozioökonomischen Status der Versuchspersonen (Watts et al., 2018). Mischel selbst berichtet davon, dass Kinder, die ohne Vater aufwuchsen, bei seinen Experimenten weniger Vertrauen in männliche Versuchsleiter hatten und deswegen eher das erste Marshmallow aßen, weil sie nicht davon ausgingen, auch wirklich ein zweites zu erhalten (Mischel, 2012). Ähnliches könnte auch bei der neueren Studie der Fall gewesen sein. Darüber hinaus stellt die neuere Forschungsarbeit in Frage, ob der Marshmallow-Test überhaupt oder zumindest ausschließlich Selbstkontrolle misst oder vielmehr kognitive Fähigkeiten oder Impulsivität (Watts et al., 2018). Hier kann man natürlich sagen, dass doch egal ist, was der Test misst, solange man durch ihn bestimmte Vorhersagen machen kann – ist es aber nicht, denn es ist nie egal, was die Ursache für einen Effekt ist. Wäre das so, müsste ich ja nur mehr Störche züchten, um die Geburtenrate in Europa zu steigern.

Was der Marshmallow-Test misst, ist also noch nicht ganz klar, und auch die neuere Studie ist nicht frei von Limitationen. Hier lohnt es sich sicherlich noch mal genauer hinzugucken und weiter zu forschen. Was aber ganz deutlich wird, ist, dass Psychologie komplex ist. Denn in der Regel spielen mehrere Variablen eine Rolle und jeder, der ein bisschen Ahnung von Wissenschaft hat, sollte vorsichtig und zurückhaltend sein, wenn wissenschaftliche Ergebnisse oder gar Implikationen für die Praxis formuliert werden.

Zurückhaltung scheint dabei aber gar nicht so einfach. Ich forsche zum Thema Geburt und Geburtserlebnis, das heißt darüber, wie Menschen die Geburt bewerten. In fast allen Artikeln, die ich schreibe, hebe ich hervor, wie wichtig das Geburtserlebnis ist (keine Sorge, auch in diesem Buch werde ich sicherlich nicht müde, das zu betonen). Denn das ist es. Es ist Ausgangspunkt für den Übergang zur Elternschaft. Wenn es positiv ist, geht es Müttern und Vätern im Wochenbett besser, das Stillen funktioniert leichter, der Säugling wird als ruhiger beschrieben und die Bindung zum Baby ist sechs Wochen nach Geburt tendenziell ein bisschen sicherer, als wenn das Geburtserlebnis negativ bewertet wird (Hoffmann et al., 2023a). Kurz, es ist wichtig, Gebärenden und allen Beteiligten ein positives und bestärkendes Erlebnis zu ermöglichen. Auf Instagram jedoch habe ich von verschiedenen Personen schön öfter gelesen, dass Geburt der Ausgangspunkt für *alles Friedliche* auf der Welt wäre, es also nichts *Schlimmes* wie zum Beispiele Konflikte und Kriege auf der Welt gäbe, wenn die Geburt positiv verläuft, weil ein positives Geburtserlebnis Ausgangspunkt für Liebe und Bindung darstelle. Es wird die Annahme verbreitet, dass *schlimme* Dinge auf negativen Geburten und einer unsicheren Bindung beruhen, weil der Geburtsverlauf für die Bindung verantwortlich ist. Nichts davon lässt sich empirisch so halten und dennoch werden solche Dinge verbreitet, in die Welt geschrieben mit einem unermesslichen Maß an Selbstvertrauen. Ich gehe dabei fest davon aus, dass all dies nett gemeint ist, dass es darum geht, sich für positive Geburtserlebnisse einzusetzen, Geburten stark zu machen – und dennoch. Dennoch ist dies nicht korrekt. Und dennoch macht es etwas mit Personen, deren Geburtsverlauf nicht schön oder friedlich war.

Genauso wenig ist es übrigens korrekt, dass, wenn das Bonding nach Geburt fehlt, zum Beispiel, weil die Gebärende eine Bauchgeburt hatte, dies quasi nicht wieder aufzuholen ist. Dies wird häufig in den sozialen Medien so postuliert. Gestützt wird sich dabei auf den amerikanischen Kinderarzt Sears, der gemeinsam mit seiner Frau ein Buch zum *Attachment Parenting* herausgegeben hat, in dem sieben Prinzipien erläutert werden, die angeblich zu einer sicheren Bindung führen (Sears & Sears, 2001). Neben dem Bonding nach der Geburt wird unter anderem auch die Rolle des Stillens und des Tragens hervorgehoben. Bindung ist definiert als ein Mindset darüber, was ich von meinem Gegenüber erwarten kann, wieviel Sicherheit mir die Person gibt, wie verfügbar sie ist und wie sehr sie mich unterstützt (Asendorpf et al., 2017). Also letztlich durch das sensitive Eingehen auf die Bedürfnisse der anderen Person, zum Beispiel des Kindes aber auch meiner Partnerperson. Menschen haben ein Leben lang Bedürfnisse nach Nähe und Zugehörigkeit und damit geht einher, dass wir immer wieder neue Bindungserfahrungen machen können und dass, selbst wenn der Start schwierig war, dies keine unwiderrufliche Determinante für eine unsichere Bindung ist. Tatsächlich legen empirische Befunde nahe, dass Bindung eh von Bindungsperson zu Bindungsperson variiert und zeitlich nicht sonderlich stabil ist. Bindung formt sich auch nicht in den ersten 20 Minuten nach der Geburt, denn es gibt keine Phasen, die für die Entwicklung einer sicheren Bindung besonders wichtig sind – auch nicht die Zeit direkt nach der Geburt (ebd.). Dies jedoch so zu kommunizieren, Eltern, die nach der Geburt nicht bonden konnten, zu signalisieren, dass etwas kaputt gegangen ist, was sich nicht reparieren lässt, ist weder empirisch noch ethisch korrekt. Denn dadurch wird Druck erzeugt. Geburt ist wichtig, und Gebärenden ein möglichst positives Geburtserlebnis zu ermöglichen, sollte in der Geburtshilfe unbedingt höher priorisiert werden. Geburt ist ein Lebensereignis, das ausgesprochen prägend sein kann, ja. Aber weil Geburt das ist, sollte sie nicht unnötig und unplausibel überhöht werden, als wäre sie die einzige Determinante im Leben, und es sollte vorsichtig mit den Gefühlen von Menschen umgegangen werden, die diese Erfahrung nicht machen können.

Dies gilt übrigens nicht nur für die Geburt und das postpartale Bonding, sondern auch für Bindung allgemein. Denn auch bezogen auf diese schweben, sowohl bei Social Media aber auch bei eigentlichen Fachpersonen, so viele Mythen durch die Luft, die Menschen, insbesondere Frauen, einengen und verunsichern können. Das fängt – wie gesagt – damit an, dass signalisiert wird, Bindung wäre der einzige Faktor, der über das Glück oder Unglück des Kindes entscheidet. Sicher gebundene Kinder sind glücklicher, trotzen allen schwierigen Situationen. Sicher gebundene Kinder lassen sich ganz leicht in der Kita eingewöhnen, weil sie ja wissen, dass sie einen sicheren Hafen haben. Wenn die Eingewöhnung schwierig ist, liegt das an der Bindung und der klammernden Mutter. Aber auch das stimmt so nicht. Wie schnell ein Kind exploriert, also neugierig eine neue Situation erkundet, hängt vielleicht nicht von der Bindung ab, sondern eher von Eigenschaften des Kindes, zum Beispiel wie stressig die Situation für das Kind überhaupt ist, einer Drittvariable also. Ein sehr sensibles Kind bleibt vielleicht eher bei der Bezugsperson als ein Kind, dem der Lärm und die vielen neuen Reize nicht so viel ausmachen. Bindung als einzigen Faktor für Explorationsverhalten zu nehmen, ist also fast albern. Auch wird häufig nicht beachtet, dass die Studien, die das Bindungsverhalten von jungen Kindern (zwischen 12 und 18 Monaten) untersuchen, nicht schwerpunktmäßig auf dem Explorationsverhalten fokussieren. Von besonderer und diagnostischer Bedeutung ist vielmehr das kindliche Verhalten bei der Wiedervereinigung mit der Bezugsperson. Hier können Kinder nämlich entweder Kontakt zur Bezugsperson aufnehmen und sich von dieser trösten lassen, was ein Indikator für eine sichere Bindung ist, weil das Kind offensichtlich vorher gelernt hat, dass es bei der Bezugsperson sicher ist. Kinder können sich aber auch aktiv von der Bezugsperson abwenden oder diese ignorieren (vermeidende Bindung) sowie ängstlich-ambivalent reagieren, in dem sie scheinbar zeitgleich zugewandt und aggressiv sind (Asendorpf et al., 2017).

Auch davon auszugehen, dass nur das sensitive Verhalten der Bezugsperson für die Bindung verantwortlich ist, ist zu kurz gegriffen. Denn neben der Sensitivität der Mutter spielen auch genetische Prädispositionen eine Rolle. Dies legt zumindest eine Studie mit Erwachsenen nahe (Gillath et al., 2008). Kinder unterscheiden sich zum Beispiel hinsichtlich ihres Temperamentes oder auch in ihrem Bedürfnis nach Regulation durch erwachsene Bezugspersonen. Natürlich ist es leichter, einfühlsam auf ein Kind zu reagieren, das nur einmal pro Stunde etwas möchte, als auf ein Kind, das so überfordert von Reizen ist, dass es konstant Zugewandtheit benötigt. Mütter (und manchmal Väter) jedoch werden verunsichert und es wird ihnen ein schlechtes Gewissen gemacht, weil ihr Kind nicht so funktioniert, wie es die Gesellschaft erwartet. Statt diese Erwartungen zu ändern und die Individualität unterschiedlicher Temperamente und Bedürfnisse anzuerkennen, wird die Schuld bei Mutter und Kind gesucht, weil diese angeblich nicht richtig funktionieren. Dass psychologische Forschung mittlerweile ziemlich klar zeigt, dass Bindung reziprok, also wechselseitig zu verstehen ist, indem sich Eltern und Kind gegenseitig in ihrer Persönlichkeit und in ihren Handlungen beeinflussen, wird ausgeklammert (Asendorpf et al., 2017).

Auch wenn ich dies schon öfter geschrieben habe, tue ich es vorsichtshalber noch mal: Dies ist nicht ausschließlich ein Problem von Social Media, dies ist auch ein Problem, das durch Fachpersonal getrieben wird, vielleicht beruhend auf der Tatsache, dass Menschen sehr schwer damit umgehen können, dass Situationen komplex sind, dass es einfache Antworten selten gibt. Es ist vollkommen absurd, anzunehmen, dass ein Ereignis, zum Beispiel eine Geburt, verantwortlich ist für alles, was danach ist, oder dass eine Person – die Mutter – allein verantwortlich ist für Glück und Unglück ihrer Kinder. Das so zu sehen, zu denken, zu vermitteln, ist keine Psychologie, zumindest keine Gute. Die Schuld bei der Mutter zu suchen, ist sicherlich ein Anzeichen der in der Gesellschaft vorherrschenden Misogynie.

Deswegen das alles

All das beantwortet vielleicht die Frage, die ich zum Anfang gestellt habe, warum ich dies hier alles schreibe: Wegen der Verantwortung, die ich habe, wenn ich Inhalte mit Menschen teile – Inhalte, die Menschen potenziell beeinflussen können, Inhalte, die andere Menschen beeinflussen, die vielleicht an sich oder zum Beispiel an ihren Fähigkeiten als Mutter oder als Gebärende zweifeln (ja, auch letzteres kommt vor), Inhalte, die vielleicht dazu führen, dass ich als erziehende Person Scham entwickele, weil ich denke, dass ich etwas falsch gemacht habe, wenn mein Kind nicht explorieren möchte, wenn mein Kind eine psychische Störung entwickelt, obwohl es doch eigentlich sicher gebunden sein sollte, oder wenn ich mir Vorwürfe mache, warum ich es schon wieder nicht geschafft habe, auf Schokolade zu verzichten und jetzt Migräne habe.

4 Männliche Wissenschaft

Seit einigen Jahren malen US-amerikanische Kinder, insbesondere Mädchen, häufiger Frauen, wenn man sie bittet, eine in der Wissenschaft tätige Person zu zeichnen (Miller et al., 2018). Bis Ende der 1970er Jahre wurden von Kindern fast ausschließlich männliche Wissenschaftler gemalt (ebd.), vielleicht ein vorsichtiger Grund, um optimistisch zu sein – wer weiß? Wer vielleicht ein etwas weniger optimistisches Mindset hat, wird schnell merken, dass die dahinterliegende Metaanalyse auch deutlich macht, dass Männer immer noch sehr viel häufiger gezeichnet werden, vor allem von älteren Kindern, die vermutlich schon die Erfahrung gemacht haben, dass Wissenschaftler meist männlich sind (ebd.). Jetzt könnte man sich natürlich bemühen, die Stereotype von (älteren) Kindern zu ändern, aber das wäre vielleicht auch ein bisschen unehrlich. Denn Wissenschaft ist nicht weiblich. Das ist nicht von der Hand zu weisen. Wissenschaft ist männlich: die agierenden Personen sind es, das Klima, also der Umgang miteinander, die Spielregeln, die zum Beispiel darüber entscheiden, wer eine Professur bekommt und wer nicht, und die Themen sind es auch. Das gilt für die meisten Wissenschaftsdisziplinen. Laut der Gynäkologin Mangler trifft dies selbst auf die Gynäkologie zu (Mangler, 2024). Eine Disziplin, die es sich zur Aufgabe gemacht hat, den weiblichen Körper zu verstehen, zu erforschen und zu therapieren, ist geprägt durch vor allem männliches Wissen (und männliche Meinungen). Man könnte fast darüber lachen.

Ich würde vermuten, dass die Psychologie im Vergleich zu vielen anderen Disziplinen etwas weniger männlich ist. Und trotzdem lassen sich auch hier Indikatoren festmachen, die für eine Benachteiligung weiblicher Wissenschaftlerinnen sprechen. Dies ist eigentlich besonders interessant, weil die Psychologie genauso gut auch weiblich sein könnte. Denn wenn man sie in Zahlen darstellt, fällt auf, dass die meisten Studierenden und damit die meisten Personen, die diesen Beruf ausüben, weiblich sind. Nur die Wissenschaft ist es eben eher nicht. Eagly und Miller beschreiben, dass, obwohl in Amerika mehr Frauen als Männer in Psychologie promoviert haben, weibliche Wissenschaftlerinnen nach wie vor weniger einflussreich, bekannt und eminent sind. Sie bezeichnen dies als den *Eminence Gender Gap* (Eagly & Miller, 2016), der verschiedene Gaps einschließt und letztlich bedeutet, dass weibliche Psychologinnen seltener zitiert oder mit Preisen ausgezeichnet werden und auch weniger in Lehrbüchern genannt werden. Das heißt, es gibt einen Unterschied zwischen den Geschlechtern dahingehend, dass Männer bei bestimmten Aspekten mehr haben (Ruhm), bekommen (Preise) oder auch machen (veröffentlichen) als Frauen, sie also gewissermaßen einen Vorteil haben; es also eine Verzerrung, einen Bias, gibt, der vermutlich nicht zufällig zustande kommt. Denn wenn wir davon ausgehen, dass Männer nicht per se intelligenter, fleißiger und bessere Wissenschaftler sind als Frauen, dann sollten sie nicht häufiger veröffentlichen, zitiert werden oder Preise gewinnen. Dann sollten die Chancen darauf gleich verteilt sein.

Gender-Gaps allgemein und vor allem die Gründe für Gender-Gaps in der Psychologie sind übrigens gar nicht so leicht feststellbar, auch weil dafür eigentlich experimentelle Studien notwendig wären (Eagly & Miller, 2016), die es aus Gründen der Machbarkeit jedoch selten gibt. So gibt es Artikel, die darauf hinweisen, dass es Gender-Gaps gibt und dass diese gegebenenfalls auch auf (strukturelle) Diskriminierung zurückzuführen sind, andere finden dies nicht. Durch die bisherige Datenlage wird letztlich gar nicht klar, ob Frauen zum Beispiel weniger veröffentlichen, weil sie als Frauen offensichtlich diskriminiert werden, oder ob dies eher an anderen Aspekten, wie zum Beispiel an geschlechtsspezifischen Präferenzen, liegt. Wenn es so wäre, dass die Artikel oder Projekte, die von weiblichen Autorinnen zur Überprüfung eingereicht werden, häufiger abgelehnt würden, weil es sich eben um eine Frau handelt, wäre dies offensichtlich diskriminierend – zumindest, wenn man nicht, wie oben beschrieben, davon ausgeht, dass Frauen inhaltlich schlechtere Artikel und Projekte zur Begutachtung einreichen. Vielleicht aber auch veröffentlichen Frauen weniger, weil sie andere Dinge priorisieren – wie zum Beispiel Lehre – oder weil sie weniger an sich glauben (Eagly & Miller, 2016). Vielleicht liegt dann das Problem eher in ihnen und gar nicht so sehr im Äußeren und wenn man möchte, könnte man natürlich argumentieren, dass sie dies ganz einfach ändern können. Die etwas wohlwollendere Interpretation wäre vermutlich, dass auch hier eine strukturelle Diskriminierung nicht auszuschließen ist, weil gar nicht so klar ist, ob Frauen geschlechtsspezifisch handeln, weil sie es wollen, oder vielleicht auch, weil es ihnen so anerzogen wurde, es mehr oder weniger explizit von ihnen erwartet wird und ihrer Rolle in der Gesellschaft entspricht (Yan et al., 2025) – Female Mindsets eben. Welche dieser Erklärungen zutrifft, ist empirisch nicht leicht zu überprüfen. Was sich aber zeigt, ist, dass Frauen häufiger als Männer Positionen innehaben, bei denen ein starker Fokus auf der Lehre liegt (Eagly, 2020). Dabei kann es natürlich so sein, dass ihnen diese Positionen häufiger angeboten werden und sie damit keine Wahl haben, oder dass Frauen Lehre einfach präferieren und deswegen diese Positionen ausüben.

Selbst wenn es jedoch an Präferenzen liegt und Frauen nicht von außen explizit auferlegt wird, dass sie diese Positionen einnehmen sollen, kann man trotzdem kritisch hinterfragen, woher diese Ungleichheit der Präferenzen stammt und ob sie inhärenter Wunsch sind oder das Abbild der Gesellschaft. Ich würde argumentieren, dass diese beiden Aspekte auch für die Personen, die sie betreffen, egal ob Frau oder Mann, gar nicht so leicht auseinanderzuhalten sind, dass es ein hohes Maß an Selbstreflexion erfordert, um für sich herauszufinden, was man eigentlich möchte. Was tue ich, weil ich es tun will, und was tue ich, weil ich es schon immer so getan habe oder weil es mehr oder weniger explizit von mir erwartet wird? Was tue ich vielleicht auch, weil ich einfach nicht so gut nein sagen kann?

Die Sache mit den Erwartungen

Vielleicht ist es für Frauen zentraler als für Männer, welche Erwartungen an sie gestellt werden, eben weil es dem weiblichen Selbstkonzept, dem Female Mindset entspricht, die Erwartungen anderer zu erfüllen. Vielleicht aber werden auch mehr Erwartungen an sie gestellt. So scheint es zum Beispiel so zu sein, dass die Erwartungen von Studierenden an Wissenschaftler*innen abhängig vom Geschlecht sind – von Frauen erwarten sie mehr. Befragt man männliche und weibliche Wissenschaftler*innen wie häufig sie von Studierenden Anfragen bekommen, zeigt sich, dass Frauen tendenziell eher um Gefallen gebeten werden als ihre männlichen Kollegen (El-Alayli et al., 2018). Als wäre es für die Studierenden selbstverständlich, von wem sie Hilfe erwarten können und von wem eher nicht. Tatsächlich legt die Studie nahe, dass Studierende, insbesondere solche mit generell erhöhter Anspruchshaltung an Lehrende, von weiblichen Dozierenden erwarten, dass diese die ihnen gestellte Hilfsanfrage bejahen.

Frauen werden übrigens auch in Lehrevaluationen häufig negativer bewertet als Männer, selbst wenn sie den gleichen Kurs unterrichten (Mitchell & Martin, 2018). Bei weiblichen Lehrenden wird außerdem eher das Aussehen und die Persönlichkeit »evaluiert«, während das Auftreten von Männern inhaltlich kommentiert wird (ebd.). Vielleicht also wäre es gar nicht so verwunderlich, wenn Frauen mehr Zeit in Lehre als in Forschung investieren würden, weil ihre Lehre im Zweifel besser sein muss als die von Männern, um der entgegengebrachten Kritik standzuhalten? Und ganz vielleicht ist es daher ebenso wenig verwunderlich, dass eine kürzlich veröffentliche Studie aus den USA zeigte, dass weibliche Wissenschaftlerinnen selbst mit unbefristeten Verträgen eher aus der Wissenschaft aussteigen als Männer (Spoon et al., 2023). Auch wenn die Gründe dafür vermutlich komplex sind, könnte ein möglicher Grund das Arbeitsklima sein, das Frauen in der Wissenschaft entgegengebracht wird – zumindest wurde dies in der Studie von Frauen als häufiger Grund genannt, häufiger als eine fehlende Work-Life-Balance. Wenn man möchte, kann man das natürlich so interpretieren, dass Frauen eben einfach sensibler als Männer sind. Vielleicht. Oder vielleicht werden sie auch einfach anders bewertet, vielleicht erfahren sie mehr Feindseligkeit und weniger Wertschätzung. Hinweise darauf gibt es auf jeden Fall.

Auch wird übrigens die Professionalität von männlichen und weiblichen Forschenden sowie von Menschen, die in den Literaturwissenschaften oder der Politik tätig sind, unterschiedlich wahrgenommen. So zeigt sich, dass Personen, wenn sie über Wissenschaftler*innen oder Politiker*innen sprechen, bei Männern häufiger nur den Nachnamen verwenden, bei Frauen hingegen Vor- und Nachnamen (Atir & Ferguson, 2018). Das heißt, wir reden automatisch von Einstein, Darwin oder Trump, aber eher von Marie Curie, Jane Goodall, oder Kamala Harris. Vielleicht mit der Intention, sichtbar machen zu wollen, dass es sich um eine Frau handelt, quasi um die Besonderheit herauszustellen. Das Problem ist aber, dass Personen, bei denen nur der Nachname verwendet wird, als bedeutsamer wahrgenommen werden und damit genau das Gegenteil erreicht wird.

Gender-Gaps in Häufigkeit der Zitationen und Preisen

Bei Instagram bekomme ich in unregelmäßigen Abständen Werbung für ein T-Shirt mit der Aufschrift »Girls just wanna have fun*ding for scientific research.*« Funding, also sogenannte Drittmittel durch externe Institutionen, wie zum Beispiel der Deutschen Forschungsgemeinschaft (DFG), sind wichtig für die Karriere von Wissenschaftler*innen, weil sie häufig Voraussetzung für einen Ruf auf eine

Professur sind und darüber hinaus wichtige finanzielle Mittel für die Durchführung von Studien liefern können.

Eine holländische Studie legt tatsächlich einen Geschlechtereffekt nahe. Es zeigte sich, dass Frauen seltener Mittel für ihre Forschungsprojekte bekommen als auf Basis der Anzahl an Einreichungen von Frauen erwartbar wäre (van der Lee & Ellemers, 2015). Interessant war auch, dass bei Frauen in der Evaluation der Forschungsprojekte sehr viel häufiger ihre generelle Fähigkeit als Wissenschaftlerin infrage gestellt wurde und nicht so sehr die Qualität der Anträge. Dieses Ergebnis passt dazu, dass – wie oben beschrieben – weibliche Dozierende häufiger Bewertungen erhalten, die sich auf ihre Persönlichkeit beziehen (Mitchell & Martin, 2018). Die holländische Studie zum Thema Drittmittel stellt dar, dass Frauen über verschiedene wissenschaftliche Disziplinen hinweg einen Nachteil von etwa vier Prozent aufgrund ihres Geschlechts haben (van der Lee & Ellemers, 2015). Der Artikel wurde jedoch kontrovers diskutiert und es lassen sich Gegenstimmen finden, die angeben, dass, wenn man die wissenschaftlichen Disziplinen in die Berechnungen miteinbezieht, die Effekte nicht mehr von statistischer Bedeutsamkeit sind und es somit keine klare Evidenz für einen Gender-Bias gibt (Volker & Steenbeek, 2015). Eine etwas frühere Metaanalyse, das heißt, eine Studie, die die Ergebnisse mehrerer Studien zusammenfasst und damit häufig mehr Aussagekraft hat als Einzelstudien, zeigt, dass Männer eine sieben Prozent höhere Wahrscheinlichkeit haben, gefördert zu werden als Frauen (Bornmann et al., 2007). Die Autoren der Metaanalyse haben dies auch in konkrete Zahlen umgerechnet und beschreiben, dass diese sieben Prozent etwa 2.000 Entscheidungen ausmachen, die zu Ungunsten von Frauen ausfallen. Ob dies nun viel oder wenig ist, sei dahingestellt. Was sich aber zusammenfassend sagen lässt, ist, dass sich durchaus Unterschiede in der Förderungshäufigkeit zeigen, diese jedoch vermutlich unter 10 Prozent liegen und auch abhängig von der wissenschaftlichen Disziplin sind, in der die Anträge eingereicht werden.

Dass Frauen im Bereich Drittmittel vielleicht gar nicht so stark benachteiligt sind – oder man dies zumindest so auslegen kann – bedeutet darüber hinaus nicht, dass sie es nicht in anderen wissenschaftlichen Bereichen sind. Dass eine Vielzahl der Professuren in Deutschland von weißen und tendenziell gesunden Cis-Männern besetzt ist, kann man vorsichtig als Hinweis dafür nehmen, dass Frauen und andere marginalisierte Gruppen strukturell diskriminiert sind. Wie oben bereits kurz beschrieben, zeigen Studien, dass es eine Ungleichheit in der Häufigkeit der Zitationen gibt (Citation Gap). Das heißt, Frauen werden seltener zitiert als Männer. Auch dies ist nachteilig für die Karriere von Frauen, da die Zitationshäufigkeit als Indikator für den Erfolg einer Person in der Wissenschaft angesehen wird und ebenfalls eine zentrale Rolle für einen potenziellen Ruf für eine Professur einnimmt. In einer kürzlich erschienenen Studie wird angegeben, dass Artikel, in denen Frauen Erstautorin sind oder die Rolle als Supervisorin haben (letzte Autorin auf einem Paper) ungefähr 30 Prozent seltener zitiert werden als Artikel mit Männern als Erst- oder supervisierendem Autor (Yan et al., 2025). Dabei zeigt die kürzlich veröffentlichte Studie, die übrigens den schönen Titel *I forgot that you existed [...]* trägt, dass dies womöglich daran liegen könnte, dass männliche Wissenschaftler eher an die Arbeiten ihrer männlichen Kollegen denken und diese dann häufiger zitieren – eine fast absurd triviale Begründung. Frauen werden einfach vergessen, sie sind weniger präsent in den Köpfen von Männern – wenn es um Wissenschaft geht, zumindest.

Frauen scheinen aber in noch mehr Bereichen ihren männlichen Kollegen unterlegen. So zeigt eine andere Studie, die die Anzahl von vergebenen Preisen in der Persönlichkeits- und Sozialpsychologie zwischen 1968 und 2021 explorierte, dass Frauen weniger Preise für ihre Arbeit bekommen als Männer, aber auch, dass dieser Unterschied über die Zeit zumindest etwas kleiner wurde (Hopkins-Doyle et al., 2024). Die Autor*innen diskutieren dabei als mögliche Gründe, dass Frauen Stereotypen ausgesetzt sind, die es weniger wahrscheinlich machen, einen Preis zu gewinnen, etwa weil sie für weniger intelligent gehalten werden als Männer, oder dass Frauen sich selbst als weniger fähig ansehen, also vielleicht Stereotype über sich haben, die die Wahrscheinlichkeit verringern, einen Preis zu gewinnen. Als dritte mögliche Ursache werden strukturelle Ursachen angeführt. So werden Zahlen hinzugezogen, dass Frauen nach wie vor weniger prestigereiche Positionen in der Wissenschaft innehaben.

Wie schon beschrieben, ist es nicht leicht, herauszufinden, worin die Gründe nun genau liegen. Interessant ist aber, dass in der Studie sichtbar wird, dass die Ergebnisse konsistent mit der Annahme sind, dass Frauen in der wissenschaftlichen Psychologie bestimmte Rollen einnehmen. So gewannen sie besonders viele Preise für die Lehre und sehr viel seltener wissenschaftsbezogene Preise, die in der Psychologie jedoch viel prestigeträchtiger sind. Tatsächlich schlussfolgern die Autor*innen auch, dass die Zunahme von Preisen für Frauen über die letzten Jahre vor allem daran liegt, dass mittlerweile generell mehr Preise für Lehre vergeben werden. Dies würde dann bedeuten, dass Frauen nicht wirklich stärker für ihre Forschung geschätzt werden, sondern eben nur in Aspekten, die weniger mit wissenschaftlicher Eminenz zu tun haben. Vielleicht ist auch wichtig anzumerken, dass die Studie zeigt, dass die Anzahl der von Frauen gewonnenen Preise in der Persönlichkeits- und Sozialpsychologie bei immerhin 41,5 Prozent lag und damit deutlich höher war als in vielen anderen naturwissenschaftlichen Fächern, wie Chemie, Physik oder Biochemie, wo die Zahlen weiblicher Preisträgerinnen eher zwischen 9 und 19 Prozent liegen.

Aber auch bei diesem Thema ließen sich zumindest in der Vergangenheit Gegenstimmen finden, die keine Benachteiligung von Frauen fanden und angaben, dass ein Unterschied eher darin bestehe, dass Frauen sich eben einfach weniger für Preise bewerben (Grant et al., 1997). Solche Aussagen sind ja bereits aus dem Bereich des Gender-Pay-Gaps bekannt. Wie bereits zu Anfang dieses Buches dargestellt, mehren sich mittlerweile aber die Zweifel, ob Frauen wirklich weniger einfordern oder einfach weniger bekommen (Artz et al., 2018). Und selbst wenn Frauen sich auch heute noch weniger auf Preise bewerben sollten, bleibt die Frage, wie man das unabhängig von internalisierten Stereotypen über eigene Fähigkeiten interpretieren kann und ob es dann nicht an der Zeit wäre, Frauen in ihrem Selbstbewusstsein zu fördern, sodass das Gefühl, einen Preis nicht gewinnen zu können, sinkt. Die Psychologin Ryan beschreibt im Kontext des Hochstapler-Syndroms (Imposter-Syndroms), also der Tendenz, seinen Wert trotz sichtbarem Erfolg als nicht verdient anzusehen, außerdem, dass es gar nicht immer Aufgabe von Frauen beziehungsweise den betroffenen Personen sein kann, gegen das Imposter-Syndrom anzukämpfen und ihnen damit noch mehr von ihnen zu verlangen als sowieso schon (Ryan, 2023).

Aber Frauen publizieren ja auch weniger

Es scheint aber so, dass Frauen nicht nur etwas weniger Awards bekommen und seltener zitiert werden als Männer, sondern tatsächlich auch weniger publizieren (Eagly & Miller, 2016). Wenn wir davon ausgehen (wollen), dass dies nicht so ist, weil Männer entweder intelligenter, weniger faul oder effizienter sind als Frauen, muss man von anderen Faktoren ausgehen. Einer ist vielleicht auch zeitliche Kapazität. Wenn Frauen hauptsächlich für die Care-Arbeit verantwortlich sind, ist es vielleicht nicht verwunderlich, dass sie weniger Zeit haben zu publizieren als eine Gruppe, die im Mittel sehr viel weniger Care-Arbeit leistet: Männer.

In dem Buch *Das Unwohlsein der modernen Mutter* beschreibt die Autorin Kaiser (2021) etwas, was mich nachhaltig fasziniert hat, weil es so sehr stimmt – zumindest für mich –, mir jedoch vorher gar nicht so klar war. Sie beschreibt, dass es so wenig weibliche Kunstschaffende gibt, weil Kunst und Kreativität Zeit benötigen. Zeit, die ich konkret für ein Projekt verwenden kann, also während ich es fertigstelle, aber auch Zeit, in der ich nichts tue. Denn um kreativ zu sein benötigt der Kopf Freiraum. Wenn Mütter nun aber immer Dinge im Kopf haben, die sie noch tun oder organisieren müssen, wenn ihre Zeit immer auch dadurch begrenzt ist, dass die Kita schließt, sie noch Kinderschuhe kaufen oder einen Ärzt*-innentermin vereinbaren müssen, dann bleibt kein Freiraum im Kopf, um Kunst zu schaffen. Wissenschaft erfordert auch Kreativität, sowohl zum Designen von Studien als auch zur Verschriftlichung dieser. Wenn ich mich als Mutter jedoch ständig um andere Dinge kümmern muss, geht Kreativität verloren. Für mich war dies so erhellend, da ich genau das bei mir feststellen kann. Es gibt Phasen, da ist mein Kopf so voll mit Anforderungen, die ich leisten muss, entweder privat oder auch in der Lehre, dass kaum Raum für Forschungsideen bleibt, weil kein Raum für Kreativität da ist. Und dann aber auch gibt es diese Phasen der Ruhe, in denen die Ideen nur so sprudeln. Diese Freiräume für Kreativität und damit für Forschung müssen geschaffen werden, ganz besonders auch für Frauen.

Care-Arbeit als einzigen Faktor für die Ungleichheit in der Publikationshäufigkeit anzuführen, ist allerdings auch nicht korrekt und unterschätzt die Komplexität der vorliegenden Thematik. So zeigt sich recht deutlich, dass der Gap nicht nur an der Kinderbetreuung liegt, weil Studien ebenfalls darlegen, dass auch Frauen ohne Kinder weniger veröffentlichen als Männer (Eagly & Miller, 2016).

Wie immer ist es also nicht so einfach. Wie immer gibt es nicht den einen Grund. Wie immer sind es viele Gründe. So werden zeitliche Ressourcen, Genderstereotype, explizite und implizite Erwartungen meiner Umgebung, das Vergessenwerden von männlichen Kollegen, fehlendes Vertrauen in die eigenen Fähigkeiten und noch vieles mehr eine Rolle spielen. Eagly und Miller (2016) gehen übrigens davon aus, dass der Eminence Gender Gap mit der Zeit kleiner werden wird, weil die Psychologie insgesamt weiblicher wird.

Wie sieht es denn nun aus?

Zusammengefasst ist also die wissenschaftliche Evidenz dafür, dass es Gender-Biases in der Psychologie gibt, nicht so konsistent, beziehungsweise sind die Effekte häufig nicht so stark, wie man vielleicht erwarten würde, und unterscheiden sich danach, um welchen Gap es sich handelt. Trotzdem gibt es Hinweise für Gaps in der Psychologie. Darüber hinaus erscheint es nicht unwahrscheinlich, dass Psychologie als Disziplin weniger Geschlechterungleichheit hat als andere Disziplinen – zumindest sind in der Psychologie die Hierarchien zwischen unterschiedlichen Entwicklungsstufen in der Wissenschaft (Doktorand*innen, Postdocs, Professor*innen) etwas flacher als in manchen anderen Fächern, wie zum Beispiel der Medizin. Sichtbar wird die geringere Ungleichheit – wie gesagt – auch durch den Befund, dass im Vergleich zu anderen Disziplinen Frauen in der Psychologie recht häufig Preise gewinnen (Hopkins-Doyle et al., 2024).

Trotzdem bleibt zu hoffen, dass sich gesellschaftlich etwas ändert und Frauen mehr forschen und veröffentlichen können (vielleicht auch, weil Männer mehr Care-Arbeit leisten), damit sich die Geschlechterunterschiede weiter auflösen und damit der Eminence Gender Gap (Eagly & Miller, 2016). Tatsächlich gibt es Studien, die darauf hindeuten, dass es sich auch um ein Generationenproblem, also letztlich ein zeitliches Problem handeln könnte, welches bereits dabei ist, sich selbst zu korrigieren. Denn so gibt es auch Evidenz dafür, dass bei jüngeren Generationen von Psycholog*innen Männer nicht mehr häufiger und mehr publizieren als Frauen, und dass sich der Geschlechtereffekt langsam sogar umdreht (van Arensbergen et al., 2016). Auch dass mittlerweile mehr Awards an Frauen vergeben werden, selbst wenn es sich um die weniger prestigereichen handelt (Hopkins-Doyle et al., 2024), kann man vorsichtig positiv interpretieren.

Und die Lösung?

Sehr häufig wird sehr falsch angenommen, dass die Lösung zur Korrektur von Ungleichheit und kognitiven Verzerrungen, die die Geschlechterungleichheit potenziell verursachen, ganz einfach ist: Ich weise Menschen darauf hin und hoffe auf ihre Selbstreflexionsfähigkeit, die dann im besten Fall dazu führt, dass der Bias verschwindet. Wenn ich einer gutachtenden Person also zum Beispiel sage, dass Projekte von Frauen tendenziell schlechter bewertet werden, erhoffe ich mir, dass die Person ihre Stereotype und Vorurteile auf Knopfdruck ausschaltet und einfach nicht mehr gebiased ist. Das Problem ist, dass es so einfach nicht funktioniert. Menschen sind keine Maschinen, die Knöpfe haben, mit denen man erwünschte Dinge an- und unerwünschte Dinge ausschalten kann. Die Forschung zeigt recht zuverlässig, dass Menschen auch dann zu kognitiven Verzerrungen neigen und diese nicht korrigieren können, wenn man sie darauf hinweist (Oeberst & Imhoff, 2023). Darüber hinaus ist einer einzelnen Person ja auch gar nicht klar, wie stark sie in einer Situation gebiased ist, und folglich, inwieweit sie diese kognitive Verzerrung korrigieren muss.

Natürlich gibt es bereits Bestrebungen und Ansätze, bei denen Kriterien, die zeitliche Ressourcen kosten (Kinder, zu pflegende Personen, chronische Erkrankungen, Behinderungen) oder zu Diskriminierung führen, mit in die Bewertung von Drittmittelanträgen, Preisen oder Professuren einfließen. Aber, wie oben beschrieben, stellt sich die Frage, was das eigentlich konkret bedeutet, wie stark man sie in die Beurteilung miteinbeziehen soll und wie viel an vermeintlich schlechterer Arbeit sie überhaupt ausgleichen sollen.

Es gibt einige Orchester, bei denen Musiker*innen beim Probespielen für eine Einstellung hinter einem Vorhang vorspielen müssen. Ziel dabei ist es, dass Entscheidungen weniger auf diskriminierenden Faktoren beruhen. Wie in einem in *Der Zeit* erschienenen Artikel dargestellt, erhöht diese Maßnahme tatsächlich den Anteil weiblicher Musikerinnen, aber nicht den Anteil anderer marginalisierter Gruppen, weil die Auswahl der Musiker*innen bereits vorselektiert ist und Mitglieder marginalisierter Gruppen – außer Frauen – gar nicht erst zum Vorspiel eingeladen werden (Schmidt, 2020). Diskriminierungen finden so oder so statt und sie sind vor allem auch strukturell, weil Personen mit Migrationshintergrund oder Menschen mit Behinderung in ihrer Kindheit viel weniger gefördert werden. In dem Artikel gibt es eine ganz wunderbare Aussage von einem Orchestermanager, Sebastian König. Dieser stellt heraus, dass Orchester von Diversität profitieren könnten, dass Verschiedenheit etwas sei, was man fördern sollte, weil dies letztlich Kern eines Orchesters sei.

Ich glaube ganz fest, dass man dies so auch auf die Wissenschaft übertragen kann. Ich glaube, ohne Zweifel in mir, dass divers zu sein ein guter Zustand für die Psychologie wäre. Dass das Ziel, Diversität zu fördern, höher angesetzt werden sollte, als ausschließlich auf die Anzahl von Veröffentlichungen, Preisen oder Drittmitteln zu gucken, die – wie wir gesehen haben – ja eh zu Ungunsten von marginalisierten Gruppen ist. Ich glaube, dass es der Gesellschaft auf längere Sicht besser gehen würde, wenn die Gruppe an Forschenden und die damit einhergehenden Fragestellungen weniger homogen wären, und ich glaube, dies kann erreicht werden, ohne dass sich die Qualität der Forschung verschlechtern würde – auch wenn dies ein häufig angeführtes Argument ist. Dieses ist jedoch, by the way, bereits inhärent diskriminierend, weil es impliziert, dass marginalisierte Gruppen schlechtere Forschung machen. Ein System jedoch, das auf struktureller Diskriminierung beruht, kann eigentlich keine Auskunft darüber geben, ob die von Diskriminierung betroffenen Personen weniger leisten, oder ob ihnen einfach nur geeignete Mittel, wie zum Beispiel Drittmittel, fehlen, um ihre Forschung adäquat durchzuführen. Denn das Wissenschaftssystem, wie es bisher besteht, ist eine sich selbsterfüllende Prophezeiung, bei der Menschen, die schnell leisten können, für dieses Schnellsein belohnt werden und folglich noch schneller leisten können, weil man ihnen Mittel zur Verfügung stellt, die dies ermöglichen. Und das kann man als Gesellschaft so wollen und sich als Ziel setzen, survival of the fittest quasi oder wenn man ehrlich ist, vielleicht eher survival derer, die die besten Startbedingungen hatten. Aber ganz vielleicht geht etwas dabei verloren, geht eine Vielzahl kreativer und wichtiger Forschungsideen verloren, die so nur von marginalisierten Gruppen entwickelt werden können, weil privilegierten Gruppen die Sensibilität für diese Ideen fehlt. Vielleicht also würde die Förderung von Diversität auch die psychologische Forschung etwas bunter machen und diese davon längerfristig profitieren. Ich glaube, eigentlich schon.

5 Male science gaze

Noch recht am Anfang der Corona-Pandemie nahm ich an einer Task-Force *Corona* meiner Fachgruppe der Deutschen Gesellschaft für Psychologie teil. Es ging um die Frage, ob die Fachgruppe etwas beforschen sollte, was im Kontext Corona für die Gesellschaft von Bedeutung sein könnte. Eine der teilnehmenden Wissenschaftlerinnen schlug vor, dass man etwas zum Gender-Care-Gap (siehe auch unten) machen könnte, also explorieren könnte, welche Auswirkung die vermehrte Care-Arbeit, die meistens zu Lasten von Frauen geht, hat. Der Vorschlag wurde jedoch von einem der teilnehmenden Männer abgetan mit der Aussage, man wolle ja diskutieren, was die Fachgruppe für die Gesellschaft tun könnte, und der Vorschlag wäre am Thema vorbei. Es ginge hier mal nicht um Gender-Themen, sondern um Corona. Das absurde ist, dass ich dem Kollegen unterstelle, dass dies nicht böse oder intendiert abwertend gemeint war. Er wollte etwas Coronabezogenes erforschen, gucken, welchen Fußabdruck die Fachgruppe in diesem Bereich hinterlassen könnte. Ganz ehrlich macht das die Sache aber noch viel trauriger, denn er, wohlgemerkt ein Psychologe, hatte überhaupt nicht verstanden, dass es natürlich gesellschaftlich relevant ist, wie Mütter und Eltern allgemein die Doppelbelastung während einer Pandemie stemmen können. Sein Mindset war ein völlig anderes, ein Mindset, das die Belange von Frauen und Familien nicht einbezieht, weil diese Themen nie wichtig genug sind. Natürlich ist es aber ein Problem, dass bestimmte Themen nicht systematisch erforscht werden.

Gender-Gap in den Forschungsthemen

Auf der Internetseite von UN Women Deutschland findet man einen Beitrag zu den Gender-Gaps in Deutschland (UN Women Deutschland, 2024). Dieser beschreibt Gaps im Einkommen (bei Frauen im Jahr 2023 18 Prozent geringer als bei Männern), im Lebenseinkommen (bei Frauen fast 50 Prozent geringer), in der Rente (bei Frauen im Jahr 2021 fast 30 Prozent weniger als bei Männern) und in der unbezahlten Care-Arbeit, hier leisteten Frauen 2022 ungefähr 44 Prozent mehr als Männer.

Was im sehr lesenswerten Beitrag der UN Women fehlt, ist der Gender-Gap in der Medizin, der mittlerweile recht bekannt ist und sich zum Beispiel darin zeigt, dass Frauen zwar seltener einen Herzinfarkt bekommen als Männer, aber im Vergleich öfter versterben (Meyer, 2021), eventuell weil die geschlechtsspezifischen Symptome bei Frauen nicht erkannt werden. Der Gap zeigt sich auch darin, dass Frauen lange Zeit – und genau genommen immer noch – seltener in pharmakologische Studien miteinbezogen wurden, weil man Angst vor einer potenziellen Schwangerschaft hat(te) oder man *störende* Hormonschwankungen mit potenziellem Effekt auf die Ergebnisse vermeiden will (Mangler, 2024). Frauen sind damit aber durchaus benachteiligt, weil Dosierungen stärker auf männliche Körper angepasst sind und es weniger Informationen über Nebenwirkungen bei weiblichen Körpern gibt. Bei der Entwicklung des Corona-Impfstoffs wurden Frauen zwar mit in die Testung des Impfstoffes einbezogen, aber auch hier zeigte sich eine Benachteiligung von Frauen beziehungsweise ein Nichternstnehmen von Frauen. So mehrten sich vor allem bei Social Media Berichte von Frauen, die angaben, dass es nach der Impfung zu Zyklusverschiebungen kam. Lange wurde dies abgetan und darauf verwiesen, dass Frauen einfach so gestresst gewesen wären und daher die Unregelmäßigkeiten kämen. Über Erfahrungsberichte, die Frauen auf Social Media teilten, wurde sich öffentlich lustig gemacht. Zumindest bis zu dem Zeitpunkt, als doch eine Studie belegte, was Frauen monatelang geäußert hatten. Durch die Corona-Impfungen sind in der Tat vorübergehende Zyklusverschiebungen möglich (Tropschuh, 2023). Und auch wenn es sich dabei selbstverständlich um eine Nebenwirkung handelt, die sehr gut tolerierbar ist und aufgrund derer vermutlich die wenigsten Frauen, die vorhatten, sich impfen zu lassen, auf eine Impfung verzichtet hätten, so verdeutlicht die Situation doch ein immer wiederkehrendes Problem in der Medizin: Frauen wird häufig nicht geglaubt, ihre Symptome werden heruntergespielt und Krankheiten, die Frauen betreffen, werden weniger erforscht.

Beispiele dafür sind sicherlich Endometriose und Adenomyose, Erkrankungen, bei denen sich Gebärmutterschleimhaut außerhalb der Gebärmutter beziehungsweise im Fall von Adenomyose an den Muskeln der Gebärmutter ansammelt. Beide Erkrankungen können eine Vielzahl von Beschwerden und vor allem große Schmerzen mit sich ziehen. Meist vergehen Jahre bis zur Diagnose, weil Schmerzen während der Menstruation als normal angesehen werden (Mangler, 2024) und – ich vermute – häufig angenommen wird, dass Frauen ja eh ein wenig übertreiben. Vermutlich fällt die Erkrankung häufig erst auf, wenn die betroffene Person versucht, schwanger zu werden. Denn Endometriose ist oft mit einer verminderten Fruchtbarkeit assoziiert. Im Gegensatz zu Schmerzen betrifft Unfruchtbarkeit dann nicht mehr nur das Individuum, sondern hat auch gesellschaftliche Relevanz, denn Kinder zu bekommen entspricht schließlich der Norm und gehört zum Leben dazu. Hier wird dann interveniert und nach Ursachen gesucht. Ich würde behaupten, dass auch Migräne Geschlechterungleichheit in der Forschung zeigt. Auch hier lässt sich ein Zusammenhang zum Frausein feststellen, da Frauen weitaus häufiger betroffen sind als Männer. Bei jungen Frauen stellt Migräne die häufigste Behinderung dar (Steiner et al., 2020). Trotzdem ist die Forschung in diesem Bereich weit weniger ausgereift als wünschenswert wäre. Menstruell bedingte oder assoziierte Migräne gilt immer noch als sehr schwer behandelbar. Auch ist Migräne nach wie vor stigmatisiert oder man muss sich als Betroffene zumindest den einen oder anderen Kommentar anhören, bei dem klar wird, dass die

Stärke der Schmerzen nicht besonders ernst genommen oder zumindest unterschätzt wird.

Studien legen übrigens auch nahe, dass es auch eine geschlechtsspezifische Behandlung in Notaufnahmen gibt. So bekommen Frauen bei gleichen Beschwerden wie Männer weniger Schmerzmittel und müssen im Mittel 30 Minuten länger in der Notaufnahme warten (Guzikevits et al., 2024). Die Daten zeigen auch, dass das medizinische Personal die Schmerzen von Frauen weniger ernst nimmt, beziehungsweise als geringer einstuft. Eigentlich erstaunen diese Ergebnisse nicht. Denn wenn sich auf struktureller Ebene zeigt, dass Schmerzen von Frauen weniger ernst genommen werden, dass Wissen darüber nicht hinreichend in Lehrbüchern verfügbar ist, wenn Frauen vielleicht generell weniger ernst genommen werden, dann ist klar, dass dieser Bias, dass diese Vorurteile sich auch auf individueller Ebene zeigen und hier konkret zu Diskriminierung führen müssen. Forschung und Wissen spielen dabei zentrale Rollen, denn wenn zum Beispiel Herzinfarkte bei Frauen seltener erkannt werden, können diese nicht adäquat und zeitnah behandelt werden. Wenn der Blick auf den menschlichen Körper männlich ist (Mangler, 2024), wenn Männer als Default angesehen werden und sich die Forschung auf diesen Default konzentriert, dann hat dies natürlich Nachteile für die Personen, die keinen männlichen Körper haben.

Und in der Psychologie?

Die Frage ist, ob es einen solchen Gap auch in der Psychologie gibt. Wenn ich miteinbeziehe, wie wenig Forschung es im Bereich der Geburt gibt, dass ich nie im Studium irgendetwas darüber gelernt habe, dass – so zumindest anekdotische Evidenz – viele Psychotherapeut*innen das Thema Geburt bei ihren Klient*innen nicht ansprechen, würde ich behaupten: sehr wahrscheinlich schon.

Artikel, die ich in sozial- oder gesundheitspsychologischen Journals veröffentlichen möchte, erhalten häufig von den begutachtenden Personen die Kritik, dass die Methodik zwar sauber ist, aber das Thema nicht relevant, weil es nur Frauen betrifft und daher in einem spezifischeren Journal, also einem für Frauen, besser aufgehoben sei. Man stelle sich das vor: Das größte Journal für Gesundheitspsychologie sagt, dass das Thema nicht passt, weil es nicht alle Personen betrifft, sondern nur die Hälfte der Gesellschaft. Noch absurder wird es, dass meine Beiträge auch immer von einem Journal angelehnt werden, in dessen Titel die Begriffe *Psychologie* und *Frau* vorkommen. Hier nicht mit der Begründung, dass es nur einen Teil der Population beträfe, sondern, dass dies keine feministische Fragestellung wäre.

Es gibt übrigens auch eher wenig Forschung im Bereich der weiblichen Sexualität – auch wenn diese zum Glück in den letzten Jahren immer mehr wird. Ich selbst habe im Studium gelernt, dass dies so ist, weil die weibliche Sexualität so kompliziert ist; unter anderem reagieren heterosexuelle Frauen körperlich sehr unspezifisch auf sexuelle Stimuli, das heißt zum Beispiel auch auf solche, die nicht ihrer sexuellen Orientierung entsprechen (Chivers et al., 2010). Die Schlussfolgerung, dass das Thema daher zu kompliziert sei zu erforschen und man sich einfach auf Männer konzentriert, ist ähnlich zu der, bei der man Frauen aus pharmakologischen Studien ausschließt, weil ihre Hormone zu kompliziert seien und man nicht will, dass die Ergebnisse der Studien ungünstig beeinflusst werden.

Auch in der Psychologie werden bestimmte Themen entweder nicht systematisch erforscht oder können nicht in hochrangigen Zeitschriften platziert werden, was aber wichtig wäre, um ihre Sichtbarkeit und Bedeutung zu erhöhen. Ein Beispiel dafür ist das Thema Trans*gender. Auch in diesem Bereich nimmt psychologische Forschung zwar zu, aber trotzdem legt eine kürzlich erschienene Studie nahe, dass Studien zum Thema dennoch nicht in Zeitschriften mit hohem Prestige veröffentlicht werden und die Themen auch kaum Fördermittel erhalten (Means & Morgenroth, 2024). Die Autor*innen geben dabei an, dass es der Psychologie vielleicht generell gut tun würde, mehr in Forschung im Bereich von marginalisierten

Gruppen beziehungsweise Identitäten zu investieren, und auch, dass mehr marginalisierte Personen forschen sollten.

Letzteres kann man in der Psychologie tatsächlich sehr stark kritisieren, da – vielleicht auch auf Grund des sehr hohen Numerus Clausus – die meisten Studierenden einen sehr hohen sozioökonomischen Status und akademischen Background haben, weiß und wenig divers sind. Die einzigen Diversitätsmerkmale sind Weiblichkeit, die in der Psychologie überrepräsentiert ist, und gegebenenfalls die sexuelle Orientierung. Studierende mit Migrationshintergrund oder Student*innen mit Behinderung sind kaum vertreten. Dies ist tatsächlich als strukturelles Problem zu verstehen. Denn es bedeutet auch, dass viele Themen in der Forschung nicht so repräsentiert sind, wie sie es sein sollten. Für die Praxis wird dies im therapeutischen Kontext relevant. Hier wird erst seit Kurzem das Thema des strukturellen Rassismus in der Psychotherapie diskutiert und es wird deutlich, dass Therapeut*innen hiervon erstaunlich wenig Ahnung haben (Schellenberg, 2022, in einem Interview mit dem Psychotherapeuten Timo Slotta in der ze.ttt). Für betroffene Personen ist es aber natürlich ein großes Problem, wenn sie nicht diskriminierungssensibel begleitet werden. Es ist ein Problem, wenn vielleicht versucht wird, ein wenig am Selbstwert der Person zu drehen, der geringere Selbstwert vielleicht aber gar nicht in der Person verankert ist, sondern in dem strukturellen Rassismus, den sie täglich erfährt. Dies gilt ebenso für Menschen mit Behinderung und chronisch Kranke. Auch hier ist die Psychologie erstaunlich zurückhaltend in dem Wissen, das sie generiert. Auch hier wird sehr stark auf das Individuum und sehr wenig auf strukturelle Aspekte fokussiert.

Wie lässt sich das überhaupt testen?

Letztlich jedoch ist es für den Bereich der Psychologie nicht ganz so trivial festzustellen, ob es einen thematischen Gender-Gap gibt –

zumindest ist ein Mangel an Forschung im Bereich Geburt kein wirklicher Beleg dafür. Die Psychologie erforscht vermehrt alltägliche Dinge, also Dinge, die häufig auftreten. Auch wenn weltweit ungefähr zwei Babys pro Sekunde geboren werden (tagesschau.de, 2023) und in Deutschland ungefähr 700.000 Babys pro Jahr (Statistisches Bundesamt, 2024), ist es trotzdem so, dass das Ereignis Geburt in der Biographie eines Menschen selten auftritt, laut Bundesinstitut für Bevölkerungsforschung (2023) 2,3-mal im Leben. Zwar erforscht die Psychologie auch Dinge wie Amokläufe, die extrem selten sind, deutlicher seltener als Geburt, aber diese richten gesellschaftlich großen Schaden an. Geburt tut dies nicht, und wenn Geburt Schaden anrichtet, dann nur für die betroffenen Personen – ein Schaden, der nach außen nicht sichtbar ist und der die Gesellschaft, wenn überhaupt, indirekt betrifft (zum Beispiel durch Therapiekosten). Dass Geburt nicht erforscht wird, könnte also schlichtweg einfach dran liegen, dass das Thema für die Psychologie zu wenig relevant ist und das nicht, weil es um Frauen geht. (Dass diese Annahme nicht korrekt ist und es auf ähnliche Weise auch Männer und Kinder, die auch männlich sein können, betrifft, beschreibe ich etwas später.) Um eine Ahnung davon zu bekommen, ob es einen Gender-Gap in der Psychologie gibt, brauchen wir ein Thema, das sowohl Frauen und Männer betrifft, aber wo es eine Verzerrung in der Forschung gibt. Ich habe lange überlegt, ob sich eins finden lässt. Und ich glaube ja: nämlich ADHS.

ADHS ist die Abkürzung für Aufmerksamkeitsdefizit-Hyperaktivitätsstörung, eine kognitive Entwicklungsstörung, mit der man typischerweise »wilde Jungs« assoziiert. Die Prävalenz für ADHS ist bei Jungen höher als bei Mädchen (Willcutt, 2012). Tatsächlich geht man mittlerweile aber davon aus, dass Mädchen und Frauen eher unterdiagnostiziert sind und nicht wirklich seltener ADHS haben als Jungen und Männer, es also keine genetischen Geschlechtsunterschiede gibt (Martin, 2024). Vielmehr scheinen Verzerrungen in der Diagnostik eine Rolle zu spielen, unter anderem, weil die Instrumente, die für die Diagnostik verwendet werden, eher das stereotype Verhalten von Jungen darstellen als das von Mädchen. Auch scheint es so zu sein, dass sich ADHS bei Mädchen anders äußert als bei Jungen. Denn während sich bei Letzteren die Symptome eher nach außen richten, könnten sie bei Mädchen eher internalisiert sein und sich vielmehr in Tagträumen und Gedankenspiralen äußern. Jetzt könnte man natürlich argumentieren, dass sich also sehr wohl Geschlechtsunterschiede ergeben, sichtbar an den Symptomen, und dass dies auf Unterschiede in der Genetik zurückzuführen sei, weil Jungen eben wilder sind. Das ist natürlich nicht auszuschließen, betrachtet man jedoch, wie früh Mädchen Fürsorglichkeit anerzogen wird, und dass es für Mädchen und Frauen erwünscht ist, sich ruhig zu verhalten, wird auch hier sichtbar, wie sehr Stereotype internalisiert sein können. Mädchen mit ADHS verhalten sich in der Öffentlichkeit ruhig, weil die sozialen Kosten für sie höher sind. Vermutlich jedoch ist dieses Maskieren der Symptome anstrengend. Und es ist daher nicht verwunderlich, dass insbesondere Mädchen und Frauen mit ADHS Gefahr laufen, Angststörungen oder Depressionen zu entwickeln sowie nicht selten selbstverletzendes Verhalten zeigen (ebd.).

Die Folgen von ADHS beziehen sich bei Frauen also hauptsächlich auf das Individuum. Angststörungen, Depressionen, selbstverletzendes Verhalten sind schädlich für die Person, die es betrifft, aber sie sind nach innen gerichtet – nicht impulsiv nach außen, wie es vielleicht eher bei Jungen und später Männern ist. Mädchen mit ADHS stören in der Schule seltener, weil sie vielleicht einfach ruhig werden und träumen, Ängste, die sie entwickeln, betreffen nur sie selbst, beeinträchtigen nicht den Unterricht. Für die Gesellschaft also ergibt sich kaum die Notwendigkeit, Wege zu finden, um der männlich orientierten Diagnostik entgegenzuwirken und in Manuale Kriterien einzubauen, die auch Symptome von Mädchen und Frauen widerspiegeln (Martin, 2024), ebenso wie es kaum notwendig ist, (psychologische) Rahmenbedingungen in der Geburtshilfe zu verbessern. Im Zweifel macht die betroffene, weibliche Person die Folgen mit sich aus. Inwieweit wir als Gesellschaft dieses System unterstützen wollen und ob es sich nicht vielmehr lohnen würde, nicht immer erst zu reagieren, wenn etwas so schiefläuft, dass man die Folgen nicht mehr ignorieren kann, ist eine andere Frage.

Girls just wanna have...

So wie alle Gender-Gaps stellen natürlich auch die Gaps bei den Forschungsthemen sowie bei der Zitation und den Awards ein Problem dar. All das ist als strukturelles Problem zu sehen, das die strukturelle Diskriminierung von FLINTA in der Gesellschaft aber auch im Wissenschaftsbetrieb widerspiegelt. Es ist aber auch auf individueller Ebene ein Problem. Es ist ein Problem für Wissenschaftler*innen, wenn die Veröffentlichungen sehr lange dauern und der Prozess sehr zäh ist, einfach weil das Thema nicht so bekannt ist und niemand weiß, wo es hingehört. Wenn die Veröffentlichung eines Artikels zwei Jahre in Anspruch nimmt, dann geht der Person etwas ganz Wesentliches verloren: Zeit. Und Zeit ist in der Wissenschaft kostbar. Es gibt das Hochschulrahmengesetz, das vorsieht, dass Verträge nach einer gewissen Zeitspanne entfristet werden müssen. Nun ist es aber so, dass es sehr wenige entfristete Stellen in der Wissenschaft gibt und diese damit sehr umkämpft sind. Bekommen tun sie diejenigen, die besonders viel veröffentlicht haben, die häufig zitiert werden und die Drittmittel eingeworben haben. Wenn ich als Person in all diesen Bereichen benachteiligt bin, dann sinkt die Wahrscheinlichkeit, dass ich eine unbefristete Stelle bekomme. Für in der Wissenschaft tätige Personen ist es also wichtig, schnell und viel zu veröffentlichen. Und wie beschrieben, funktioniert das mit einigen Themen besser als mit anderen. Natürlich besteht die Möglichkeit, all dem zu trotzen und seine Forschung darauf auszurichten, was man selbst für interessant, erforschenswert und wichtig ansieht. Es ist aber nicht unwahrscheinlich, dass das schief geht, und wer sicher gehen möchte, sucht sich Themen, mit denen man es leichter hat. Feministische Themen gehören nicht dazu und je weniger sie erforscht werden, desto stärker kommt es zu einem sich selbst verstärkenden Prozess. Irgendwann muss irgendwer damit anfangen. Es stellt sich aber die Frage, wer das machen möchte, wenn es gegebenenfalls auf Kosten der wissenschaftlichen Karriere geht.

Ich stand bis vor kurzem auch vor dieser Frage. Nach der Promotion musste ich mir Gedanken darüber machen, ob ich den Weg, den ich eingeschlagen hatte, tatsächlich fortführen wollte, oder ob es nicht sinnvoller sein würde, den Forschungsschwerpunkt zu ändern. Tatsächlich fing ich gerade an, die Themen ein wenig zu erweitern, um mir neue und mehr Möglichkeiten zu schaffen, doch in der Wissenschaft zu bleiben. Ich fing an, Studien zu designen, die mich zwar auch interessierten, die sich aber weiter von meinem Forschungsschwerpunkt entfernten, und das, obwohl ich das Gefühl hatte, dass es in *meinem* Bereich noch hinreichend viel zu erforschen gäbe. Ich hatte dann aber Glück. Denn eine ehemalige Kollegin schickte mir eine Ausschreibung für eine unbefristete Stelle als Wissenschaftliche Mitarbeiterin und Leitung eines Lernbereiches am Institut für Hebammenwissenschaft. Diese Stelle passte so perfekt auf mein Profil, dass ich sie bekam. Jetzt kann ich weiterforschen zu den Themen, die mich am meisten interessieren. Ich kann Forschungsfragen entwickeln, die ich für zentral und wichtig halte und ich kann dies tun, ohne mir Gedanken machen zu müssen, ob ich in drei Jahren dann noch eine Stelle an der Universität habe. Denn das, was ich geschenkt bekommen habe, war Zeit und eine Nische, in der meine Themen nicht als unwichtig angesehen werden.

Die Benachteiligung von Frauen in der Wissenschaft ist in erster Linie ein Problem für die Gruppe, die sie betrifft: Frauen. Dass manche Themen nur zweitrangig erforscht werden, ist vor allem ein Problem derjenigen Gruppen, deren Themen nicht erforscht werden: FLINTA und andere Minderheiten, wie zum Beispiel Menschen mit Behinderung – zumindest, wenn man dem Ganzen nur einen oberflächlichen Blick zuwirft. Denn natürlich haben sich deutsche Universitäten dazu verpflichtet, diverser zu werden, und da die Professuren in Deutschland vor allen durch Männer besetzt sind, bedeutet dies, dass zukünftig gezielt Frauen eingestellt werden müssen. Für den Einzelfall kann dies bedeuten, dass ein geeigneter Mann nicht eingestellt werden kann, weil für ihn die Stelle nicht vorgesehen ist, weil jetzt eben eine Frau dran sein muss, weil diese als Gruppe viel zu lange benachteiligt wurden. Das ist auf struktureller Ebene absolut fair, für das Individuum weniger. Die Gleichheit der Geschlechter, Diversität, Inklusion, intersektionaler Feminismus – all diese Dinge, die sich gegen das Patriarchat auflehnen, die es verändern wollen, sind keine Frauensache. Gleichheit ist etwas, das alle betrifft. Die Abkehr von Gleichheit ist etwas, das allen schadet. Feminismus ist nicht egal und es wäre an der Zeit, dass auch die Wissenschaft und insbesondere die Psychologie dies stärker anerkennen würde. Denn *girls just wanna have* eine wissenschaftliche Karriere mit den Themen, die sie für erforschenswert halten und die es auch sind.

6 Geschlechtsrollenstereotype und Mom Guilt I

Ich kann mich noch ganz genau erinnern, wie ich im zweiten Semester im Seminarraum saß und es um die Themen Stereotype, Vorurteile und Diskriminierung ging. Also letztlich darum, dass Menschen andere Personen zu sozialen Kategorien zusammenfassen (Männer versus Frauen, Jüngere versus Ältere, Weiße versus PoC), um dann auf Basis dieser Gruppierungen allgemeine Annahmen über die Gruppenmitglieder zu generieren (Stereotype), sie zu bewerten (Vorurteile) und sie im Zweifel schädlich zu behandeln (Diskriminierung). Menschen nehmen diese Gruppierung vor und stereotypisieren nicht aus bösem Willen, sondern sie tun dies, um mit der Vielzahl an sozialen Reizen im Alltag zurechtzukommen und sich Verhalten besser erklären zu können (Ellemers & Hasalm, 2012). Irgendwie ist dies also verständlich, war es für mich damals schon. Aber trotzdem fragte mich der Dozent irgendwann während der Sitzung, ob ich dem Gesagten nicht zustimmen würde, mein Blick wäre so kritisch. Man muss mir also ziemlich deutlich angesehen haben, dass ich in diesem Moment auch dachte: Was ist eigentlich mit Menschen los?

Geschlechtsrollenstereotype

Als ich überlegt habe, dieses Buch zu schreiben, habe ich zunächst kurz gegoogelt, was eigentlich dabei herauskommt, wenn ich *weibliche Psychologie* eingebe. Die Ergebnisse der Suchmaschine waren auf der einen Seite Tipps dazu, wie es Männer gelingen könnte, Frauen zu verstehen, und auf der anderen Seite Ratschläge für Frauen, was sie tun könnten, um attraktiv zu sein. Ob das den Stereotypen über Frauen entspricht? Ich befürchte schon.

Bereits in den 1970er Jahren hat die Psychologin Bem einen Fragebogen entwickelt, der die Geschlechtsrollenorientierung von Personen erfassen soll (Bem, 1974a). Dem Fragebogen liegt die Annahme zugrunde, dass es normative Erwartungen bezüglich des Auslebens bestimmter geschlechtsspezifischer Eigenschaften gibt. Für Frauen gelten andere Eigenschaften als sozial erwünscht als für Männer. Dabei geht Bem (1974b) jedoch nicht davon aus, dass Frauen und Männer tatsächlich so sind, wie durch die Eigenschaften definiert. Vielmehr können alle Menschen sowohl weibliche als auch männliche Eigenschaften haben. Im Fragebogen werden nun typisch männliche und typisch weibliche Eigenschaften abgefragt, um zu überprüfen, wie stark sich Menschen mit diesen identifizieren, das heißt, ob sie sich selbst diese Eigenschaften zuschreiben und als Teil von sich sehen (Feingold, 1994). Sozial erwünschte Weiblichkeit ist dabei assoziiert mit Aspekten wie Feinfühligkeit, Weichherzigkeit und Romantik (deswegen gucken alle Frauen gerne Romcoms, klar). Männlichkeit ist assoziiert mit Hartnäckigkeit, Unerschrockenheit und Intelligenz.

Wenn es denn aber tatsächlich so wäre, dass Frauen feinfühlig und Männer intelligent sind, könnte man sich nämlich – nicht ohne ironischen Unterton – fragen, warum das Schlagwort *weibliche Psychologie* bei der Google-Recherche zu Tipps führt, wie Männer Frauen besser verstehen lernen. Wenn Männer so intelligent sind, wie ihnen stereotyp nachgesagt wird, müssten sie dies doch eigentlich von alleine schaffen? Stereotype sind jedoch sehr anpassungsfähige Mindsets, die sich relativ flexibel in ihren Bedeutungen verdrehen lassen, wodurch sich ohne größere kognitive Verrenkung erwidern lässt: Männer sind zwar intelligent, aber sie sind laut Geschlechtsrollenstereotypen auch sehr *erfolgsorientiert* (Bem, 1974a). Vielleicht also googeln sie nur, weil sie ganz sicher gehen wollen, dass ihre Methode die Beste und Optimalste darstellt. Das Streben nach Top-Leistung in allen Bereichen. Eine Alternativerklärung wäre, dass die

Notwendigkeit der Suchanfrage an den Frauen selbst liegt. Denn diese sollen laut den gängigen Geschlechtsrollenstereotypen auch sehr *geheimnisvoll* sein – damit geht vermutlich eine gewisse Kompliziertheit einher, so dass Männer unabhängig ihrer vorhandenen Intelligenz sie einfach nicht verstehen *können.* In einer neueren Version des Fragebogens von Bem wird tatsächlich die Eigenschaft *modebewusst* für Frauen aufgeführt (Troche & Rammsayer, 2011). Ich finde, dass dies sehr gut erklärt, warum mir Google bei der Suche nach *weiblicher Psychologie* vorschlägt, was ich tun muss, um besonders attraktiv zu sein. Denn das ist schließlich wichtig. Nur wenn wir modebewusst und attraktiv sind, finden wir einen intelligenten und erfolgsorientierten Mann, der uns will.

Ich habe dies alles ein wenig ironisch dargestellt. Nicht nur, weil die sozial erwünschten Eigenschaften für Weiblich- und Männlichkeit teilweise fast albern sind und daher unwillkürlich zum Schmunzeln einladen, sondern auch, weil ich zeigen wollte, wie schwierig es ist, Geschlechtsrollenstereotype zu widerlegen, denn es ist sehr einfach, jedwedes Verhalten von Menschen so zu erklären, dass es zu den Geschlechtsrollenstereotypen passt. Wie ich später noch ausführlicher erklären werde, spielt auch hier der Confirmation Bias (Oeberst & Imhoff, 2023) eine zentrale Rolle. Menschen nehmen Informationen ihrer Umwelt so wahr, wie sie ihren Vorannahmen entsprechen, und diese Vorannahmen beruhen bei vielen Menschen eben darauf, dass Frauen und Männer sich hinsichtlich psychologischer Eigenschaften sehr stark voneinander unterscheiden. Intuitiv hätte ich übrigens gesagt – oder vielleicht auch einfach nur gehofft – dass die Zuschreibung sozial erwünschter, geschlechtsspezifischer Eigenschaften im Laufe der letzten Jahrzehnte abgenommen hat. Tatsächlich scheint das aber nicht der Fall zu sein. Eine Studie, in der die Geschlechtsrollenorientierung zwischen 1946 und 2018 exploriert wurde, konnte aufzeigen, dass die Zuordnung fürsorglicher Eigenschaften als weiblich nicht abgenommen hat, sondern tendenziell sogar eher stärker geworden ist (Eagly et al., 2020).

Diese Daten beschreiben sozial geteilte Normen und damit Erwartungen, was männlich und weiblich ist. Das heißt aber weder, dass diese korrekt sind, noch dass sich Menschen an diese halten müssen. Tatsächlich scheint es aber so zu sein, dass Frauen und Männer sich diese Geschlechtsstereotype auch selbst zuschreiben und sie als internalisierte Stereotype in ihr Selbstbild integrieren. Wenn Frauen und Männer sich selbst beschreiben, bewerten sich Frauen als weiblicher und Männer als männlicher.

Entstehung von Weiblichkeit

Obwohl es also starke Hinweise darauf gibt, dass Frauen und Männer sowohl von anderen geschlechtsstereotyp wahrgenommen werden als auch diese Eigenschaften für sich selbst so annehmen, besteht in der Forschung keine Einigkeit darüber, wie diese Geschlechtsstereotype und die damit einhergehenden Unterschiede zwischen Frauen und Männer entstehen. Gängige Überlegungen sind, dass diese geschlechtsspezifischen Eigenschaften angeboren sind oder sich erst im Laufe des Lebens beziehungsweise vielmehr in der Kindheit entwickeln, also durch Sozialisationsprozesse entstehen. Der Gedanke, dass bei der Entwicklung einer Geschlechtsrollenidentität nicht nur biologische Eigenschaften von Bedeutung sind, sondern zumindest auch teilweise soziokulturelle ist übrigens nicht neu (Block et al., 1973).

Eagly (2020) beschreibt, dass Geschlechtsrollenstereotype dadurch entstehen, dass Menschen direkt oder indirekt beobachten, wie sich Frauen und Männer in der sozialen Welt verhalten. Tun dies Gruppenmitglieder besonders häufig auf eine bestimmte Art und Weise, gehen Menschen irgendwann davon aus, dass eben dieses Verhalten typisch für diese Gruppe ist. Dabei ist ein bisschen der Knackpunkt, dass von dem beobachtbaren Verhalten letztlich auf eine zugrundeliegende Eigenschaft geschlossen wird. Das heißt, dass sich Frauen häufig um Kinder kümmern, wird nicht nur als typisches Verhalten bewertet, sondern es erfolgt der Schluss, dass sie sich fürsorglich verhalten, weil es ihren Eigenschaften als Frau entspricht. Aus einem typischen Verhalten wird also ein Stereotyp darüber, wie Mädchen und Frauen sind, welches dann während des Heranwachsens von Mädchen als Teil ihres Selbstbilds übernommen wird. Dies bedeutet eben, dass Mädchen nicht von Beginn fürsorglicher sind als Jungen, sondern dass ihnen dies sozial vermittelt wird, sie sich dann irgendwann selbst so wahrnehmen und dieses Female Mindset in ihr Selbstkonzept integrieren und entsprechend handeln. Diese Entwicklung wird dabei zusätzlich dadurch verstärkt, dass die unterschiedlichen Sozialisationsanforderungen und Erwartungen an Mädchen und Jungen während des Heranwachsens bestimmte Verhaltensweisen belohnen und andere wiederum bestrafen. Während Mädchen dazu angehalten sind, Wut und Aggressionen zu kontrollieren und sich warm und empathisch zu verhalten, wird genau dieses Verhalten bei Jungen bestraft (Block et al., 1973), indem beispielsweise suggeriert wird, dass echte Jungs nicht weinen. Auch dies wirkt sich darauf aus, welche Mindsets Kinder über sich und die Welt entwickeln. Die sozial vermittelten Erwartungen der Gesellschaft können dabei übrigens mehr oder weniger offensichtlich und direkt sein. Eltern und andere Sozialisationsagent*innen können diese sowohl aktiv in die Erziehung miteinbeziehen, indem vermeintlich geschlechtsuntypisches Verhalten untersagt oder verboten wird (beispielsweise kann ich Jungen verbieten Röcke zu tragen oder mit Puppen zu spielen), sehr viel häufiger finden diese Sozialisationsprozesse aber deutlich subtiler statt, indem sie sich Prozessen wie dem Confirmation Bias (Oeberst & Imhoff, 2023) oder der selbsterfüllenden Prophezeiung bedienen.

Wieder vom Confirmation Bias und den sich selbsterfüllenden Prophezeiungen

Wie oben bereits angerissen, spielt der Confirmation Bias vermutlich eine zentrale Rolle bei der Aufrechterhaltung von Geschlechtsrollenstereotypen. Er ist aber auch schon bei deren Entwicklung beteiligt. Denn Heranwachsende übernehmen die sozialen Erwartungen, die aufgrund ihres Geschlechts an sie gestellt werden, indem sie geschlechtstypische Merkmale selektiv wahrnehmen. Das heißt, Kinder nehmen verstärkt Informationen wahr, die Fürsorglichkeit mit Weiblichkeit assoziieren und Männlichkeit mit Stärke oder Mut. Geschlechtsuntypische Verhaltensweisen, die nicht den Voranahmen entsprechen, werden weniger stark registriert. Das Resultat ist, dass sie auf Basis dieser selektiven Wahrnehmung lernen, wie Männer und Frauen vermeintlich sind – und sich mit einiger Wahrscheinlichkeit auch selbst geschlechtsspezifisch verhalten. Der Confirmation Bias wirkt aber auch auf Seiten der Sozialisationsfiguren. Denn auch Eltern oder andere Bezugspersonen nehmen verstärkt das wahr, was zu ihren Voranahmen passt: Mädchen wollen meistens mit Puppen oder Kuscheltieren spielen, Jungs toben immer. Wenn ich dann dieses Verhalten mehr oder weniger explizit verstärke, indem ich mich vielleicht darüber lustig mache, wenn ein Junge weint oder mit Puppen spielt, weil echte Jungs das nicht machen, oder bei Mädchen immer schnell *Vorsicht* schreie, sobald sie klettern, dann ist es nicht besonders verwunderlich, dass Kinder irgendwann dieses Verhalten nicht mehr zeigen. Das liegt dann aber nicht am Geschlecht. Ist dies jedoch die Voranahme, wird der Confirmation Bias genau dies so sehen lassen.

Tatsächlich gibt es eine Studie, die sich mit der Wahrnehmung von motorischen Fähigkeiten bei Babys beschäftigt (Mondschein et al., 2000). Interessant dabei ist, dass sich Jungen und Mädchen im Säuglingsalter zwar hinsichtlich physischer Faktoren wie der Größe unterschieden, aber nicht in ihren motorischen Fähigkeiten, also wann sie lernen zu sitzen, zu krabbeln oder zu laufen. Etwas später entwickeln sich jedoch Unterschiede, denn dann zeigt sich, dass Jungs häufig besser Fangen, Werfen und Klettern können. In der Studie nun mussten Mütter die Krabbel-Fähigkeiten ihrer 11 Monate alten Kinder einschätzen. Was sich zeigte war, dass Mütter die Fähigkeiten der Mädchen häufig unterschätzten und die Fähigkeiten von Jungs tendenziell überschätzten. Tatsächlich unterschieden sich die motorischen Fähigkeiten von Jungs und Mädchen nicht. Die unterschiedliche Einschätzung der Leistung lag also vermutlich an dem Geschlechtsstereotyp, dass Jungs motorisch einfach geschickter sind. Bedauerlicherweise war die Stichprobe in der berichteten Studie sehr klein, weswegen man die Ergebnisse sicherlich mit Vorsicht betrachten muss. Da dies jedoch ein häufiges Problem im Bereich der (kindlichen) Genderforschung darstellt, habe ich sie trotzdem hier aufgeführt. Auch decken sich die Ergebnisse durchaus mit Alltagsbeobachtungen und es erscheint auch inhaltlich nicht abwegig, dass die irgendwann entstehenden Unterschiede in der motorischen Entwicklung nicht unabhängig von normativen Erwartungen sind. Diese beeinflussen dann womöglich, dass Jungs in bestimmten Sportarten eher gefördert werden als Mädchen. Aber Ball werfen und fangen ist vor allem eins: Übungssache. Wenn Mädchen aber nie üben, Bälle zu werfen, ist es nicht verwunderlich, dass sie es nicht können. Wenn ich als Gesellschaft dann auch noch vermittele, dass Jungs, die nicht so gut werfen können, wie Mädchen werfen, verstärkt sich das Problem und Mädchen suchen sich dann vielleicht Sportarten, die sie vermeintlich besser können, weil sie mehr zum weiblichen Stereotyp passen. All das ist also ein sich letztlich selbstverstärkender Prozess. Übrigens unterscheiden sich Menschen natürlich hinsichtlich ihrer motorischen Fähigkeiten. Auch gibt es aufgrund der unterschiedlichen Anatomie von Frauen und Männern körperliche Unterschiede zwischen diesen. So haben Männer häufig einen Vorteil was Stärke und Schnelligkeit betrifft. Für andere motorische Fähigkeiten wie Koordination und Beweglichkeit trifft dies aber nicht zu. Die Frage ist also, ob beobachtbare

Unterschiede in diesen hauptsächlich im Geschlecht liegen oder ob sie vielmehr normativ bedingt sind.

Erwartungen an ungeborene und gerade geborene Menschen

Wir haben in einer Studie untersucht, ob Eltern vielleicht schon geschlechtsspezifische Erwartungen an Kinder haben, wenn diese noch gar nicht geboren sind (Imhoff & Hoffmann, 2023). Tatsächlich gibt es Studien, die darauf hinweisen, dass bereits sehr junge Babys unterschiedlich behandelt werden, je nachdem ob sie Jungs oder Mädchen sind (Block et al., 1973). Das Problem dabei ist aber, dass nicht auszuschließen ist, dass diese Unterschiede im elterlichen Verhalten darauf zurückgehen, dass Jungs und Mädchen auch als Babys schon unterschiedlich sind. Häufig wird Jungen zugeschrieben, dass sie schon als Säuglinge wilder und temperamentvoller sein. Das Verhalten der Eltern wäre dann nur die Reaktion auf das geschlechtsspezifische Verhalten der Kinder. Wenn das Kind jedoch noch nicht geboren ist und es trotzdem zu geschlechtsspezifischen Annahmen kommt, kann man es als vorsichtigen Hinweis nehmen, dass diese Annahmen eher auf Stereotype und nicht auf tatsächliche Unterschiede zurückzuführen sind. Was wir in der Studie sahen, war, dass Väter (nicht aber Mütter) geschlechtsspezifische Erwartungen und Wünsche an ihre ungeborenen Kinder hatten, sobald das Geschlecht per Ultraschall feststand. Geschlechtsrollenstereotype spielten bei Vätern auch acht Wochen nach der Geburt eine Rolle. So wurden die acht Wochen alten Jungen von Vätern männlicher wahrgenommen als Mädchen – unabhängig vom tatsächlichen Temperament. Dass Männer eher zu Geschlechtsstereotypen neigen als Frauen, zeigen auch andere Studien (Asendorpf et al., 2017). Auch wenn die beobachtbaren Zusammenhänge nicht sehr stark waren, denke ich, dass es sich trotzdem lohnen könnte, darüber zu diskutieren, was es vielleicht mit der kindlichen Entwicklung machen kann, wenn ich schon davon ausgehe, dass sich bereits acht Wochen alte Babys hinsichtlich bestimmter Geschlechtsstereotype unterscheiden. Wenn schon so junge Menschen stereotypisiert werden, ist es doch fast klar, dass diese Stereotype irgendwann von Kindern internalisiert werden. Sozialisationsagent*innen sind aber übrigens nicht nur Eltern, sondern auch andere Bezugspersonen wie Fachpersonen in Kitas und Schulen, aber auch Bücher und Filme oder Kleidungshersteller.

Stereotype Bedrohung – aber von wo?

Wenn man über die Internalisierung von Stereotypen spricht, kommt man übrigens nur schwer drum herum, auch über das Konzept der Stereotypen Bedrohung zu sprechen. Dieses beschreibt die Angst von Menschen, die negativen Stereotype über die eigene Gruppe zu bestätigen (Smith & Mackie, 2007). Beim Dosenwerfen auf der Kirmes könnten Frauen also Ängste entwickeln, nicht zu treffen, da dies das Stereotyp, dass Frauen nicht gut werfen können, bestätigen würde. Wenn sie dann versuchen zu werfen, tun sie es schlechter.

Tatsächlich gibt es immer mal wieder Studien, die zeigen, dass Frauen in Leistungstests mit mathematischem Schwerpunkt schlechtere Ergebnisse erbringen als Männer. Das Konzept der Stereotypen Bedrohung beschreibt, dass sie das tun, weil sie in Testsituationen genau davor Angst haben. Das Stereotyp, schlechter in Mathe zu sein als Männer, führt laut dem Konstrukt dazu, dass sie schlechter in den Tests abschneiden. Eine Studie konnte zeigen, dass der Leistungsunterschied verschwindet, wenn man Frauen vor dem Test darüber aufklärt, dass das Stereotyp, schlechter in Mathe zu sein, nicht zutrifft (Johns et al., 2005). Die zugrundliegende Annahme der Forschung zur Stereotypen Bedrohung ist, dass die Angst die vorhandenen Stereotype zu erfüllen, wie eine selbsterfüllende Prophezeiung wirken könnte. Denn wenn ich erwarte, dass ich als Frau schlechter abschneide, tue ich dies tatsächlich auch, da meine Erwartung mein Verhalten lenkt. Zudem kostet Angst mentale Ressourcen, die ich dann nicht mehr in die Aufgabe stecken kann, sondern dafür aufwenden muss, meine Ängste zu regulieren.

Auch wenn diese Erklärungen irgendwie sehr einleuchtend klingen und viele Forschende dem Konzept der Stereotypen Bedrohung viel abgewinnen konnten – vielleicht auch, weil es irgendwie ziemlich cool und psychologisch klingt –, wird es jedoch seit kurzem sehr kritisch diskutiert. Eine neue Studie konnte nämlich die Ergebnisse der Studie von 2005 nicht replizieren (Stoevenbelt et al., 2024). Was die Studie zeigte, war, dass Frauen schlechter in Mathetests abschnitten als Männer, dies jedoch unabhängig von der Stereotypen Bedrohung. Es scheint also keinen sehr starken Beleg dafür zu geben, dass die Stereotype Bedrohung im Bereich geschlechtsspezifischer Matheleistungen eine Rolle spielen.

Als die Studie auf Social Media von Forschenden aus der Psychologie diskutiert wurde, wies ein Wissenschaftler darauf hin, dass es vielleicht notwendig sein könnte, stärker darüber zu diskutieren, wie die Idee der Stereotypen Bedrohung überhaupt entstanden sei. Nämlich eben genau aus den sich häufig zeigenden Ergebnissen, dass marginalisierte Gruppen wie Frauen, aber auch PoCs in Leistungstest schlechter abschneiden als weiße Cis-Männer. In der Studie wurden mögliche Gründe dafür überhaupt nicht diskutiert, das Ergebnis wurde einfach so stehen gelassen. Wenn wir aber davon ausgehen, dass die Unterschiede in den Leistungstests nicht damit zu begründen sind, dass weiße Cis-Männer einfach intelligenter sind – so, wie es den Stereotypen entspricht –, ist es notwendig nach Ursachen für diese Effekte zu suchen. Die Annahme, es könnte daran liegen, dass Menschen eben Angst haben, das Stereotyp, sie wären weniger schlau, zu erfüllen, war eine mögliche Erklärung, die sich nun aber nicht bestätigt hat.

Ich muss ehrlich gestehen, dass ich zunächst ein wenig traurig darüber war, dass sich die Ergebnisse nicht replizieren ließen. Denn es wäre wirklich eine gute und auch irgendwie coole Erklärung gewesen. Mittlerweile bin ich mir aber gar nicht mal so sicher, ob die Erklärung wirklich so cool ist. Denn irgendwie verschiebt sie das Problem sehr stark auf das Individuum: Menschen haben Angst und deswegen sind sie schlechter – wenn sie aufhören Angst zu haben, weil man ihnen sagt, dass dies nicht notwendig sei, verschwindet das Problem. Diese Annahme nimmt also sehr stark die betreffende Person in die Verantwortung und suggeriert auch eine sehr einfache Lösung. Das Problem ist aber vermutlich viel komplexer und weitreichender. Ganz vielleicht nämlich führen die leistungsbezogenen Stereotype, die an Frauen (und Männer) herangetragen werden, dazu, dass Frauen tatsächlich schlechter in Mathe sind. Nicht, weil dies in ihrer Natur liegt – denn es ist anzuzweifeln, dass es so etwas wie ein Mathe-Gehirn gibt, das eben eher Männer hätten –, sondern weil diese geschlechtsspezifischen Annahmen dazu führen, dass Mädchen weniger in Mathe gefördert und ihre Leistungen schlechter wahrgenommen werden. Auf letzteres weist zumindest eine kürzlich erschienene Studie hin (Olczyk et al., 2023). Diese zeigt, dass Lehrer*innen die Fähigkeiten von Jungen in Mathe überschätzen und von Mädchen unterschätzen. Für sprachliche Fähigkeiten zeigt sich das Bild genau umgekehrt. Auch wurde deutlich, dass die (fehlerhaften) Annahmen der Lehrenden zu späteren Leistungsunterschieden zwischen Jungen und Mädchen beitrugen. Wenn ich also Studierenden Leistungstests mit mathematischem Schwerpunkt vorlege und sehe, dass Frauen und andere marginalisierte Gruppen schlechter abschneiden, hat dies vielleicht gar nichts mit ihren vermeintlich unbegründeten Ängsten zu tun, sondern ganz vielleicht sind die Ängste sogar begründet, denn sie schneiden ja schlechter ab. Sie tun dies aber vermutlich nicht, weil ihnen das Mathe-Gehirn fehlt, sondern eher, weil sie in einer Gesellschaft großgeworden sind, die ihnen suggeriert hat, dass Mathe hauptsächlich etwas für Männer ist. Denn Mädchen verstehen eben einfach nicht so viel von Mathe, deswegen müssen sie da auch nicht so viel Kraft hineininvestieren und können sich einfach auf das konzentrieren, was sie viel besser können: Sprachen zum Beispiel. Genauso wie 11 Monate alte Mädchen halt nicht so gut krabbeln wie Jungen. *No biggie*, oder?

Geschlechtsspezifischen Zuschreibungen machen also vielleicht etwas mit heranwachsenden Menschen – damit, wie sie sich sehen, also welche Mindsets sie über sich und die Welt entwickeln, und damit, welche Leistung sie basierend auf diesen Mindsets erbringen. Sie machen auch etwas damit, wie sich diese Menschen später einmal um ihre Kinder kümmern. Dann, wenn sie selbst Mütter oder Väter sind.

Über Mütter und Väter

Der offensichtlichste Unterschied zwischen Frauen und Männern bezogen auf das Elternsein besteht natürlich darin, dass Frauen nach wie vor diejenigen sind, die sich quantitativ mehr um ihre Kinder kümmern. Ich könnte jetzt Statistiken angeben, die in Zahlen darstellen, wie groß der Unterschied ist, vertraue aber darauf, dass sich alle Lesenden darüber bereits bewusst sind. Vielmehr möchte ich darauf hinweisen, dass Frauen nicht nur quantitativ mehr Care-Arbeit leisten, sondern dass es auch Unterschiede in der Art der Care-Arbeit gibt. So legen Ergebnisse unterschiedlicher Studien nahe (Asendorpf et al., 2017), dass Väter tendenziell eher Dinge übernehmen, die mit angenehmen Tätigkeiten assoziiert sind, wie auf den Spielplatz oder ins Schwimmbad zu gehen. Mütter hingegen übernehmen eher alltägliche und pflegende Arbeiten. Auch zeigt sich, dass sich Väter stärker mit ihren Söhnen beschäftigen als mit ihren Töchtern, wohin gegen es bei Müttern keinen solchen Unterschied gibt. Vielleicht also können sich Väter ein bisschen mehr aussuchen, welche Tätigkeiten, sie wann und wie übernehmen.

Dass Frauen nach wie vor mehr Care-Arbeit leisten und Männer sich etwas auf der Rolle des Providers *ausruhen*, wird sehr häufig damit begründet, dass Väter mehr Geld verdienen und es daher finanziell notwendig ist, dass sie arbeiten gehen und nicht ihre Partnerinnen (oder auch damit, dass es für Männer karrieretechnisch schwer leistbar ist, Elternzeit zu nehmen). Ich bin sehr stark dafür, dass gesellschaftliche Rahmenbedingungen geschaffen werden, so dass es finanziell keinen Unterschied macht, ob Mütter oder Väter zuhause bleiben (auf das Argument mit der Karriere will ich gar nicht eingehen, denn dass sich Elternzeit natürlich auch für Frauen ungünstig auf ihre Karrieren auswirkt, ist hoffentlich jedem*jeder klar). Dennoch glaube ich, dass dies nicht ausreichen wird. Denn die Ursachen für die ungleiche Verteilung der Care-Arbeit liegt nicht nur an finanziellen Aspekten. Ich glaube, die Ursache liegt viel tiefer, nämlich letztlich darin, wie Weiblich- und Männlichkeit sozial definiert werden, also in der gesellschaftlich verankerten Geschlechtsrollenorientierung. Solange es also normativ so ist, dass wir Frauen als fürsorglicher ansehen und Männer als intelligent und erfolgsorientiert, wird sich an den beschriebenen Unterschieden nichts ändern. Denn Frauen kümmern sich in der Regel mehr um die Kinder, weil die Annahme vorherrscht, dass sie dies besser können.

Ich habe in den letzten Jahren von sehr vielen sehr schlauen Feminist*innen gelesen, die darauf hingewiesen haben, dass Mutterschaft nicht natürlich verankert ist und Frauen es eigentlich gar nicht besser können und auch erst lernen müssen, sich um Kinder zu kümmern. Für den Moment ist es aber vielleicht so, dass Mütter tatsächlich häufig besser darin sind, sich um ihre Kinder zu kümmern. Das sind sie aber nicht, weil dies in ihrer Natur liegt. Sie sind es, weil Jungen besser in Mathe sind. Nämlich deswegen, weil Frauen von klein auf lernen, wie gut sie darin sind, andere Menschen zu pflegen. Weil sie dies schon tun, wenn sie mit Puppen spielen, wenn sie ihren Müttern zugucken, wie sie sich um Kinder kümmern, wenn sie als ältere Mädchen mit den Babys von Bekannten spielen oder Babysitten. Bei all diesen Dingen üben sie. Für später. Wenn sie selbst Mütter sind. Wenn sie es dann tatsächlich sind, haben sie schon auf sehr vielen Ebenen einen Vorsprung gegenüber den Vätern, die mit all diesen Dingen noch keinen Kontakt hatten, da dies weder in das gesellschaftliche Bild noch in das Selbstkonzept eines heranwachsenden Menschen mit Penis passt. Dieser initiale Vorsprung erweitert sich dann exponentiell. Denn ja, Kindererziehung ist Übung. Wenn ich viel mit meinem Kind zusammen bin, weiß ich irgendwann mal, was es braucht, weil ich es täglich übe. So einfach ist das.

Dieser Aspekt aber findet im Moment noch zu wenig Beachtung. Er wird im Patriarchat einfach ignoriert. Vielmehr wird Frauen häufig noch die Schuld für die ungleiche Verteilung in der Care-Arbeit gegeben. Denn sie wollen das ja so. Das fehlende Engagement der Väter wird dann mit dem Konzept des Maternal Gatekeepings erklärt (zumindest, wenn die Begründung, dass Elternzeit der Karriere schadet, nicht als ausreichend hingenommen wird). Maternal Gatekeeping beschreibt, dass Männer sich eigentlich an der Care-Arbeit beteiligen wollen, dies aber nicht tun, weil ihre Partnerinnen ihnen nicht zutrauen, dass sie dies können. Väter wollen also eigentlich sehr gerne wickeln und Elternzeit nehmen, lassen es aber, weil sie ständig Ärger von ihren Partner*innen bekommen, weil sie angeblich etwas falsch gemacht haben. Laut des Konstruktes bemängeln Frauen also nicht, dass ständig Urin oder Stuhl aus der Windel ausläuft, wenn der Vater gewickelt hat, weil das für sie irgendwie nervige Konsequenzen wie Waschen hat, sondern sie tun dies, weil sie eigentlich nicht so gerne möchten, dass die Väter auch wickeln.

Ich könnte nun noch das Konstrukt der Weaponized Incompetence hinzuziehen, welches beschreibt, dass Menschen sich absichtlich etwas ungeschickt anstellen, um Arbeiten nicht ausführen zu müssen. Ich könnte anführen, dass dies eine sehr logische Alternativerklärung dafür ist, warum Männer es zum Beispiel nicht hinkriegen, eine Windel ordentlich anzulegen, obwohl dies objektiv nicht besonders schwer ist. Letztlich aber ist schwer festzustellen, ob es sich bei bestimmten Situationen oder familiären Konstellationen eher um Maternal Gatekeeping oder Weaponized Incompetence handelt. Während die eine Begründung die Schuld eher bei den

Müttern sucht, nimmt die andere die Väter in die Verantwortung. Weil dyadische Strukturen und Familien komplex sind, gehe ich davon aus, dass beides eine Rolle spielt und sich gegenseitig verstärkt. Ich möchte vielmehr etwas anderes hervorheben: Das Ausleben von Maternal Gatekeeping oder Weaponized Incompetence ist eigentlich nicht besonders überraschend. Denn wenn ich Frauen immer und immer wieder vermittle, dass ihr Sinn im Leben darin besteht, für andere zu sorgen, und dass sie genau dies am besten können, dann muss ich mich nicht wundern, wenn diese Menschen sich genau daran festhalten und genau diese Kompetenz schützen wollen. Denn dafür sind sie ja angeblich gemacht. Auch muss ich mich nicht wundern, dass Männer, die ihr Leben lang gelernt haben, dass Care-Arbeit Frauensache ist, sich nicht sonderlich bemühen, viel ihrer angeblichen Erfolgsorientierung in das Aufziehen von Kindern zu investieren. Denn warum soll ich ein Buch lesen, mich beraten lassen oder üben, wie man richtig wickelt, wenn da doch eigentlich eine Person ist, die das eh viel besser kann: die Mutter.

Die Sache mit der Schuld

Dass Mütter so viel mehr in die Care-Arbeit involviert sind als Väter, geht mit vielen Belastungen einher – auch damit, dass ihnen häufig die Schuld dafür gegeben wird, wenn ihre Kinder nicht so *funktionieren*, wie es den gesellschaftlichen Erwartungen entspricht. Um das zu illustrieren: Ich kenne zum Beispiel Frauen, denen man gesagt hat, sie wären schuld daran, dass ihre Kinder nicht so gerne in die Kita gehen oder den Schulbesuch verweigern. Auch Freud war sehr gut darin, Müttern die Schuld für psychische Erkrankungen ihrer Kinder zu geben. Jetzt könnte man natürlich argumentieren, dass Freud eher nicht mehr State of the Art ist, aber ich befürchte, dass die Sichtweise, Mütter seien schuld, in vielen Köpfen verankert ist. Tragischerweise auch bei vielen Fachpersonen.

In der Psychologie gibt es das Konzept der Attribution. Attributionstheorien befassen sich damit, wie Menschen Ursachen für Verhalten zuschreiben (Werth et al., 2020a). Dabei ist es so, dass Ursachen sowohl innerhalb einer Person gesucht werden können (internale oder dispositionale Attribution) als auch in der Situation (externale oder situationale Attribution). Das heißt, wenn ich beispielsweise eine Mutter sehe, die sehr gestresst ist und mit ihrem Kind schimpft, gehe ich entweder davon aus, dass die Mutter das tut, weil sie eine schimpfende Mutter ist und das zu ihrer Persönlichkeit gehört (internale Attribution), oder ich gehe davon aus, dass sie sich vielleicht in einer sehr stressigen Situation befindet und sie ihr Kind vorher schon mehrmals leise um etwas gebeten hat und nun schimpft, da es anders nicht reagiert (externale Attribution, weil die Ursache für das Schimpfen nicht in der Mutter, sondern in der Situation des Nicht-Reagierens liegt).

Für die Beurteilung von Situationen ziehen Menschen dabei verschiedene Informationen hinzu: Wie verhält sich die Person sonst, entweder in anderen Situationen (Distinktheit) oder in ähnlichen Situationen (Konsistenz), und wie verhalten sich eigentlich Menschen in derselben Situation (Konsensus)? Wenn ich also eine Mutter sehe, die ihr Baby im Wagen schiebt und dabei ihr Handy in der Hand hat, kann ich überlegen, wie sich die Person sonst verhält. Wenn ich weiß, dass sie fast nie ihr Handy in der Hand hat, wenn sie den Kinderwagen schiebt, und dass sie auch sonst selten auf ihr Handy guckt, während sie sich um ihr Baby kümmert, gehe ich vielleicht eher davon aus, dass sie in diesem Moment so handelt, weil es diese spezifische Situation so erfordert, zum Beispiel, weil sie eine wichtige Nachricht beantworten muss (externale Attribution).

Soweit die Theorie, denn in der Regel liegen uns ja gar nicht so viele Informationen vor, die es uns ermöglichen, korrekte Urteile zu treffen (ebd.). Menschen attribuieren aber auch dann kausal, wenn sie eigentlich keine Informationen haben – und in der Regel fällt die Ursachenzuschreibung nicht zugunsten der Mutter aus. Denn es gibt so etwas, das sich *fundamentaler Attributionsfehler* nennt. Dieser beschreibt, dass Menschen dazu tendieren bei der Suche nach Ursachen für ein Ereignis personenbezogene Faktoren zu überschätzen und situative Faktoren zu unterschätzen (Smith & Mackie, 2007). Menschen suchen die Ursache übrigens auch dann eher in der Person, wenn eigentlich klar ist, dass situative Faktoren wahrscheinlicher sind (Werth et al., 2020a). Um bei dem oben genannten Beispiel zu bleiben, bedeutet dies, dass tendenziell nur sehr wenige Personen davon ausgehen, dass die Mutter während des Kinderwagenschiebens auf ihr Handy guckt, weil sie vielleicht eine wichtige Nachricht beantworten muss und ansonsten einfach keine Zeit dafür hat. Tendenziell gehen Personen eher davon aus, dass Mütter keine Lust haben, sich um ihre Babys zu kümmern, weil sie sich viel lieber mit ihren Handys beschäftigen. Selbstbezogene Mütter also. Vom fundamentalen Attributionsfehler sind aber nicht nur Frauen betroffen – er beschreibt wie gesagt eher eine allgemeine Tendenz Ursachen für Situationen in der Person zu suchen. Aber es ist gut vorstellbar, dass unsere Annahmen über Weiblichkeit und vor allem darüber, wie eine gute Mutter sein soll, dazu führen, dass davon vermeintlich abweichendes Verhalten, besonders stark durch eine internale Attribuierung bestraft wird. Zudem sind eben Mütter diejenigen, die sich besonders häufig um Kinder kümmern, und daher automatisch auch die, die Schuld sind, wenn etwas nicht funktioniert.

Dass Menschen dazu neigen, eher internal zu attribuieren, ist übrigens nichts, was wir als Gesellschaft so hinnehmen müssen. Denn letztlich wäre es schön, mit dieser Form der Ursachenzuschreibung ein wenig zurückhaltender zu werden. Vielleicht hat dies einfach etwas mit Wohlwollen zu tun. Denn wir können uns letztlich immer dazu entscheiden, anderen Menschen mit Wohlwollen zu begegnen und erst mal davon auszugehen, dass es einen guten Grund für ihr Handeln gibt.

Warum aber stereotypisieren und attribuieren wir?

Wenn Stereotype und Attribution so fehlerhaft sind und im Zweifel dazu führen, dass wir Menschen entweder unrecht tun oder sie sogar diskriminieren, warum verwenden wir diese dann überhaupt? Die Antwort ist eigentlich ziemlich einfach: Wir tun dies, weil uns diese mentalen Shortcuts das Leben erleichtern. Wir sind im Alltag sehr vielen (sozialen) Reizen ausgesetzt, die wir letztlich nicht alle verarbeiten können. Um mit dieser Reizüberflutung klarzukommen, bedienen wir uns Mechanismen, die uns die Verarbeitung erleichtern und uns helfen, unsere limitierten kognitiven Kapazitäten zu schützen (Ellemers & Haslam, 2012). In der Forschung wird mittlerweile diskutiert, ob Menschen im Autismus-Spektrum tendenziell weniger mentale Shortcuts verwenden (Rozenkrantz et al., 2021). Auch wenn die Forschung hierzu noch nicht sehr aussagekräftig ist und weitere Studien folgen müssen, kann ich mir vorstellen, dass dies vielleicht eine mögliche Erklärung für die häufig auftretende Reizüberflutung bei autistischen Menschen sein könnte. Denn wenn ich keine oder viel weniger mentale Shortcuts verwende, muss mein Gehirn reinkommende Reize tief verarbeiten. Dies kann man als vorsichtigen Hinweis nehmen, dass die Verwendung von mentalen Shortcuts zumindest für das Individuum Vorteile haben kann, da sie uns helfen eine Reizüberflutung zu vermeiden.

Dennoch, glaube ich, kann man nicht oft genug hervorheben, dass diese Shortcuts uns sehr stark einengen, indem sie anderen, aber auch uns selber aufzeigen, wie wir sein sollen. Sie führen vielleicht dazu, dass wir Entscheidungen nicht frei treffen, sondern uns vielmehr nach gesellschaftlichen Erwartungen richten. Frauen verhalten sich entsprechend dieser Logik nicht unbedingt fürsorglich, weil sie es sind (oder sein wollen), sondern weil es ihnen von außen aufgestülpt wird und sie diese Sichtweise übernehmen (müssen). Annahmen über Weiblichkeit sind dabei übrigens nicht nur ein Problem für Frauen. Sie sind auch eins für Männer. Denn auch ihnen wird letztlich genommen, sich so zu entfalten, wie sie es möchten.

Letztes Jahr war ich auf einer Karnevalsfeier in einer Grundschule. Dort gab es einen Auftritt einer Gruppe, die Garde tanzte. Es waren nur Mädchen. Der Lehrer, der durch das Programm führte, sagte im Anschluss, dass er als Junge auch immer überlegt hatte, dass er sich gerne einer Gardetanzgruppe anschließen würde. Er hat sich aber nicht getraut – denn so tanzen Mädchen, nicht Jungen. So, wie Jungen eben angehalten sind, Traurigkeit zu unterdrücken, denn *Jungs weinen nicht*, das tun nur Mädchen. In der Psychologie gibt es das Konstrukt der prekären Männlichkeit, welches beschreibt, dass Männlichkeit nicht von Natur aus gegeben, sondern fragil ist, und Männer ihre Männlichkeit ständig unter Beweis stellen müssen, um diese nicht zu verlieren (Vandello et al., 2008). Denn wenn sie sie verlieren, gelten sie als kleine Jungen oder Mädchen, nicht als *richtiger* Mann. Studien in diesem Feld konnten zeigen, dass Männer zu aggressiveren Verhalten neigen, wenn man sie in ihrer Männlichkeit bedroht. Laut Theorie tun sie dies, um ihre Männlichkeit wiederherzustellen. Das Festhalten an starren Geschlechterrollen und an den Kategorien weiblich und männlich tut letztlich niemanden gut. Weder einzelnen Individuen noch der Gesellschaft.

Was will ich eigentlich?

Ich habe in diesem Kapitel sehr viel darüber geschrieben, dass Frauen mitunter in die Mutter- beziehungsweise in die sich kümmernde Rolle gedrängt werden, weil dies dem gesellschaftlichen und eben auch verinnerlichten Konzept der Weiblichkeit entspricht. In den letzten Jahren wurde zudem sehr viel über die Last der Mütter gesprochen. Über die berufliche Doppelbelastung, über die ungleich verteilte Care-Arbeit, über mentale und emotionale Überlastung. All diese Dinge sind vollkommen berechtigt. Denn nur wenn Missstände angesprochen werden, können sie auch beseitigt oder zumindest verringert werden. Manchmal habe ich jedoch den Eindruck, dass sehr selten darüber gesprochen wird, was Kinder aber auch machen können, nämlich sehr glücklich, und dass die Mutterrolle sehr viele Personen ziemlich zufrieden macht. Heutzutage muss niemand mehr Mutter werden und auch wenn die gesetzlichen Hürden für einen Schwangerschaftsabbruch immer noch sehr hoch sind und der Prozess sehr kompliziert ist, ist es trotzdem möglich, Kinder nicht zu bekommen. Auch geeignete und sichere Verhütungsmethoden zur Vermeidung einer Schwangerschaft gibt es ausreichend. Trotzdem entscheiden sich jährlich immer noch viele Menschen, Kinder zu bekommen. Natürlich vielleicht auch, weil ihre verinnerlichten Stereotype kaum ein anderes Verhalten zulassen. Das allein jedoch wäre eine sehr traurige Erklärung und, ich vermute, auch keine ausreichende. Viele Menschen bekommen Kinder, weil sie es möchten.

Als ich einer Freundin von diesem Buch erzählte und ihr sagte, dass es unter anderem darum geht, dass Mütter mehr Care- und emotionale Arbeit leisten, weil dies den internalisierten Stereotypen über Weiblichkeit entspräche, entgegnete sie, dass sie auch Umgekehrtes erleben würde. Denn sie könnte sich nicht vorstellen Vollzeit zu arbeiten, weil sie nachmittags die Zeit sehr gerne mit ihren Kindern verbringt. Aber auch hier hat sie manchmal das Gefühl, sie müsste sich dafür rechtfertigen, dafür, nicht unbedingt Karriere machen zu wollen, sondern sich eben für etwas anderes, für Kinder, entschieden zu haben. Vielleicht zeigt auch dies nur wieder, dass Frauen es eben eigentlich gar nicht richtig machen können, weil sie so oder so den Erwartungen ihrer Umgebung ausgesetzt sind und diese Erwartungen nicht selten latent misogyn sind. Es zeigt vor allem aber eines: Präferenzen und die daraus resultierenden Verhaltensweisen sind von Mensch zu Mensch unterschiedlich. Jede Person sollte das tun, was sie möchte. Ich habe jedoch die leise Vermutung, dass das nicht immer der Fall ist. Denn um tatsächlich selbstbestimmte Entscheidungen treffen zu können, müssen diese unabhängig von den gesellschaftlichen Erwartungen stehen. Denn nur wenn Menschen nicht schon in einer bestimmten Rolle aufwachsen, können sie sich irgendwann mal frei überlegen, was sie im Leben möchten.

Als meine Tochter sehr klein war und ich von all diesen Dingen erstaunlich wenig wusste und noch das Gefühl hatte, Sexismus gäbe es in Deutschland nicht mehr, ging ich sehr früh wieder arbeiten, da ich grade angefangen hatte, zu promovieren und ich gerne alles haben und sein wollte. Es gibt kaum eine Zeit in meinem Leben, die mich innerlich so zerrissen hat. Denn ich war irgendwie gefangen zwischen den Stereotypen, eine gute Mutter sein zu müssen, die eigentlich immer für ihr Kind da sein sollte (wie oft habe ich gehört, dass ein Kind in den ersten drei Jahren zur Mutter gehört), und dem Anspruch, in der Wissenschaft arbeiten und erfolgreich sein zu wollen. Das Absurde ist allerdings, dass ich gar nicht so ganz genau weiß, ob es mir geholfen hätte, wenn mein Wissen größer gewesen wäre. Wenn ich klar gewusst hätte, dass man eine gute Mutter sein kann, auch wenn man arbeitet. Denn die angesprochene Zerrissenheit war gar nicht rein kognitiv. Sie hatte auch eine emotionale Komponente. Denn das, was ich vor der Geburt meines Kindes nicht auf dem Schirm hatte, war ein Gefühl, dass ich bis dahin nicht in dieser Form kannte: Sehnsucht. Sehnsucht nach diesem Baby und der Wunsch, es bei mir zu haben, nicht zu lange getrennt sein zu wollen, nicht auf Tagungen und Konferenzen sein zu wollen. Interessanterweise hatte mein Chef mir genau das vorausgesagt, beziehungsweise fragte er nach, als ich von meiner recht kurz geplanten Elternzeit erzählte, ob ich mir sicher wäre, dies so zu wollen. Ich habe seinen Einwand mit feministischer Attitüde abgetan, denn ich wollte ja alles haben. Bis ich dann festgestellt habe, dass das vielleicht gar nicht immer möglich ist. Weil wir Menschen eben vor allem auch eines tun: fühlen.

Mittlerweile glaube ich übrigens gar nicht, dass diese Sehnsucht und das Verlangen bei meinem Kind zu sein, unfeministisch war. Ob aber die Zerrissenheit, die ich gespürt habe, komplett getrennt von meiner Geschlechtsrollenorientierung und meinen Annahmen darüber, was eine gute Mutter ausmacht, betrachtet werden kann, das weiß ich nicht. Ich denke aber, es wäre erstrebenswert, dass sich zukünftige Generationen diese Frage nicht mehr stellen müssten. Weil sie sich frei entscheiden können für das, was sie wirklich wollen, und nicht für das, was die Gesellschaft von ihnen erwartet. Wie das im Einzelnen aussieht, weiß ich nicht. Weil die Frage danach, was ich möchte, eine sehr individuelle ist. Was ich nur weiß, ist, dass sie nicht vom Geschlecht abhängen sollte und um dies zu erreichen, wäre es notwendig, den Mindsets, die Annahmen darüber beinhalten, wie Frauen und Männer angeblich sind, aktiv entgegenzuwirken und sie nicht mehr automatisch als Teil von uns in unser Selbstkonzept zu integrieren, sondern vielmehr nur dann, wenn sie tatsächlich uns als Mensch und nicht als Frau oder Mann entsprechen.

7 Geburt

Meine Forschung zur Geburt und zum Geburtserleben begann mit der Geburt meiner Tochter. Ich hatte grade angefangen, als wissenschaftliche Mitarbeiterin zu arbeiten, mit der Absicht zu promovieren, hatte jedoch noch kein Thema für die Dissertation festgelegt – vielleicht irgendetwas zu Emotionen. Ich fand mein Thema etwa drei Monate nach Geburt mitten in einem Nachtreffen des Geburtsvorbereitungskurses. Es ist mir tatsächlich ein wenig ungeplant zugelaufen, hat quasi mich gefunden. Was ich bei dem Nachtreffen des Geburtsvorbereitungskurs meinte zu beobachten, war, dass die Geburtsgeschichten, die die Mütter dort erzählten, irgendwie passend erschienen. Passend dazu, was sie schon im Geburtsvorbereitungskurs über ihre Sorgen und Ängste bezüglich der bevorstehenden Geburt berichteten. Denn dort gab es die Schwangeren, die sehr zuversichtlich, vielleicht sogar mit ein bisschen Freude auf die Geburt blickten, und die, die das Ganze eher unheimlich fanden und als notwendiges Übel ansahen. Ich hatte den Eindruck, dass letztere Gruppe von tendenziell schwierigeren Geburten berichtete. Was ich auch zu sehen glaubte, war, dass kompliziertere Geburten damit verbunden waren, dass Mutter und Kind ein wenig unruhiger und vielleicht ein wenig gestresster wirkten. Eine Frau hatte Schwierigkeiten und Schmerzen beim Stillen, eine andere berichtete, dass ihr Baby viel schrie und allgemein sehr unruhig war. Ich war neugierig, ob sich diese Beobachtungen auch empirisch zeigen würden, also sich übertragen ließen auf eine große Stichprobe, oder ob meine Wahrnehmung verzerrt war und all das, was ich meinte beobachten zu können, einfach Zufall oder nicht vorhanden war.

Ich stellte dann schnell zwei Dinge fest: Nämlich, dass es bis zu diesem Zeitpunkt kaum psychologische Forschung zum Thema Geburt gab – zumindest keine, die sich auf vermeintlich gesunde

Schwangere bezog –, und auch, dass dieses Thema von großer gesellschaftlicher Bedeutung war (und ist), weil immer mehr Hebammen versuchten darauf aufmerksam zu machen, dass sich die Bedingungen in der Geburtshilfe eher verschlechterten als verbesserten – ein Problem, das bis heute noch nicht gelöst ist, mehr als 12 Jahre, nachdem ich damit das erste Mal konfrontiert war.

Einige Daten zur Geburt

Wie schon berichtet, werden in Deutschland mehr als 700.000 Kinder pro Jahr geboren, knapp 30 Prozent davon per Sectio, also Kaiserschnitt (Statistisches Bundesamt, 2023), eine Zahl, die sich so ähnlich für Länder wie Italien und das Vereinigte Königreich finden lässt und manchmal sogar deutlich höher ist wie in der Türkei (57 Prozent) und manchmal etwas geringer wie in Israel (19 Prozent).

Die Weltgesundheitsorganisation (WHO) hat 1985 einen Artikel dazu veröffentlicht, dass basierend auf der vorhandenen Datenlage eine Sectiorate von ungefähr 10 bis 15 Prozent als medizinisch notwendig eingestuft werden kann (WHO, 1985). In Ländern, in denen diese Prozentzahl unterschritten wird, zeigen sich Nachteile für die Gesundheit der gebärenden Person und des Kindes. Eine Prozentzahl, die über diesen 10 bis 15 Prozent liegt, ist jedoch auch nicht mehr als vorteilhaft und vor allem nicht als medizinisch notwendig anzusehen. Auch viele Jahre nach diesem ersten Statement spricht sich die WHO explizit dafür aus, medizinisch unnötige Bauchgeburten zu vermeiden (WHO, 2018) und wirkt damit der zunehmenden Medikalisierung kritisch entgegen.

Natürlich aber wird die zunehmende Medikalisierung in der Geburtshilfe nicht nur durch die hohe Sectiorate sichtbar, sondern auch durch eine Vielzahl anderer Interventionen, die unter Geburt durchgeführt werden können und in vielen Fällen auch werden. Die Rate an vaginal assistierten Geburten, also Geburten, die mit einer

Saugglocke oder Geburtszange unterstützt werden, liegt bei etwa sieben Prozent (Statistisches Bundesamt, 2023). Andere Interventionen werden nicht systematisch erfasst, daher ist nicht klar, wie häufig diese auftreten. In unseren Studien gibt in der Regel mindestens die Hälfte der Teilnehmenden an, eine oder mehrere Interventionen unter Geburt erlebt zu haben. Die Studien sind aber nicht als repräsentativ für die Interventionshäufigkeit in Deutschland zu sehen, da sie gegebenenfalls auf einer Selbstselektion der Teilnehmenden beruhen. Trotzdem ist davon auszugehen, dass Interventionen unter Geburt eher die Regel als die Ausnahme darstellen. Unabhängig davon bleibt die Sectio der sichtbarste und am häufigsten diskutierte Indikator für die zunehmende Medikalisierung in der Geburtshilfe. Bauchgeburten sind übrigens auch das, wofür sich Frauen nach der Geburt am stärksten selbststigmatisieren, also schämen oder selbst abwerten (Hoffmann et al., 2024). Aber dazu später mehr.

Interessant ist es übrigens, wenn man sich die Sectioraten für Deutschland nach Bundesländern getrennt anguckt. So liegt sie in Sachsen bei etwa 26 Prozent, im Saarland hingegen bei 36 Prozent (Statistisches Bundesamt, 2023). Jetzt kann man natürlich darüber spekulieren, warum das so ist und zum Beispiel darüber diskutieren, ob es medizinische Erklärungen für dieses Ungleichgewicht gibt, also dass im Saarland zum Beispiel mehr Gebärende mit medizinischem Risiko leben. Jetzt bin ich aber nun mal Psychologin und mit den Beobachtungen aus dem Nachtreffen des Geburtsvorbereitungskurs im Kopf stellte ich mir vor ungefähr 12 Jahren die Fragen: Was hat denn eigentlich das Mindset damit zu tun?

Medikalisierte versus natürliche Ansätze

Wie schon beschrieben, wird die zunehmende Medikalisierung von verschiedenen Instanzen – unter anderem der WHO – kritisiert. Vor zehn Jahren machte zudem die britische Gesundheitsbehörde (*British National Institute for Health and Care Excellence;* NICE) medial auf sich aufmerksam, weil sie in ihrer Leitlinie explizit formulierte, dass Frauen mit unkomplizierter Schwangerschaft in Betracht ziehen sollten, zuhause oder im Geburtshaus zu gebären, da dies für Patient*innen ohne medizinische Risiken eine sichere Alternative darstelle (NICE, 2014), Ergebnisse, die so auch in anderen Studien immer wieder gefunden werden (Jonge et al., 2013). Obwohl verschiedene Studien die Sicherheit außerklinischer Geburtsorte belegen, lassen sich sehr häufig Aussagen finden, die diese Empirie in Frage stellen – sowohl von Laien als auch von Fachpersonen, vor allem von Mediziner*innen. Interessant ist das, weil es sehr deutlich zeigt, dass auch Fachpersonen nicht immer so beraten, behandeln oder diskutieren, wie es empirischer Evidenz entspricht, sondern dass vermutlich auch bei ihnen die Wahrnehmung verzerrt ist, und zwar so, wie es ihrem geburtsbezogenen Mindset entspricht, das in den genannten Fällen vermutlich eher medizinisch ausgeprägt ist. Das Problem gibt es natürlich auch bei Personen mit eher natürlichem Mindset, weil dann Interventionen vielleicht sehr kritisch bewertet werden und es vorkommen kann, dass Gebärenden bestimmte medizinische Hilfen wie eine Periduralanästhesie, die nachweislich Schmerzen unter Geburt reduzieren kann, verweigert werden, oder davon ausgegangen wird, dass außerklinische Geburtsorte für jede Gebärende einen geeigneten Geburtsort darstellen würde.

Ganz allgemein beschreibt Medikalisierung, dass medizinische Begriffe, Interventionen und Technologien verwendet werden, um mit einer Situation – wie zum Beispiel Schwangerschaft und Geburt – zurechtzukommen (Conrad, 1992). Zwar steht im Mutterpass, dass Schwangerschaft und Geburt natürliche Vorgänge darstellen und keine Krankheiten, trotzdem werden auch bei unauffälligen Verläufen präventiv Technologien wie das CTG und unterschiedliche Interventionen angewendet. Als Symbol für die stark medizinische Ausrichtung in der Geburtshilfe ist auf meinen Vortragsfolien in der Regel ein Bild von einer Hand zu sehen, bei der ein venöser Zugang gelegt ist. In Deutschland wird in sehr vielen Kliniken Gebärenden standardmäßig ein Zugang gelegt, wenn sie zu Geburtsbeginn in den Kreißsaal kommen. Dies geschieht mit der Begründung, dass sich dann im Zweifel, also wenn etwas passiert, schneller handeln lässt. Nun mag das aus Gründen der Effizienz vielleicht eine einigermaßen sinnvolle Erklärung sein, auch wenn mir schon mehrere Fachpersonen zugesichert haben, dass medizinisches Personal eigentlich sehr gut darin ausgebildet ist, schnell einen Zugang zu legen und daher diese prophylaktische Abkürzung gar nicht notwendig wäre. Aus psychologischer Perspektive stellt sie sich als nicht ganz so günstig dar. Denn das, was dadurch womöglich passiert, ist, dass man der Gebärenden unwillentlich signalisiert, dass die Wahrscheinlichkeit für eine Gefahrensituation sehr hoch ist. Ich würde sogar behaupten, dass solche Maßnahmen eine große Ironie in der Geburtshilfe darstellen. Denn von Gebärenden wird mehr oder weniger explizit verlangt, dass sie sich unter Geburt entspannen sollen, und dass das Ideal einer Geburt in der vaginalen Geburt liegt. Wenn man ihnen nun aber gleichzeitig signalisiert, dass Geburt inhärent gefährlich ist, ist es eigentlich ziemlich viel verlangt, dass sie sich »einfach mal« entspannen sollen. Auch wäre es interessant zu explorieren, ob geburtshilfliches Personal vielleicht eher zu medizinisch nicht indizierten Interventionen neigt, wenn der erste Schritt bereits gemacht ist. Dies ist aber letztlich eine empirische Frage. Der Medikalisierung entgegen stehen Ansätze und Maßnahmen zur Förderung der *natürlichen* Geburt (Cosans, 2004), also einer Geburt ohne oder mit möglichst wenigen Interventionen. Diese Maßnahmen können so etwas sein wie eine aufrechte Geburtsposition oder Massagen zur Schmerzlinderung.

Das geburtsbezogene Mindset

Da die Begriffe *medizinische* und *natürliche Geburt* sowohl von Fachpersonen in der Praxis als auch in wissenschaftlichen Veröffentlichungen sowie von Laien im Alltag bereits verwendet werden, haben auch wir diese Begriffe genutzt, um das geburtsbezogene Mindset zu operationalisieren, also beobachtbar und messbar zu machen. Konkret gehen wir davon aus, dass es ein Mindset gibt, das ein Kontinuum darstellt, mit den beiden Endpunkten *medizinisch* und *natürlich* (Hoffmann & Banse, 2021). Wie bereits beschrieben, sind Mindsets mentale Repräsentationen, die darüber entscheiden, welche Informationen wir aus der Umwelt wahrnehmen, wie wir diese interpretieren und schließlich, wie wir uns auf Basis dieser Wahrnehmung und Interpretation verhalten (Gollwitzer et al., 1990). Bezogen auf den Kontext Geburt beschreibt das Mindset also, wie Geburt bei Personen mental repräsentiert ist, das heißt, wie wir Geburt und damit einhergehende Informationen über, zum Beispiel, Risiken oder Gefahren wahrnehmen. Wir gehen davon aus, dass Personen mit einer eher natürlichen Ausprägung des geburtsbezogenen Mindsets Geburt als natürlichen Vorgang wahrnehmen, der nur in Ausnahmefällen medizinisch unterstützt werden muss, weil der weibliche Körper eigentlich dazu befähigt ist, zu gebären. Bei Personen mit eher natürlichem Mindset ist das Vertrauen in Hebammen stärker als in Ärzt*innen; sie haben tatsächlich häufiger eher eine Eins-zu-Eins-Betreuung durch eine freiberufliche Hebamme und auch eine höhere Wahrscheinlichkeit, außerklinisch zu gebären (Hoffmann & Banse, 2021). Personen mit eher medizinischem Mindset nehmen Geburt als eher risikobehafteten Vorgang wahr, der in der Regel medizinischer Unterstützung bedarf.

Der Fragebogen, der das geburtsbezogene Mindset abbilden soll, misst, ob Personen größeres Vertrauen in Ärzt*innen oder Hebammen haben (Beispiel: »Hebammen, die eine Geburt ohne einen Arzt begleiten, überschätzen ihre Fähigkeiten.«). Höheres Vertrauen in Ärzt*innen, also eine stärkere Zustimmung zu der Beispielfrage spricht für ein eher medizinisches Mindset. Auch erfasst der Fragebogen, wie man zur medikamentösen Unterstützung der Geburt steht (»Es ist besser, ohne Schmerzmittel zu entbinden.«): Wenn Personen diese tendenziell eher ablehnen, ist dies ein Zeichen für ein eher natürliches Mindset und wie man vaginale Geburten und Sectios bewertet (»Ein Kaiserschnitt birgt viele Vorteile gegenüber einer vaginalen Geburt.«). Dabei nehmen Personen mit medizinischem Mindset vaginale und Bauchgeburten als tendenziell gleichwertig wahr oder haben eine leichte Präferenz für die Sectio. Im Fragebogen wird auch eine geburtsbezogene Scham- und Ekelsensitivität erfasst (»Eine Geburt ist eklig.« oder »Eine Geburt ist für die Frau in vielerlei Hinsicht peinlich.«), wobei sich zeigt, dass Personen mit eher natürlichem Mindset Geburten weniger schambehaftet und eklig finden als Personen mit medizinischem Mindset, vermutlich, weil sie Geburt als natürlichen Prozess begreifen, der eben auch das Ausscheiden von Körpersekreten beinhaltet.

Wirkung des Mindsets

Grundannahme der Psychologie ist, wie beschrieben, dass die menschliche Wahrnehmung nicht objektiv ist, sondern von unseren mentalen Repräsentationen abhängt, die auf unseren vorherigen Annahmen und Erfahrungen beruhen. Das heißt, die gleichen Informationen und Reize werden von unterschiedlichen Personen auch unterschiedlich wahrgenommen. Dies trifft auch auf geburtsrelevante Informationen und Reize zu. Manche Personen beruhigt es vielleicht, dass sich auf einem CTG die Stärke einer Wehe ablesen lässt, da ihnen dies ein Gefühl von Sicherheit und Kontrollierbarkeit vermittelt, andere Personen empfinden eben dies als störend oder einengend.

Wie aber wirkt jetzt das geburtsbezogene Mindset? Um es vorweg zu sagen: Es gibt keine Studie, die sich spezifisch mit dieser Fragestellung beschäftigt. Aus den Daten, die wir bisher haben, lassen sich Hinweise finden, dass das Mindset auf zwei unterschiedliche, aber vermutlich trotzdem miteinander verknüpfte Arten wirken kann. Es scheint, als würde das geburtsbezogene Mindset einfach geburtsbezogene Entscheidungen beeinflussen. Diese Entscheidungen sind bewusst und überlegt. So kann ich mich zum Beispiel vor der Geburt dafür entscheiden, ob ich eine Eins-zu-Eins-Betreuung möchte (zumindest, wenn ich eine freiberufliche Hebamme finde, die mich unter Geburt betreuen kann) oder in welche Klinik ich gehe möchte (eine mit Kinderstation oder eine ohne) oder ob ich versuchen möchte, außerklinisch zu gebären. Natürlich kann es auch hier im Prozess zu Änderungen kommen, zum Beispiel, wenn eine Geburt doch vom außerklinischen Setting in eine Klinik verlegt werden muss oder es Risikofaktoren gibt, die eine außerklinische Geburt ausschließen. Dennoch kann man davon ausgehen, dass diese Art und Weise der Wirkung stärker entscheidungsorientiert und durch die Person in gewissem Ausmaß auch kontrollierbar ist. Auch beeinflusst eine Entscheidung schon zu einem gewissen Maße das Ergebnis, denn wenn ich beispielsweise eine Geburt im Geburtshaus oder auch hebammengeleiteten Kreißsaal beginne, Settings, in denen auch die betreuenden Personen ein vielleicht eher natürliches Mindset haben, verringert dies vermutlich die Wahrscheinlichkeit für Interventionen.

Der andere Wirkmechanismus ist weniger kontrollierbar als der, der auf bewussten Entscheidungen beruht. Es ist vorstellbar, dass durch das geburtsbezogene Mindset sowohl geburtshinderliche (bei medizinischem Mindset) als auch geburtsfördernde (bei natürlichem Mindset) Emotionen und Kognitionen, also Gedanken, hervorgerufen werden können, die dann wie eine selbsterfüllende Prophezeiung wirken. Wenn ich annehme, dass Geburt ein gefährlicher Vorgang ist, den ich nicht meistern kann, erhöht sich vielleicht die Wahrscheinlichkeit, dass es zu mehr Schwierigkeiten kommt, vielleicht weil ich weniger entspannt bin. Darüber hinaus ist auch hier ein Confirmation Bias wahrscheinlich, der dazu führt, dass ich stärker diejenigen Informationen wahrnehme, die mit Gefahr und Risiko assoziiert sind, weil dies meiner Vorannahme, dass Geburt gefährlich ist, entspricht. Tatsächlich gibt es erste Hinweise darauf, dass beide Wirkmechanismen plausibel sind, also sowohl derjenige, der von reflektierten Entscheidungen ausgeht, als auch der, der eher nichtkontrollierbare Prozesse postuliert (Hoffmann et al., 2023a).

Gerade letzteres impliziert aber, dass das geburtsbezogene Mindset nicht etwas ist, was sich die schwangere oder gebärende Person aussucht und für das sie selbst verantwortlich ist – dies impliziert auch, dass es vermutlich nur geringfügig modifizierbar ist.

Welchen Effekt hat das Mindset?

Personen haben also ein geburtsbezogenes Mindset, das eine unterschiedliche Ausprägung dahingehend hat, wie Geburt mental repräsentiert ist: eher als natürlicher Vorgang, der wenig Hilfe von außen benötigt, oder als eher medizinischer Vorgang, der viel Unterstützung von außen benötigt und inhärent risikobehaftet ist. Die Frage ist nun, ob das tatsächlich Auswirkungen auf unser Verhalten haben kann. Um dies zu überprüfen, haben wir eine Längsschnittstudie konzipiert, in der wir bei Frauen (und deren Partnern; siehe Kapitel 8 *Männer, Mindsets und die Autonomie der Frau*) das geburtsbezogene Mindset in der Schwangerschaft erhoben haben, um zu überprüfen, ob es aufgrund des Mindsets zu unterschiedlichen Geburtsverläufen kommen kann (Hoffmann et al., 2023a), also das Mindset und damit psychologische Faktoren einen Teil des Geburtsverlaufs erklären können. Unsere Annahme war, dass Personen mit einem eher natürlichen Mindset tendenziell weniger Interventionen unter Geburt benötigen als Personen mit einem eher medizinischen Mindset. Denn wenn die Annahmen oben stimmen, sollten Gebärende mit natürlichem Mindset eher geburtsförderliche Emotionen und Kognitionen entwickeln, die dann eine komplikationslosere Geburt ermöglichen.

Tatsächlich gab es schon vor dieser einige wenige Studien, die zeigten, dass psychologische Faktoren mit dem Geburtsverlauf zusammenhängen können. So legen empirische Befunde nahe, dass bestimmte Einstellungen (Haines et al., 2012), Glaubenssätze (Preis et al., 2018) und Emotionen (Handelzalts et al., 2015) mit einigen

Aspekten des Geburtsverlaufs korrelieren. Übrigens sind interessanterweise auch von diesen Studien wenige in psychologischen Fachjournalen veröffentlicht.

Wie von uns vorhergesagt, zeigte die Längsschnittstudie tatsächlich, dass Frauen, die in der Schwangerschaft ein eher natürliches Mindset hatten, auch eher interventionsarm gebaren (Hoffmann et al., 2023a). Das heißt, sie benötigten mit geringerer Wahrscheinlichkeit wehenverstärkende Mittel unter Geburt, eine Periduralanästhesie oder einen Dammschnitt und gebaren seltener mit Saugglocke, Zange oder per Kaiserschnitt. Ich schreibe dabei übrigens absichtlich *benötigen*, denn es ist, wie gesagt, nicht davon auszugehen, dass Gebärende bewusste Kontrolle über ihr Mindset hatten.

Das geburtsbezogene Mindset war übrigens auch nicht der einzige Faktor, der mit dem Geburtsverlauf zusammenhing. Es zeigte sich auch, dass Gebärende, die ein medizinisches Risko mitbrachten (zum Beispiel vorherige Sectio, Infektionskrankheiten während der Schwangerschaft, eine nicht termingerechte Geburt), eine höhere Wahrscheinlichkeit für Interventionen unter Geburt hatten. Dies ist natürlich nicht verwunderlich, sondern absolut erwartbar und spricht dafür, dass die Studie Sinnvolles misst. Auch zeigte sich, dass Erstgebärende sogar ein sehr hohes Risiko für Interventionen unter Geburt hatten. Dieser Effekt war größer als der des geburtsbezogenen Mindsets und auch als der des medizinischen Risikos. Woran das liegen könnte, diskutiere ich weiter unten. An dieser Stelle sei schon mal angemerkt, dass es durchaus problematisch ist, dass Frauen häufig mit eher negativen Geburtserlebnissen in ihre Mutterschaft und in potentiell weitere Geburten starten. Denn das zeigt die Längsschnittstudie auch sehr deutlich: Eine interventionsarme Geburt war mit einem positiveren Geburtserleben assoziiert, welches beschreibt, wie Personen die Geburt subjektiv bewerten. Die Wichtigkeit des Geburtserlebens ist das zweite und vielleicht viel wichtigere Ergebnis unserer Studie, daher werde ich auf dieses nun auch noch mal genauer eingehen.

Geburtserleben

Ich weiß gar nicht genau, wie wir auf das Thema Geburt kamen, aber irgendwann erzählte mir meine Großmutter über die Geburt meines Vaters. Sie sagte gar nicht viel, sondern hauptsächlich, dass sie einfach die ganze Zeit alleine gewesen wäre. Das, was mich überraschte, war nicht der Inhalt, sondern wie sie es erzählte und auch, welche Emotionen sie empfand, denn sie war offensichtlich noch sehr verärgert über die diensthabende Hebamme, die sie nicht unterstützt hatte. Meine Großmutter empfand Wut über ein Ereignis, das mehr als 60 Jahre zurücklag. Damit aber ist sie nicht die Einzige. Denn auch von anderen Frauen habe ich über die Zeit so manche E-Mail bekommen. Frauen, die vor Jahrzehnten und Jahren geboren hatten, schreiben mir, weil für sie dieses Ereignis nach wie vor so zentral ist, dass sie mir anbieten, gerne für Interviews zur Verfügung zu stehen, wenn ich Probandinnen bräuchte.

Geburt ist ein kritisches Lebensereignis. Kritische Lebensereignisse sind in der Psychologie so definiert, dass sie von großer emotionaler Bedeutung sein müssen und eine Anpassungsreaktion erfordern, weil sich durch sie bestimmte Umstände ändern, auf die sich neu fokussiert werden muss (Hermann, 2021). Wie ich ja schon berichtet habe, ist es etwas ironisch, dass Geburt in der Psychologie ja fast keine Rolle spielt und dennoch kann man dies ziemlich sicher als kritisches Lebensereignis bezeichnen. Geburt ist ein sehr einschneidendes Ereignis, weil Geburt viele körperliche und psychische Herausforderungen beinhaltet. Personen haben persönliche Grenzen. Die wenigstens von uns sind gerne vor meist fremden Menschen nackt, die wenigsten verlieren gerne unkontrolliert Körperflüssigkeiten, schwitzen, sind laut – all diese Dinge. Geburt ist herausfordernd, und weil das so ist, ist es wichtig, diesen Vorgang möglichst sensibel und beschützend zu begleiten, um einen Rahmen zu bieten, in dem sich die Gebärende fallen lassen kann – wenn sie es möchte –, und in dem die wenigen Grenzen, die ihr noch bleiben, gewahrt werden.

In der Studie zum geburtsbezogenen Mindset zeigte sich, wie gesagt, dass eine interventionsärmere Geburt mit einem positiveren Geburtserleben in Verbindung stand (Hoffmann et al., 2023a). Geburtserleben bildet ab, wie zufrieden die betreffenden Personen mit der Geburt sind. Es sollen Aussagen bewertet werden wie »Alles in allem würde ich die Geburt meines Kindes als ein schönes Ereignis bezeichnen« oder »Auch wenn ich froh bin, dass mein Kind auf der Welt ist, war die Geburt an sich ein eher schreckliches Ereignis« (Hoffmann & Banse, 2021). Geburten, bei denen weniger Interventionen notwendig sind, werden im Mittel positiver bewertet als solche, bei denen mehr Interventionen notwendig sind. Eine Sectio wird meistens am negativsten bewertet. Dabei ist übrigens nicht klar, ob dies daran liegt, dass der Geburtsmodus an sich negativ wahrgenommen wird, oder ob die negative Bewertung zustande kommt, weil der Geburtsverlauf vor der Sectio auch schon sehr negativ war und die Bauchgeburt einfach das Ende einer für die Person *schrecklichen* Geburt darstellt. Auch kann es sein, dass eine Sectio negativ bewertet wird, weil sie nicht den Erwartungen der Gesellschaft entspricht und sich die Gebärende deswegen selbst abwertet (Hoffmann et al., 2024a) – dazu aber später mehr. Vermutlich spielen alle drei Aspekte eine gewisse Rolle, denn auch hier ergibt es – wie so oft in der Psychologie – wenig Sinn von einer einzigen Ursache auszugehen.

Das Geburtserleben als Ausgangspunkt zum Übergang zur Mutterschaft

Das Geburtserleben ist sehr wichtig, denn es zeigte sich in der Studie als Ausgangspunkt für ein höheres Wohlbefinden im Wochenbett. Frauen mit positiveren Geburtserleben berichteten von einem höheren Wohlbefinden im Wochenbett, positiveren Emotionen, sie fühlten sich belastbarer, hatten weniger Probleme beim Stillen und die Wundheilung schritt tendenziell besser voran, auch wurde der Säugling als ruhiger und ausgeglichener beschrieben (Hoffmann et al., 2023a.). Müttern, denen es im Wochenbett besser ging, hatten eine geringere Wahrscheinlichkeit acht Wochen, beziehungsweise sechs Monate nach der Geburt Symptome einer Posttraumatischen Belastungsreaktion sowie einer Postpartalen Depression zu entwickeln. Auch war die Bindung zum Kind sechs Monate nach Geburt etwas sicherer als bei Müttern, die ein niedrigeres Wohlbefinden im Wochenbett hatten.

Eigentlich sind all diese Ergebnisse nicht verwunderlich. Denn ich würde argumentieren, dass es eigentlich klar ist, dass, wenn Menschen ein Ereignis erleben, das für sie sehr negativ, vielleicht sogar aversiv und gewaltvoll war, nicht einfach *funktionieren* können, als wäre nichts passiert. Wenn ich damit beschäftigt bin, das Erlebte zu verarbeiten und mich vermutlich dabei auch noch allein fühle, weil es für die meisten Menschen gar nicht zentral ist, wie die Geburt verlief, weil es für die meisten nur darum geht, ob Mutter und Kind gesund sind, dann fehlen der betroffenen Person Ressourcen im Wochenbett. Diese werden jedoch gebraucht, um sich kümmern und stillen zu können, und um sensitiv, also bindungsorientiert, auf ihr Kind zu reagieren.

Dass das Geburtserleben wichtig ist, zeigt übrigens nicht nur unsere Studie, sondern haben noch einige andere herausgefunden. So wird durch die vorhandene Empirie deutlich, dass das Geburtserleben zentral für die Mutter-Kind-Bindung ist (Seefeld et al., 2022) sowie, dass es einen Zusammenhang zwischen dem Geburtserlebnis und dem Auftreten einer Postpartalen Depression (Bell & Andersson, 2016) oder Posttraumatischen Belastungsreaktion gibt (Garthus-Niegel et al., 2013). Die Evidenz, die für die Wichtigkeit des Geburtserlebnisses spricht, ist also eigentlich da. Es wäre Zeit, diese Erkenntnis stärker umzusetzen. Denn ich bin es irgendwie leid, dass so viele Frauen in meiner Umgebung bei negativen Geburtserlebnissen gar nicht mehr aufschrecken und sich wundern, sondern es einfach hinnehmen. So sagte eine Freundin von mir letztens beiläufig in Gespräch, als sie erzählte, dass ihre Cousine gerade Mutter geworden war: *Die Geburt war natürlich nicht so schön, aber das ist ja irgendwie immer so und scheinbar normal.* Eine Gesellschaft muss aber dieses vermeintliche *Normal* nicht wollen. Denn Geburten können auch schön sein – auch wenn interveniert werden muss, auch wenn sie anstrengend und schwierig sind – und das ist das, was wir anstreben sollten. Ein positives Geburtserlebnis für die gesamte Familie als Ausgangspunkt für den aufregenden und anstrengenden Übergang zur Elternschaft. Denn Geburt kann auch bestärken. So sagte mir eine Frau in einem Interview, dass das Geburtserlebnis zwar herausfordernd für sie gewesen wäre, sie aber gleichzeitig so gestärkt und stolz aus dieser Situation gegangen wäre, dass, wann immer sie vor einer neuen, herausfordernden Situation stehe, die ihr Angst mache, sie sich ins Gedächtnis rufe, was sie geschafft habe, und dass alles im Vergleich zur Geburt nichts sei. Und vielleicht ist es viel eher das, was wir als Gesellschaft brauchen und anstreben sollten. Denn wie schön wäre das?

Die Sache mit dem Stillen

In der Gesellschaft besteht Konsens darüber, dass es wichtig ist, die Stillquote zu erhöhen. Entsprechend ist sehr oft zu lesen, wie wichtig Stillen ist und welche Vorteile es für das Kind hat. Es gibt sogar eine Weltstillwoche. Oft aber auch wird das Wissen um die Wichtigkeit des Stillens dahingehend verändert, dass Müttern mal wieder die Schuld gegeben wird, nämlich dann, wenn das Stillen nicht funktioniert. Denn eigentlich sollte es ja funktionieren, da es das Beste für das Kind ist, und eine *gute* Mutter will schließlich das Beste. Statt immer wieder zu bewerben, wie gut und wichtig Stillen ist, wäre es vielleicht auch eine angemessene Maßnahme, die Rahmenbedingungen in der Geburtshilfe zu verbessern. Sodass Gebärende gestärkt und nicht geschwächt aus diesem Ereignis hinausgehen und sich die

Wahrscheinlichkeit für Stillprobleme automatisch ein Stück weit reduziert (Hoffmann et al., 2023a). Es wäre wünschenswert, dass sich Mütter frei entscheiden können, ob sie stillen möchten oder lieber nicht, ohne dass sie dadurch gesellschaftlich negative Folgen, wie *mom shaming*, zu erwarten haben. Wenn Müttern jedoch Ressourcen genommen werden, sodass Stillprobleme vermehrt auftreten und sie beispielsweise Schmerzen haben, aufgrund derer sie dann abstillen, ist das keine freie und selbstbestimmte Entscheidung, sondern eine Entscheidung, die aus der Not heraus getroffen wird. Natürlich sind auch diese Entscheidungen vollkommen legitim und dennoch wäre es wünschenswert, dass diese erst gar nicht getroffen werden müssten. Es wäre so viel schöner, wenn Geburten so ablaufen würden, dass unabhängig von benötigten Interventionen, Gebärende vom Erlebnis profitieren könnten. Es wäre so viel sinnvoller, Rahmenbedingungen in der Geburtshilfe zu verbessern als einfach nur Werbekampagnen zu designen, die suggerieren: *Aber eigentlich müsstest du doch, um eine gute Mutter zu sein.*

Ist das kausal?

Es stellt sich natürlich die Frage, ob die Ergebnisse, die wir in der Längsschnittstudie (Hoffmann et al., 2023a) gefunden haben, kausal sind. Also, ob das geburtsbezogene Mindset tatsächlich die Ursache dafür ist, dass Gebärende mehr Interventionen benötigen, oder das Geburtserleben dafür verantwortlich ist, dass das Stillen schwerer fallen kann. In dem Kapitel *Science-Geflüster* habe ich beschrieben, dass nur durch Experimente eindeutig nachgewiesen werden kann, ob Variablen kausal zusammenhängen. Nun ist es aber so, dass sich für manche Fragestellungen keine Experimente designen lassen. Der Fall des geburtsbezogenen Mindsets ist ein solcher, denn es ist nicht so wirklich möglich, das Mindset zu verändern, um anschließend zu überprüfen, ob diese zielgerichteten Veränderungen einen Unterschied in der Interventionshäufigkeit mit sich bringen. Das gewählte längsschnittliche Design schließt aber zumindest aus, dass die Geburt oder der Geburtsverlauf das Mindset kausal beeinflusst hat, denn als wir das Mindset in der Schwangerschaft erhoben haben, war ja noch gar nicht klar, wie die Geburt verlaufen würde. Dennoch ist nicht auszuschließen, dass es unentdeckte Drittvariablen gibt, die die Effekte erklären. Dann wäre es nicht das Mindset, was den Geburtsverlauf bedingt, sondern eine andere Variable, und es würde sich bei den gefundenen Zusammenhängen nur um Scheinkorrelationen handeln, wie bei den Störchen, die die Kinder zur Welt bringen. Wir haben einige Drittvariablen getestet, die inhaltlich sinnvoll wären und geguckt, ob sich dann der Effekt des Mindsets immer noch zeigt. Tut er. Einige andere Variablen hatten dabei ebenso wie das geburtsbezogene Mindset einen Effekt auf den Geburtsverlauf (unter anderem ein medizinisches Risko zu haben und erstgebärend zu sein), andere wiederum nicht (unter anderem Alter und Einkommen der Gebärenden). Das Mindset blieb bei allen dazu genommenen potenziellen Drittvariablen stabil. Daher würde ich zum jetzigen Zeitpunkt erst mal davon ausgehen, dass sich die Ergebnisse auch kausal interpretieren lassen, mit absoluter Sicherheit lässt sich dies aber nicht sagen.

Kann, soll, muss ich das Mindset ändern?

Neben der Frage, ob das Mindset einen kausalen Effekt auf den Geburtsverlauf habe, werde ich sehr oft gefragt, wie man das Mindset denn ändern könnte. Ich befürchte, es besteht ein wenig die Idee oder der Wunsch, dass wenn ich Gebärende darauf hinweise, dass Geburt ja eigentlich ein ganz natürlicher Vorgang sei, dass sie dann ihr Mindset einfach ändern und ganz problemlos gebären würden. Aber, wie Befunde zu kognitiven Verzerrungen zeigen, lassen sich diese nicht so einfach verändern, selbst wenn man Menschen darauf hinweist (Oeberst & Imhoff, 2023). Auch wer schon mal Psychotherapie gemacht hat, weiß, wie viel und harte Arbeit es sein kann, Glaubenssätze zu verändern. Also davon auszugehen, das Mindset ließe sich *mal schnell* ändern, ist äußert naiv, zumal die Daten im Moment eher zeigen, dass es tendenziell stabil ist.

Auch stellt sich natürlich die Frage, ob das erstens notwendig und zweitens ethisch vertretbar wäre. Denn es gibt kein gutes und schlechtes Mindset, auch wenn dies vor allem bei Social Media manchmal so dargestellt wird und vielleicht auch Schwangere, Gebärende und Mütter das Gefühl haben, es gäbe ein ideales Mindset und zwar das, das hervorhebt, dass Geburt ein eher natürlicher Prozess ist. Auch wenn meine Studien oft als Argument dafür herhalten müssen, weil sie eben zeigen, dass ein natürlicheres Mindset mit einer höheren Wahrscheinlichkeit für interventionsarme Geburten einhergeht, möchte ich mich von dieser Sichtweise klar distanzieren. Menschen haben unterschiedliche Eigenschaften, manche sind lauter, einige leiser, manche extravertierter, andere eher introvertiert, manche offener für Erfahrungen, andere eher zurückhaltender, und wie in all diesen Eigenschaften können sich Menschen auch in ihrem geburtsbezogenen Mindset unterscheiden. Zu suggerieren jedoch, Menschen könnten sich frei aussuchen, welches Mindset sie haben, als wäre es quasi ihre freie Entscheidung wie sie Geburten sehen, und damit irgendwie auch häufig zu implizieren, dass die Schuld für komplikationsreiche Geburten bei ihnen liegt, da sie nicht genug an ihrem Mindset gearbeitet hätten, ist weder evidenzbasiert noch ist es ethisch korrekt. Gebärende sind nicht schuld an ihrem Mindset. Und ganz bestimmt sind sie nicht schuld an Komplikationen.

Das, was wir als Gesellschaft brauchen, sind Rahmenbedingungen in der Geburtshilfe, die es ermöglichen, dass Schwangere und Gebärende so betreut werden können, wie es ihrem Mindset entspricht. Dass sie sich weder dafür rechtfertigen müssen, warum sie in einer Klinik oder doch lieber außerklinisch gebären möchten oder sich für eine elektive Sectio, also einen »Wunschkaiserschnitt« entscheiden. Was wir benötigen, ist eine Geburtshilfe, in der das Mindset der beratenden und betreuenden Personen nur eine untergeordnete Rolle einnimmt, denn es ist nicht ihre Geburt. Der Standard sollte sein, dass auf Basis der empirischen Evidenz ergebnisoffen beraten wird, ohne dass ich als geburtshelfende Person selbst für mich diese Entscheidung so treffen müsste. Was es braucht, ist eine Geburtshilfe, in der das Geburtserleben der Gebärenden und damit auch der Begleitperson im Vordergrund steht. Denn dies ist das, was eigentlich zentral ist und was den Ausgangspunkt für den Übergang zur Elternschaft darstellt.

Die Frage nach dem Woher?

Es liegt natürlich auch die Frage nahe, warum manche der gefundenen Effekte zustande kommen. Vor allem wäre interessant zu wissen, wie sich das geburtsbezogene Mindset entwickelt. Ich weiß es ehrlich gesagt nicht. Sehr oft hört man von Fachpersonen und Geburtsaktivist*innen, dass es am gesellschaftlich vermittelten Bild, vor allen den Medien läge. Tatsächlich ist es sicherlich interessant, sich vor Augen zu rufen, wie Geburt in Filmen und Serien dargestellt wird: Sehr häufig beginnen Geburten sehr unvermittelt, ohne Vorwarnung, mit einem spektakulären Blasensprung, obwohl dieser Geburtsbeginn gar nicht so furchtbar häufig ist. Ist die Blase gesprungen, fährt die Gebärende häufig mit sehr vielen Begleitpersonen in die Klinik, die dann alle im Wartezimmer abhängen und auf die Ankunft des Babys warten. Die Geburt selbst wird häufig sehr dramatisch dargestellt, oft erwecken die Frauen einen leicht hysterischen Eindruck – und ja, dieser Begriff ist absichtlich so gewählt, denn es scheint so zu sein, als wolle man darstellen, dass Frauen unter Geburt eben nicht so ganz bei Sinnen sind. Die Geburten sind außerdem von außen gesteuert; Arzt oder Ärztin sitzt zwischen den gespreizten Beinen der Gebärenden und weisen sie an, zu pressen. All das, was transportiert wird, signalisiert, dass Gebärende eigentlich keine Ahnung von Geburt, sich oder ihrem Körper haben. Es ist die Frage, ob dieses Bild tatsächlich dazu beiträgt, dass Kinder und Jugendliche eine Sicht über Geburt entwickeln, die eher dem des medizinischen Mindsets entspricht. Auszuschließen ist es nicht, empirische Untersuchungen dazu gibt es allerdings nicht und vielleicht auch ist die Wirkung dieser Darstellung gar nicht so prägend, wie manchmal angenommen wird. Wir wissen es nicht.

Es gibt Studien, die zeigen, dass auch nicht schwangere Personen bereits ein geburtsbezogenes Mindset haben und dass ein eher natürliches Mindset mit geringerer geburtsbezogener Angst und mit etwas mehr geburtsbezogenem Wissen in Zusammenhang steht (Rublein & Muschalla, 2022). Eine unveröffentlichte Studie von mir legt nahe, dass Studentinnen, die selbst per Sectio geboren wurden, ein medizinischeres Mindset haben als Studentinnen, die vaginal geboren wurden. Geboren wurden die Studentinnen, die an der Studie teilnahmen, in den 1990er Jahren, also einer Zeit, in der die Sectiorate in Deutschland noch bei etwa 15 Prozent lag (Statistisches Bundesamt, 2023) und damit in dem Bereich, der von der WHO als medizinisch indiziert angesehen wird. Vorstellbar ist, dass den Studentinnen von ihren Eltern vermittelt wurde, dass sie oder ihre Mutter während der Geburt in Gefahr waren und sie dadurch ein Mindset entwickelt haben, das Geburten mit Gefahr, Risiko und der Notwendigkeit medizinischer Hilfestellung in Verbindungen setzt – Merkmale des medizinischen Mindsets.

Die Geschichten nämlich, mit denen wir groß werden, könnten einen Effekt darauf haben, wie sich unser Mindset entwickelt. Aber auch das sind letztlich erst einmal nur Spekulationen. Auch das wissen wir nicht.

Ich habe in diesem Buch bisher sehr viel über das geburtsbezogene Mindset gesprochen. Was mich an der Studie aber sehr überrascht hat, war, dass Erstgebärende dieses große Risiko für Interventionen unter Geburt hatten. Hier lassen sich natürlich mögliche medizinische Gründe finden. So könnte zum Beispiel der Körper von Erstgebärenden weniger gut auf die Geburt vorbereitet sein als der von Mehrgebärenden, bei denen das gesamte Gewebe schon etwas weicher ist. Als Psychologin jedoch interessieren mich natürlich auch hier eher die psychologischen Faktoren. Es gibt Studien, die zeigen, dass sich, wie in fast allen Bereichen, auch im medizinischen Setting Biases finden lassen (Dror, 2011). Für Biases in der Geburtshilfe sprechen übrigens auch Befunde, die sich mit Rassismus in der Geburtshilfe auseinandersetzen. Ein kürzlich erschienener Report aus dem Vereinten Königreich zeigt, dass dort Schwarze Frauen ein viermal größeres Risiko haben während der Schwangerschaft oder Geburt zu versterben als weiße Frauen, für asiatische Frauen ist das Risiko verdoppelt (MBRRACE-UK, 2021). Die Vermutung liegt nahe, dass dies an einer nicht adäquaten Behandlung der betroffenen Gruppen liegt. Geburtshilfe ist also genau so wenig objektiv wie irgendein anderer Bereich. Vorstellbar ist daher, dass auch Erstgebärende von Biases betroffen sind, dass das geburtshilfliche Personal Erstgebärenden zum Beispiel weniger zutraut und sie deswegen schneller und unnötiger interveniert werden. Andersherum kann es natürlich auch sein, dass Erstgebärende überraschter von den Schmerzen und der Heftigkeit einer Geburt sind und daher von der Situation überforderter. Auch an dieser Stelle dieses Buches lässt sich wieder mein Standardsatz einfügen, nämlich, dass sehr vermutlich die Ursachen in verschiedenen Faktoren zu suchen sind. In der Geburtshilfe allgemein und vor allem betreffend psychologischer Faktoren fehlt es an so viel Wissen und Forschung. Es wäre noch so viel zu tun. Und ich glaube aber auch: Es wird. Psychologische Forschung zumindest wird mehr.

To be clear

In frühen Studien findet man manchmal, dass die Sectio mit einer geringeren Wahrscheinlichkeit für das Stillen und negativeren Gefühlen gegenüber dem Baby einhergeht (siehe Metaanalyse DiMatteo et al., 1996). Aus anekdotischer Evidenz weiß ich, dass dies auch heute noch von Fachpersonen so geäußert wird. Ich kenne eine Frau, deren Kind aufgrund einer Schwangerschaftsvergiftung sehr früh zur Welt gekommen ist. Sowohl die Mutter als auch das Kind waren in Lebensgefahr, sie hat letztlich per Sectio geboren. Danach aber wurde ihr vom Klinikpersonal suggeriert, dass es sehr bedauerlich sei, dass sie und das Kind nach der Geburt nicht hätten bonden können, denn dies wäre doch so wichtig für die spätere Bindung. Ich kenne auch Frauen, denen man gesagt hat, sie hätten eine *schlechte* Bindung zum Kind, weil es ja per Kaiserschnitt zur Welt gekommen ist.

Um das noch mal ganz klarzumachen: Die Längsschnittstudie (Hoffmann et al., 2023a) zeigt, dass ein eher natürliches Mindset die Wahrscheinlichkeit für eine interventionsarme Geburt erhöht. Das heißt auch, dass Personen mit einem eher medizinischen Mindset eine höhere Wahrscheinlichkeit für Interventionen haben als Personen mit eher natürlichem Mindset. Auch Erstgebärende haben ein höheres Risiko für Interventionen sowie Gebärende mit höherer Bildung. Dieser Effekt ist aber sehr gering und ich würde ihm daher nicht besonders viel Bedeutung zuschreiben, er wird in der Studie jedoch signifikant, daher nenne ich ihn der Vollständigkeit halber hier. Der Geburtsverlauf, der entweder interventionsarm oder interventionsreich gewesen sein kann, sagt das Geburtserleben vorher, dahingehend, dass Personen, die weniger Interventionen benötigt haben, tendenziell ein positiveres Geburtserlebnis hatten, und wie beschrieben hat dies dann wiederum einen Effekt auf das kurz- und längerfristige psychische Wohlergehen nach der Geburt.

Die Studie zeigt, wie wichtig psychologische Faktoren für die Geburt sind, und dass die Geburt wiederum einen Effekt auf psychische Faktoren hat. Geburt und Psychologie sind also miteinander verwoben und sollten eigentlich nicht getrennt voneinander betrachtet werden. Die Studie zeigt aber auch ganz klar, dass es sich um einen sequentiellen Prozess handelt, das heißt um einen Prozess, der in hintereinander folgenden Phasen abläuft. Das ist wichtig zu verstehen. Denn, wie geschrieben, wird teilweise noch immer die Meinung vertreten, die Sectio *an sich* wäre schlecht für Bonding oder

Stillen. Die komplexen psychischen Prozesse sind dabei aber vereinfacht dargestellt. Denn wenn ich mir nur angucke, ob Bauchgeburten mit Stillproblemen verbunden sind, finde ich vielleicht einen Zusammenhang. Ich finde diesen Zusammenhang aber nur, weil ich ganz viele Variablen nicht miteinbeziehe. Denn eine Sectio ist nicht mit Stillproblemen verbunden, ein negatives Geburtserlebnis ist es. Wenn es aber möglich ist, dass Gebärende trotz nötiger oder auch gewünschter Sectio ein positives Geburtserlebnis haben, weil auch dieser Prozess sensibel begleitet wird und sie sich danach keiner Stigmatisierung ausgesetzt fühlen, dann ist zu erwarten, dass dies keinen negativen Effekt auf das Stillen (oder Bonding zum Kind) hat. Denn, wie mehrfach schon beschrieben, ist das, was zentral ist, das subjektive Geburtserlebnis, denn dies stellt den Ausgangspunkt zum Übergang zur Elternschaft dar.

Darüber hinaus ist es übrigens auch nicht so, dass ich Schwangeren den Mindset-und-Geburt-Fragebogen (Hoffmann & Banse, 2021) geben kann und ich dann vorhersehen kann, wie Geburt und Wochenbett verlaufen werden. Mit dem Fragebogen ist keine Einzelfalldiagnostik möglich, es können keine Aussagen über einzelne Individuen gemacht werden. Die Ergebnisse der Studie beziehen sich auf eine Vielzahl von Personen und zeigen Tendenzen an. Sie sind nicht als deterministisch zu verstehen und es gibt darüber hinaus eine Vielzahl weiterer Faktoren, medizinische und psychologische, die einen Effekt auf den Geburtsverlauf haben können.

Über zwei Gegensätze, die vielleicht keine sind

Das Thema Geburt ist so sehr gezeichnet durch scheinbare Gegenpositionen. Natürlich versus medizinisch, gut versus schlecht, Hebammen versus Gynäkolog*innen, vaginale Geburt versus Sectio, klinisch versus außerklinisch, Alleingeburt versus Wunschkaiserschnitt. Ich habe sehr oft das Gefühl, dass diese Gegensätze so stark geleitet sind von Ideologien, dass sich sehr oft gar nicht mit inhaltlichen Aspekten auseinandergesetzt wird, sondern dass es vielmehr um *wer hat recht* oder *wer macht es besser* geht. Statt Gemeinsamkeiten zu suchen, wird sich auf das fokussiert, was unterschiedlich ist.

Als ich in den Endzügen meiner Dissertation war, wurde das Buch *Natural. The Seductive Myth of Nature's Goodness* (Levinovitz, 2020) veröffentlicht, in dem der Autor auch einen Artikel der Geburt widmete. Es ging darum, die zwei Seiten *medizinisch* und *natürlich* darzustellen, und so sehr der Autor scheinbar bemüht war, das Thema in seiner Komplexität zu beschreiben, war das Kapitel trotzdem gefüllt mit Stereotypen. *Medizinisch* wurde mit der elektiven Sectio, also dem Wunschkaiserschnitt, gleichgesetzt und *natürlich* mit Alleingeburten im Wald. Wie ich auch schon damals im Epilog meiner Dissertation schrieb, sind dies beides aber nur zwei Extremfälle. Die wenigsten Personen wünschen sich eine Sectio ohne medizinische Indikation (Gossmann et al., 2006) und es ließe sich auch mal verstärkt darüber diskutieren, ob psychologische Indikationen wie zum Beispiel sehr starke Ängste nicht ebenso valide sind, aber das vielleicht an anderer Stelle. Auch Alleingeburten sind extrem selten – vermutlich noch viel seltener als elektive Sectiones. Zudem mehren sich mittlerweile mediale Berichte, dass es bei geplanten Alleingeburten vielleicht gar nicht so sehr nur um natürliche Ansichten über die Geburt geht, sondern vielmehr um Aspekte wie eine erhöhte Verschwörungsmentalität, Antisemitismus, Rassismus und der Abkehr von der bestehenden Gesellschaftsnorm (Genzken & Lehnert, 2024). All diese Aspekte haben mit Geburt oder Sichtweisen über die Geburt nicht viel zu tun, sie spiegeln nicht das natürliche geburtsbezogene Mindset wider. In diesen Fällen geht es um etwas anderes und eine Alleingeburt ist nur eines der vielen Symptome.

Levinovitz (2020) impliziert in seinem Buch auch, dass es der medizinischen Seite eher um messbare Metriken gehe, die Sicherheit von Mutter und Kind abbilden sollen, und der natürlichen Seite vor allem darum, dass Geburt *schön* ist. Diese Stereotype jedoch, dass es

Personen mit eher natürlichem Mindset darum ginge, dass Geburt verträumt schön ist und im heimischen Schlafzimmer bei Kerzenschein stattfände, und sie dabei in ihrer Naivität und Verklärtheit vergessen, dass Geburt auch gefährlich sein kann, stelle ich ein wenig in Frage. Natürlich gibt es diese Personen, ich würde aber erst mal davon ausgehen, dass Personen mit einem eher natürlichen Mindset sehr wohl über potenzielle Gefahren informiert sind, aber eine selbstbestimmte und informierte Entscheidung für einen bestimmten Geburtsort und eine bestimmte Art der Begleitung getroffen haben – mit all den bekannten Vor- und Nachteilen. Diese Entscheidung ist weder naiv noch verträumt. Vielmehr kennen sie vielleicht die Studien, die nahelegen, dass außerklinische Geburtsorte bei Berücksichtigung bestimmter Faktoren eine sichere Alternative darstellen (NICE, 2014). Genauso wie Frauen, die sich für eine primäre und medizinisch nicht indizierte Sectio entscheiden, nicht *too posh to push*, also nicht zu faul und zu fein zum Pressen sind (siehe dazu auch Kapitel *Mom Guilt II: Wenn Schwangerschaft, Geburt und Mutterschaft nicht in das gesellschaftliche Bild passen*), sondern vermutlich gute Gründe für ihre Entscheidungen haben. Diese Gründe müssen sie jedoch nicht offenlegen oder rechtfertigen, weil es niemand anderen etwas angeht, wie man gebären möchte.

All diese Diskussionen und Darstellungen legen nahe, dass Gebärende nicht ernst genommen werden, und zwar egal, wie sie sich entscheiden. Es gibt immer jemanden, der es besser weiß und vorgeben will, wie es eigentlich sein sollte. Wie in so vielen Bereichen bekommen Frauen gesagt, was sie zu tun haben oder welchen Idealen sie entsprechen sollen. Wie so oft wird ihnen nahegelegt, sie wären nicht fähig, Entscheidungen für sich und ihren Körper zu treffen.

Sehr oft schon wurde mir gesagt, dass man die psychologischen Aspekte einer Geburt nicht mit Zahlen und Statistiken abbilden könne, dass Geburt einfach zu komplex sei. Levinovitz (2020) schreibt in seinem Buch, dass die medizinische Seite sich auf Zahlen konzentriert, um Sicherheit abzubilden und die natürliche Seite Sicherheit unter Schönheit subsummiert. Wenn ich jedoch suggeriere, dass sich manche Aspekte der Geburt nicht in Zahlen messen lassen können und sie damit außerhalb empirischer Überprüfbarkeit liegen, dann nehme ich diesen Aspekten auch ein Stück ihrer Relevanz und tue sie vielleicht als esoterisches Getue ab, das man eh nicht so ganz ernst nehmen kann. Das stimmt aber nicht. Ich kann psychologische Aspekte messbar machen und dies ist zwingend notwendig. Denn nur so lassen sich psychologische Rahmenbedingungen für die Geburtshilfe extrahieren, in der körperliche und psychologische Sicherheit nicht mehr als zwei getrennte Entitäten aufgefasst werden, sondern in der sie sich die Hand reichen, weil sie eigentlich nicht getrennt voneinander zu betrachten sind. Weil auch ein positives Geburtserlebnis Sicherheit darstellt. Bei einer Geburt können Gefahren und Risiken auftreten und zum Glück kann ihnen in den allermeisten Fällen entgegengewirkt werden, aber auch bei diesen Fällen ist nicht egal, wie mit den Gebärenden umgegangen wird, weil es nicht egal ist, wie Frauen und Personen mit Uterus gebären, weil – wie auch die WHO (2018) sagt – Geburt beides inkludieren muss: Ein gesundes Kind und ein zufriedenstellendes Ergebnis für die gesamte Familie, weil Geburt eben nicht im Kreißsaal endet, sondern weil sie Folgen haben kann.

Medizinisch und *natürlich* werden so oft als zwei Gegenseiten behandelt. Viel sinnvoller wäre es, das Beste aus beiden Aspekten zu nehmen. Das Beste bedeutet dabei das, was sich als empirisch wirksam erwiesen hat, und nicht das, was der Meinung einzelner behandelnder Hebammen und Ärzt*innen entspricht. Das Beste bedeutet, dass sich alle beteiligten Akteure an die bestehenden Leitlinien halten. Es bedeutet, dass von Personen mit eher medizinischem Mindset Geburtsorte, die sich als sicher erwiesen haben, als solche anerkannt werden oder dass man Schwangeren nicht verbietet, die Vorsorge bei Hebammen wahrzunehmen. Es bedeutet, dass sich Hebammen nicht auf Instagram oder im Geburtsvorbereitungskurs gegen Klinikgeburten oder Impfungen aussprechen, denn auch dies entspricht nicht der empirischen Evidenz. Das Beste bedeutet die Zusammenarbeit verschiedener Professionen, dass man voneinander profitiert, sich gegenseitig unterstützt. Es bedeutet, dass man nicht gegeneinander arbeitet und Gräben schaufelt, die dann Schwangere und Gebärende überwinden müssen. Denn sie sind letztlich die leittragenden Personen. Schwangere und Gebärende müssen sich aber nicht für eine Seite entscheiden, sie sollten einfach von einer guten Geburtshilfe profitieren können. Dabei spielt es auch letztlich keine Rolle, ob sie ein eher natürliches oder medizinisches Mindset haben. Das, was zählt, ist, dass sie in ihren individuellen Bedürfnissen gesehen und begleitet werden – auf der Basis empirischer Evidenz. Denn nur so kann es gelingen, eine gute Geburtshilfe und ein positives Geburtserleben für alle Beteiligten zu ermöglichen.

8 Männer, Mindsets und die Autonomie der Frau

Wie schon beschrieben, kam es schon mehrfach vor, dass unsere Artikel zum Thema Geburt von psychologischen Fachzeitschriften abgelehnt wurden, weil sie angeblich nur einen Teil der Population betreffen – nämlich Frauen – und daher in einem Journal platziert werden sollten, welches sich spezifisch mit dieser Gruppe beschäftigt. Geburt aber betrifft alle Menschen. Denn wir kommen alle in der einen oder anderen Weise mit diesem Thema in Berührung. Nicht zuletzt, weil wir alle geboren wurden.

Geburt betrifft auch Männer ganz konkret, nämlich immer dann, wenn sie Väter werden. Denn auch ihr Mindset spielt eine Rolle für die Geburt (Hoffmann et al., 2024b), auch sie können geburtsbezogene Ängste entwickeln (Schmitt et al., 2022), sie haben ein eigenes subjektives Geburtserleben, das einen Effekt auf nachfolgende psychische Aspekte haben kann (Hoffmann et al., 2024b), und auch sie können nach der Geburt psychische Erkrankungen wie eine Postpartale Depression entwickeln (Bradley & Slade, 2011), ein Thema, welches lange vernachlässigt wurde, aber zunehmend Beachtung findet. Männer und Frauen sind also vielleicht gar nicht so verschieden. Jedenfalls nicht, was ihre Psychologie betrifft.

Male Mindset – same same, not different

Fast jede Person, die ich kenne, kennt eine Person, bei der die Frau gerne außerklinisch geboren hätte, der Mann sich aber gegen diese Option ausgesprochen hat. Dies ist jetzt natürlich lediglich anekdotische Evidenz. Ob dieses Phänomen auch außerhalb meiner Bubble existiert, weiß ich nicht, und dennoch scheint es etwas zu sein, was zumindest manchmal vorkommt. Inwieweit man der Meinung ist, dass diese Entscheidung allein bei der gebärenden Person oder auch beim werdenden Vater liegt, bedarf vermutlich einer komplexen Erörterung. Ich befürchte auch, dass es, wie so oft, kein eindeutiges Ergebnis geben kann. Denn was bringt es zum Beispiel einer gebärenden Person, wenn sie ihre Bedürfnisse zwar durchsetzt, aber es ihr dann an angemessener Unterstützung fehlt? Letztlich müssen Paare also diese Entscheidung für sich treffen, auch wenn man vielleicht aus einer rein feministischen Perspektive argumentieren könnte, dass Gebärende natürlich mehr unter potenziell negativen Folgen der Geburt leiden werden und sie deswegen auch die Entscheidungshoheit haben sollten.

Was ich aber auf Basis unserer Studien sagen kann, ist, dass auch Männer ein geburtsbezogenes Mindset haben, und dass auch dieses im Zusammenhang mit dem Geburtsverlauf steht (Hoffmann et al., 2024b). Die Ergebnisse der Längsschnittstudie, bei der wir für die weiblichen Teilnehmenden das Mindset während der Schwangerschaft erhoben und überprüft haben, ob dies einen Effekt auf den Geburtsverlauf haben kann, lassen sich genauso auch für ihre Partner finden, die in der vorliegenden Studie alle männlich waren. Der Begriff *genauso* ist übrigens wörtlich zu nehmen. Denn auch bei Männern scheint es so zu sein, dass sich bei einem eher natürlichen Mindset des Mannes die Wahrscheinlichkeit für eine interventionsarme Geburt erhöht. Gebärt die Frau interventionsarm, ist das Geburtserleben für den Mann positiver, als wenn die Frau interventionsreich gebärt. Bei positiverem Geburtserleben ist das Coping im Wochenbett günstiger, das heißt, den Vätern geht es emotional besser, sie fühlen sich belastbarer und der Säugling wird als ruhiger wahrgenommen und beschrieben. Auch Väter haben bei höherem Wohlbefinden im Wochenbett eine geringere Wahrscheinlichkeit acht Wochen beziehungsweise sechs Monate nach der Geburt Symptome einer Postpartalen Depression zu entwickeln und auch sic haben eine tendenziell sicherere Bindung zum Säugling sechs Monate nach der Geburt (Hoffmann et al., 2024b).

Dass sich die Ergebnisse für die Männer quasi genauso zeigen wie für die Frauen, hatte ich im Vorhinein nicht erwartet. Ich hatte auch nicht erwartet, dass der Effekt ihres Mindsets auf den Geburtsverlauf nicht geringer war als der des Mindsets der gebärenden Person. Da dies die erste Studie in diesem Bereich ist, ist es sehr wichtig, die Ergebnisse noch mal zu replizieren, also zu überprüfen, ob sich die Ergebnisse auch bei einer anderen Stichprobe noch mal so zeigen. Auch wäre es bedeutsam zu untersuchen, wie das geburtsbezogene Mindset potenziell wirken könnte. Denkbar wäre, dass Väter explizit ihre schwangeren und gebärenden Partnerinnen in ihren Entscheidungen und Verhaltensweisen beeinflussen und auf diesem Wege das Mindset des Vaters einen Effekt auf den Geburtsverlauf nimmt. Dies könnte passieren, indem sie zum Beispiel konkrete Warnungen, Ängste und Risiken aussprechen oder, wie die oben dargestellten anekdotischen Beispiele zeigen, sich gegen bestimmte Geburtsorte stellen und dadurch die Entscheidungsfreiheit der Frau ein Stückchen weit einschränken und die Geburt bereits in eine gewisse Richtung lenken. Auch gibt es psychologische Mechanismen, wie automatische Stimmungsansteckung, bei denen Personen ihre eigenen Stimmungen und Sorgen automatisch, also nicht intendiert, auf andere Personen übertragen (Neumann & Strack, 2000). Eine sehr besorgter Partnerperson im Kreißsaal könnte so vielleicht indirekt einen Einfluss auf den Verlauf nehmen. Das sind wie gesagt bisher aber alles nur theoretische Überlegungen. Eine empirische Überprüfung fehlt.

Trotz all der Fragen, die noch offen sind und die durch zukünftige Studien geklärt werden müssen, zeigen die vorliegenden Daten (Hoffmann et al., 2024b) sehr deutlich, wie wichtig werdende Väter sind. Ziemlich sicher sind dies abseits dieser stark heteronormativen Perspektive auch die Partnerinnen. Das haben wir in dieser ersten Studie zwar nicht untersucht, mir fällt aber kein starkes Argument ein, welches dafürspräche, dass es für Partnerinnen anders sein sollte. Die Studie zeigt, dass Väter natürlich in das System Familie gehören und nicht getrennt von diesem betrachtet werden können, als wären sie stumme Zuschauer. Die Studie zeigt, dass es auch für sie nicht egal ist, wie die Geburt verläuft und dass auch für sie die Geburt entweder ein bestärkendes Ereignis sein kann, durch das der Übergang zur Vaterschaft erleichtert wird, oder eines, das als belastend wahrgenommen wird und auch konkret messbare Folgen haben kann. Geburt also als Sache abzutun, die Männer nicht betrifft, ist auf vielen Ebenen ziemlich albern.

Die Sache mit der Paarbeziehungsqualität

Im Rahmen meiner Dissertation habe ich auch untersucht, welchen Effekt die Qualität der Paarbeziehung auf die Geburt, das Geburtserleben und das Wochenbett haben kann. Bei der Verteidigung meiner Arbeit sagte einer der Prüfenden am Ende, dass er es sehr interessant und erfrischend gefunden hätte, dass ich mir genau dies angeguckt habe, denn die meisten Studien würden sich ja eher damit beschäftigen, dass die Qualität der Paarbeziehung nach der Geburt eines Kindes schlechter wird, Paare also miteinander unzufriedener wären. Ich finde diesen Blickwinkel immer etwas kinderverneinend, da er irgendwie suggeriert, Kinder würden etwas kaputt machen. Vielleicht aber wirken sie vielmehr wie ein Katalysator, der das zum Vorschein bringt, was eh schon da und schwierig war. Aber das ist vielleicht eine andere Forschungsfrage. Das, was mich interessierte, war zunächst einfach erstmal, ob eine hohe Qualität der Paarbeziehung vielleicht so etwas wie eine Ressource für die Geburt und den Übergang zur Elternschaft sein kann, weil Schwierigkeiten vielleicht eher gemeinsam als Team gelöst werden.

Die Qualität der Paarbeziehung kann sich aus verschiedenen Facetten zusammensetzen. So spielt unter anderem eine Rolle, wie zufrieden man mit der Beziehung ist, also ob man sie beispielsweise erneut eingehen würde, wenn man sich noch mal entscheiden könnte. Eine hohe Paarbeziehungsqualität inkludiert auch, ob man eine positive Einstellung zur Partnerperson hat, wie sicher man an sie gebunden ist und wie gut man gemeinsam auf stressbehaftete Situationen reagiert, letzteres wird als dyadisches Coping bezeichnet. Es gibt einige Studien, die darauf hinweisen, dass eine höhere Qualität in der Ehe mit einem höheren Wohlbefinden zusammenhängt (Proulx et al., 2007).

Ursprünglich bin ich davon ausgegangen, dass die Qualität der Paarbeziehung einen Effekt auf den Geburtsverlauf haben könnte. Sehr oft habe ich vorher im Internet gelesen, dass es Frauen unangenehm wäre, sich vor ihrem Partner in solch einer vulnerablen Situation zu befinden, manche hatten Sorge, dass ihr Partner sie nach der Geburt eklig oder abstoßend finden könnte. Ich hatte mir vorgestellt, dass bei einer geringeren Paarbeziehungsqualität Frauen gegebenenfalls verkrampfter wären, was sich ungünstig auf den Geburtsverlauf auswirken könnte. Die Studie, die wir dazu durchgeführt haben, zeigt jedoch, dass diese Annahme nicht korrekt zu sein scheint. Jedenfalls finden wir keinen Effekt der Paarbeziehungsqualität auf den Geburtsverlauf (Hoffmann et al., 2023b). Was sich aber zeigt, ist, dass Paare, die am Anfang der Schwangerschaft eine höhere Paarbeziehungsqualität aufweisen, ein höheres Wohlbefinden im Wochenbett haben, und zwar unabhängig vom objektiven Geburtsverlauf. Dieses Ergebnis legt nahe, dass Partnerschaft tatsächlich als eine Ressource zu verstehen ist. Denn selbst wenn der Übergang in die Elternschaft schwierig ist, scheint es Paaren mit höherer Beziehungsqualität besser zu gelingen, diese Schwierigkeiten zu überwinden, als Paaren mit geringerer Beziehungsqualität – diese Effekte ließen sich sowohl für die Frauen als auch für die Männer finden. Auch hier lässt sich also sagen, dass Frauen und Männer vielleicht gar nicht so unterschiedlich sind, wie manchmal suggeriert wird. Same same, not different.

Anwesenheit von Partner*innen während der Geburt

Wie auch bei dem Effekt des männlichen geburtsbezogenen Mindsets auf die Geburt war ich ein bisschen überrascht, dass die Beziehungsqualität nicht mit dem Geburtsverlauf zusammenhing. Allerdings gibt es Studien, die zeigen, dass bei stressbehafteten Ereignissen nicht die Beziehungsqualität entscheidend ist, sondern dass zum Beispiel allein der physische Kontakt mit der Partnerperson kurz vor der herausfordernden Situation einen entspannenden Effekt haben kann (Ditzen et al., 2007). Daher wollten wir überprüfen, ob vielleicht die Anwesenheit einer festen Bezugsperson förderlich für den Geburtsverlauf sein könnte, wenn schon die Beziehungsqualität keine Rolle spielt. Durch die von uns durchgeführte Längsschnittstudie ließ sich dies jedoch nicht überprüfen, da insgesamt nur acht Frauen ohne Partnerperson geboren hatten (Hoffmann et al., 2023b). Irgendwie ist dies natürlich ein sehr schönes Ergebnis, weil es zeigt, wie gängig es mittlerweile ist, dass Gebärende soziale Unterstützung durch eine ihr nahestehende Personen erhalten.

Dann jedoch kam die Corona-Pandemie. Sehr schnell begannen einige Kliniken Partnerpersonen von der Geburt auszuschließen. Eine Maßnahme, die medial für viel Aufsehen sorgte und unter anderem von der *New York Times* aufgegriffen wurde (van Syckle & Caron, 2020). Auch die WHO kritisierte die Maßnahmen (WHO, 2020). Der Ausschluss von Partnerpersonen bedeutete nämlich für viele Gebärende, allein gebären zu müssen, unterstützt lediglich vom Klinikpersonal, das jedoch – wie mittlerweile hinreichend bekannt ist – eine Gebärende nicht kontinuierlich begleiten kann. Viele Gebärende waren also über lange Strecken während der Geburt allein und auf sich gestellt. Nach starkem Protest, vor allem von wütenden Vätern, erlaubten viele Kliniken zumindest, dass eine Begleitperson zum Ende der Geburt in den Kreißsaal durfte, um den Abschluss der Geburt und das Auf-die-Welt-Kommen des Kindes mitzubekommen.

Die Frage ist jedoch, ob dies ausreichend für die Gebärenden war. Die kurze Antwort ist: Nein. Die lange Antwort gebe ich jetzt basierend auf den Ergebnissen einer Studie, die wir kurz nach dem ersten Corona-Lockdown im Frühjahr 2020 durchgeführt haben (Hoffmann et al., 2023b).

In dieser Studie untersuchten wir einen möglichen Zusammenhang zwischen benötigten Interventionen unter Geburt und der Anwesenheit einer Partnerperson, die entweder gar nicht, nur teilweise oder kontinuierlich, also die ganze Zeit, anwesend war. Wir hatten die Annahme, dass bei (kontinuierlicher) Anwesenheit der Partnerperson die Wahrscheinlichkeit für eine interventionsarme Geburt höher sein könnte als bei Personen, bei denen die Partnerpersonen nicht anwesend sein konnte. Tatsächlich zeigte sich genau dies. Gebärende mit kontinuierlicher Begleitung durch eine feste Bezugsperson benötigten seltener Interventionen als Gebärende ohne feste Bezugsperson oder in Fällen, bei denen die Bezugsperson nur teilweise anwesend war (Hoffmann et al., 2023b). Letzteres ist dabei sehr wichtig. Denn diesen Zwischenweg, den manche Kliniken wählten, in dem sie Bezugspersonen nur am Schluss zuließen, war nichts, was der Gebärenden tatsächlich half. Die Unterstützung durch eine Bezugsperson wäre auch am Anfang der Geburt notwendig gewesen, kontinuierlich eben. Ich vermute sogar, dass sie insbesondere am Anfang notwendig ist, nämlich dann, wenn Gebärende über längere Zeiträume alleine sind. Die Studie zeigt, dass die Anwesenheit einer festen Bezugsperson kein nettes Gimmick ist, was eher *nice to have* und nicht tatsächlich notwendig ist, sondern tatsächlich auch medizinische Vorteile haben kann.

Geburt versus Wochenbett

Interessanterweise konnte durch die Studie auch erneut bestätigt werden, dass es keinen Zusammengang zwischen der Paarbeziehungsqualität und dem Geburtsverlauf zu geben scheint (Hoffmann et al., 2023b). Jetzt kann man sich natürlich fragen, warum das so ist. Also warum ist die Beziehungsqualität wichtig, wenn es um das Wohlbefinden im Wochenbett geht, nicht aber, wenn es um die Geburt geht? Ich könnte mir vorstellen, dass dies an der spezifischen Rollenverteilung und dem vergleichsweise kurzen Zeitraum der Geburt liegt. Hier ist nämlich vollkommen klar, um was oder wen es geht: Nämlich die Geburt des Kindes, eine Aufgabe, die nur von der gebärenden Person übernommen werden kann. Die Aufgabenverteilung und das Ziel sind also vollkommen klar. Im Wochenbett jedoch sind die Aufgaben weniger klar verteilt. Dann geht es darum, die Rollen auszuloten und dies gemeinsam und für alle zufriedenstellend zu tun. Dies erfordert vielleicht eine hohe Paarbeziehungsqualität und Personen, die bereit sind, die Bedürfnisse aller und nicht nur ihre eigenen miteinzubeziehen.

Same same, but different

Ich habe in diesem Kapitel sehr viel darüber geschrieben, wie ähnlich sich Frauen und Männer bezogen auf die Geburt eigentlich sind. Dass sich auch bei Männern ein geburtsbezogenes Mindset messen lässt, das einen Effekt auf den Geburtsverlauf haben kann, dass auch sie ein subjektives Geburtserleben empfinden, das sich auf das nachfolgende psychische Wohlergehen auswirken kann, dass auch sie von einer hohen Qualität der Paarbeziehung profitieren, weil es ihnen dann im Wochenbett besser geht. All dies ist bei ihnen ganz genauso wie bei Frauen. Same same. Männer sind wichtig für Schwangerschaft, Geburt und Wochenbett – und sie sind Betroffene, wenn die Geburt nicht so läuft, wie man es sich vielleicht wünschen würde. Alle Bemühungen, werdende Väter mit in Schwangerschaft und Geburt einzubeziehen, sind daher vollkommen richtig und sehr begrüßenswert. Wie der Ausschluss von Begleitpersonen und der damit einhergehende Protest aller Beteiligten während der Corona-Pandemie gezeigt hat, ist ein aktives Mitdabeisein von Vätern und auch von den Schwangeren gewollt. Es lässt sich sogar sagen, dass durch die Anwesenheit einer festen Bezugsperson, sehr häufig die werdenden Väter, medizinische Vorteile für die Gebärende zu erwarten sind.

Unsere Gesellschaft ist nach wie vor ziemlich fokussiert auf Geschlechterbinarität und auf Unterschiede zwischen Männern und Frauen. Die Macht, die mit der Trennung der Geschlechter einhergeht, obliegt dabei in einer männlich geprägten Gesellschaft vor allem Männern. Die politischen Strömungen der letzten Jahre lassen mich nicht gerade hoffen, dass dies allzu schnell anders wird. So klar es ist, wie wichtig Männer für die Geburt sind – und wie zentral auch die Geburt für sie sein kann –, ist es dennoch wichtig darauf hinzuweisen, dass Männer auch heute noch sehr viel Macht über den weiblichen Körper besitzen. Denn Politik wird sehr stark von Männern gemacht oder folgt zumindest noch oft den Spielregeln einer männlich orientierten Gesellschaft. Die Reproduktion betreffende Rechte, zum Beispiel Schwangerschaftsabbrüche, Elternzeit nach Fehlgeburten, die Kostenübernahme der *Pille danach* nach Vergewaltigungen, werden maßgeblich durch Männer entschieden. Frauen und Personen mit Uterus jedoch sind die Gruppe, die die Folgen solcher Entscheidungen zu tragen hat. Denn sie sind diejenigen, die schwanger sein können und Kinder gebären. Es ist so wichtig Männer aktiv mit in Schwangerschaft, Geburt und Erziehung der Kinder miteinzubeziehen, und es ist gleichzeitig zentral, ihnen Wissen über ihre Privilegien zu vermitteln. Ihre Rolle sollte nicht geprägt sein von Macht über den weiblichen Körper – mit der Befähigung die Autonomie von Frauen einzuschränken –, sondern sie sollten als Unterstützung der Personen dienen, die es ihnen ermöglichen Väter zu werden. Denn so ähnlich sich Männer und Frauen in ihrer Psychologie sind, so gibt es eben diesen Unterschied in der Biologie, und es wäre wichtig, dass dieser nicht zu Nachteilen für Frauen und Personen mit Uterus führt, sondern dass eine Gesellschaft entsteht, in der jede Person, unabhängig von ihrem Geschlecht, über sich und ihren Körper entscheiden darf. Es wäre notwendig, dass auch Männer sich dafür einsetzen und laut werden – so wie sie es getan haben, als man ihnen während der Pandemie den Zutritt zum Kreißsaal verwehrt hat. Eine selbstbestimmte und befähigende Reproduktion in einer männlich orientierten Gesellschaft kann nur gelingen, wenn Frauen und Personen mit Uterus eben auch Männer an ihrer Seite haben, die sie unterstützen und sich mit dafür einsetzen, dass patriarchale Strukturen nach und nach zu einem Teil der Vergangenheit werden.

9 Mom Guilt II: Wenn Schwangerschaft, Geburt und Mutterschaft nicht in das gesellschaftliche Bild passen

In ihrem Buch *Aus dem Bauch heraus. Wir müssen über Mutterschaft sprechen* beschreibt die Autorin Heinicke, dass ihr ihre Doula kurz vor der benötigten Sectio geraten hätte, ihre innere Blockade zu lösen, damit sie es doch noch schaffen könne, vaginal zu gebären. Heinicke beschreibt auch, wie sehr sie diese Worte mitgenommen haben und sie sich gefragt hat, was sie denn eigentlich falsch gemacht hätte, dass sie es nicht geschafft habe, die angebliche Blockade zu lösen und vaginal zu gebären (Heinicke, 2022).

Die einfache Antwort ist: Jana Heinicke hat nichts falsch gemacht. Keine Gebärende macht bei Geburt etwas falsch. Geburt ist keine Leistung und es gibt kein Ideal, welches man erreichen muss, um *gut* geboren zu haben. Trotzdem ist in der Gesellschaft das vermeintliche Ideal der vaginalen Geburt präsent. Das ist wohlgemerkt ein wenig ironisch, denn diese Idee steht sehr stark im Gegensatz zu den Vorstellungen und Annahmen, die in der Schwangerenvorsorge und während der Geburt vermittelt werden: Nämlich, dass es sich um einen risikohaften Prozess handelt, der medizinischer Hilfestellung bedarf. Schwangere und Gebärende schweben also irgendwie in einem Raum, der gefüllt ist mit potenziellen Gefahren und angeblichen Idealen – und sie können es letztlich nicht richtig machen. Denn egal, wozu sie sich entscheiden, den gesellschaftlichen Erwartungen werden sie nicht gerecht: Wer sich für eine außerklinische Geburt entscheidet, wird subtil als *mutig* abgewertet, oder weniger subtil als *verantwortungslos*, und wer sich für eine geplante

Sectio entscheidet, gilt als *too posh to push,* also als zu fein und faul zum Pressen.

Die gesellschaftliche Erwartung darüber, wie *Mutterwerden* aussehen soll, betrifft übrigens nicht nur die Geburt, sondern beginnt schon viel früher. Es betrifft auch das Schwangerwerden – oder eben das Nicht-schwanger-werden-Können –, es betrifft Schwangerschaften, die mit einem Abort oder mit einer Totgeburt enden, und es betrifft Schwangerschaften, bei denen sich die schwangere Person dafür entscheidet, dass sie das Kind nicht bekommen möchte. In all diesen Bereichen sind Frauen Erwartungen ausgesetzt, darüber, wie sie sich richtig und angemessen verhalten sollen. Die Frage ist nun aber: Was macht es mit Personen, wenn sie diese Erwartungen nicht erfüllen können, aber das Gefühl haben, dass sie es eigentlich müssten? Eine potenzielle Folge kann Selbststigmatisierung sein.

Selbststigmatisierung

Selbststigmatisierung ist ein Resultat von öffentlicher Stigmatisierung, die entsteht, wenn Personen in irgendeiner Form von der gesellschaftlichen Norm abweichen und aufgrund dieser Abweichung negativ bewertet werden (Dovidio et al., 2003). Stigmatisierung ist im Bereich der Gesundheit gar nicht so selten. So sind typische Betroffene von Stigmatisierung Personen mit psychischen Erkrankungen, HIV-Patient*innen, Menschen mit Behinderungen oder mehrgewichtige Personen. Ähnlich wie bei Vorurteilen ist es so, dass auf Basis eines Merkmals Schlüsse über die gesamte Persönlichkeit gezogen werden. Dann gelten zum Beispiel Personen mit psychischen Störungen insgesamt als labil und weniger ernstzunehmend. Diese stigmatisierenden Annahmen sind mehr oder weniger öffentlich bekannt. Wenn Personen, die eines der Merkmale tragen, diese Annahmen in ihr Selbstkonzept übernehmen, spricht man von Selbststigmatisierung. Selbststigmatisierung ist also letztlich die negative Bewertung der eigenen Person als Folge eines öffentlichen Stigmas. Selbststigmatisierung geht mit einem geringeren Selbstwert sowie einer geringeren Selbstwirksamkeitserwartung (Corrigan et al., 2006) einher. Letzteres beschreibt dabei, dass eine Person weiß, dass sie mit ihrem Handeln etwas bewirken kann – oder eben nicht –, also in der Lage ist, (fordernde) Situation bewältigen und meistern zu können – oder eben nicht. Selbststigmatisierung, also die Abwertung der eigenen Person, geht mit Scham einher und hat dabei nicht nur Auswirkungen auf die Gedanken und Gefühle einer Person, sondern auch auf deren Handlungen. Denn wenn ich mich selbst dafür schäme und abwerte, dass ich eine bestimmte Erkrankung habe oder ein anderes stigmatisierendes Merkmal trage, werde ich vielleicht nichts darüber erzählen, mir weniger Hilfe suchen und dadurch gegebenenfalls einsamer werden. Letztlich also schränkt Selbststigmatisierung die eigene Freiheit ein, weil sie ebenso wie verinnerlichte Vorurteile ein stetiger Begleiter sein kann – als Teil des eigenen Selbstkonzeptes.

Das Ideal der *normalen* Geburt

Als ich meinen ersten Artikel zum Thema Geburt veröffentlichen wollte, habe ich den *normal birth Index* verwendet, der im Fachjournal *Midwifery* veröffentlicht ist (Werkmeister et al., 2008). Dieser Index beschreibt, ob eine Person mit oder ohne medizinische Interventionen geboren hat und bildet damit inhaltlich genau das ab, was ich messen wollte. Ich habe den Index zunächst aber nicht nur inhaltlich verwendet, sondern auch den Begriff recht unkritisch übernommen. Während des Prozesses der Veröffentlichung bat die Editorin jedoch darum, einen anderen Begriff, einen, der weniger wertend ist, zu verwenden. Denn der Begriff *normal* suggeriert, dass es Geburten gibt, die der Norm entsprechen, sprich vaginale Geburten, und welche, die das nicht tun, die dann unnormal sind, sprich die, bei denen eine medizinische Intervention stattgefunden hat.

Betrachtet man jedoch die Zahlen rund um das Thema Geburt, wird ziemlich schnell deutlich, dass die Norm rein ideologisch ist. Denn eigentlich wird viel häufiger interveniert, als dass Geburten ohne Interventionen verlaufen – die Norm stellen also eher Geburten mit medizinischer Hilfestellung dar. Ich weiß natürlich, dass der Begriff von Fachleuten, insbesondere Hebammen, anders verwendet wird, weil dort die normale Geburt eben das abbildet, was Hebammen allein begleiten dürfen, und dass bei allen anderen, nicht normalen Geburten ärztliche Hilfe hinzugezogen werden muss. Dennoch glaube ich, dass dieser Begriff allmählich aus dem Sprachgebrauch verschwinden sollte. Denn wenn Begriffe andere Menschen abwerten, sei es beabsichtigt oder unbeabsichtigt, ist es vielleicht an der Zeit, diese zu überdenken und solche zu wählen, die eindeutig wertfrei sind. Ich jedenfalls war sehr dankbar für diesen Hinweis.

Too posh to push?

Ein Ausdruck, der wie kein anderer für eine selbstgewählte Sectio ohne harte medizinische Indikation steht, ist *too posh to push*. Sogar in der Online-Ausgabe des Cambridge Dictionary ist *too posh to push* gelistet. Zurück geht der Ausdruck auf eine Journalistin aus England, die in einem ihrer Artikel davon berichtet, oder sich viel mehr darüber echauffiert, dass eine Vielzahl von Gebärenden eine Sectio wählen würden, um die Schmerzen der vaginalen Geburt zu umgehen (Moorhead, 1999). Aufschwung bekam das Wortspiel dann nochmal, als die Spice Girls-Sängerin Victoria Beckham, Spitzname Posh Spice, ihre Kinder per Sectio gebar. Tatsächlich scheint die gesellschaftliche Annahme zu bestehen, dass eine Vielzahl der Sectiones darauf zurückgehe, dass Frauen sich diese wünschen. Das heißt, sie werden scheinbar nicht deshalb durchgeführt, weil sie medizinisch notwendig sind, sondern weil die Gebärenden eben keine Lust auf eine vaginale Geburt haben, etwa weil sie diese als zu anstrengend empfinden, sie die körperlichen Folgen fürchten oder lieber für mehr Planbarkeit und weniger Zufall einen festen Termin für die Geburt festlegen wollen.

Die vorliegenden Daten, die es zu dieser Fragestellung gibt, zeigen jedoch relativ deutlich, dass diese Annahmen nicht haltbar sind. Die Rate an selbstgewählten Sectiones ohne medizinische Notwendigkeit liegt bei unter einem Prozent (Gossmann et al., 2006). Es ist also letztlich wieder ziemlich ironisch, dass Frauen nicht nur Betroffene einer zunehmenden Medikalisierung sind, die unter anderem zu mehr Sectiones führt, sondern ihnen auch noch die Schuld dafür gegeben wird, indem behauptet wird, dass Gebärende diese Sectiones wollten. Sectiones führen jedoch sehr häufig zu einer negativeren Bewertung der Geburt (Hoffmann et al., 2023a) und werden daher in der Regel nicht als schön empfunden. Anstatt aber Rahmenbedingungen in der Geburtshilfe zu verbessern, um so die Sectiorate und damit die Wahrscheinlichkeit für ein positives Geburtserleben für Gebärende zu maximieren, wird Gebärenden die Schuld für medizinische Interventionen gegeben und öffentlich gesagt, dass sie das ja angeblich so wollen – obwohl dies empirisch so nicht haltbar ist.

Selbststigmatisierung und das Geburtserleben

Wie in den vorherigen Kapiteln bereits dargestellt, ist das subjektive Geburtserleben zentral für das Wohlbefinden nach der Geburt (Hoffmann et al., 2023a) und spielt auch für die Entwicklung psychischer Erkrankungen eine Rolle (Garthus-Niegel et al., 2013). Die Frage ist nun, ob das Geburtserleben auch mit der geburtsbezogenen Selbststigmatisierung in Zusammenhang stehen könnte. Tatsächlich zeigt sich genau das: Eine höhere Selbststigmatisierung nach interventionsreichen Geburten geht mit einem geringeren subjektiven Geburtserleben einher (Hoffmann et al., 2024a). Dieser Zusammenhang ist dabei besonders stark bei Frauen mit einem eher natürlichen geburtsbezogenen Mindset. Dies könnte implizieren, dass die Annahme, Geburt sei ein natürlicher Vorgang, negative Auswirkungen haben kann, wenn Gebärende – aus welchen Gründen auch immer – doch medizinische Hilfe während der Geburt benötigen, weil dann die Geburt besonders negativ bewertet wird. Generell gibt es einen negativen Zusammenhang zwischen einem eher natürlichen Mindset und der Tendenz für geburtsbezogene Selbststigmatisierung, denn bei einem eher natürlichen Mindset entstehen besonders viele Gefühle von Scham und Versagen, wenn Interventionen benötigt wurden. Die Macht der Female Mindsets und die Macht der eigenen und gesellschaftlichen Erwartungen und deren Zusammenhänge zum Wohlbefinden nach der Geburt sind also nicht zu unterschätzen. Erwartungen darüber, wie Geburten angeblich sein sollen, machen etwas mit den Personen, die sie erleben.

Welche Interventionen wiegen besonders stark?

Geburtsbezogene Selbststigmatisierung hängt übrigens unterschiedlich stark mit den verschiedenen medizinischen Interventionen zusammen, unter anderem mit PDAs und mit der medikamentösen Geburtseinleitung. Die Wahrscheinlichkeit, dass sich Frauen nach der Geburt selbst stigmatisieren, ist jedoch besonders hoch, wenn sie per Sectio geboren haben. Dies ist nicht verwunderlich. Denn die Annahme, Gebärende wären too posh to push ist gesellschaftlich und medial so stark vertreten, dass es fast zwangsläufig so sein muss, dass einige diese übernehmen.

To be clear, die Zweite

Aber um es noch mal ganz deutlich zu sagen: Die Aussage, Gebärende wären sich lediglich zu fein, um vaginal zu gebären, ist vollkommener Unsinn. Sind sie nicht. Die große Mehrzahl der Sectiones ist medizinisch begründet. Selbst jedoch, wenn dies nicht so wäre, würde das eigentlich keine Rolle spielen. Denn auch psychologische Ursachen, wie starke Ängste, sind als Begründung für eine selbstbestimme Sectio vollkommen hinreichend. Psychologische Ursachen sind übrigens auch nicht mit einem Wunsch gleichzusetzen. Es gibt Frauen, die so starke Ängste vor der Geburt haben, viele übrigens auch, weil sie bei vorherigen Geburten Gewalt erlebt haben, dass für sie eine Sectio die einzige Möglichkeit darstellt, überhaupt noch ein Kind zu bekommen. Dies abzuwerten damit, dass diese Frauen sich zu fein wären, ist etwas absurd. Aber auch wenn es so wäre, dass sich eine Schwangere dazu entscheidet, dass sie gerne eine Sectio möchte, einfach weil das ihr Wunsch ist und sie keine Lust hat auf eine vaginale Geburt, ist das vollkommen in Ordnung. Es ist nicht notwendig den Körper einer Frau unnötig zu moralisieren, nur weil sie eine Frau ist (Morgenroth et al., 2024). Frauen haben das Recht selbstbestimmt zu gebären. Eigentlich ganz einfach.

Wichtig wäre es, Schwangere neutral und wertfrei über Vor- und Nachteile bestimmter Geburtsformen aufzuklären und Geburten so zu gestalten, dass sie für Gebärende nicht respektlos und gewaltsam enden. Die Geburtshilfe in Deutschland – und in vielen anderen Ländern – benötigt ein Umdenken und eine viel stärkere Fokussierung auf psychologische Bedürfnisse. Dafür ist eine evidenzbasierte Geburtshilfe notwendig. Vor allem jedoch sollten wir weg von einer gesellschaftlichen Norm, die suggeriert, dass es schon klappen wird mit der *richtigen* Geburt, wenn sich Frauen einfach ein bisschen weniger anstellen. Ich jedenfalls fände es schön, wenn meine Kolleg*innen und ich zukünftig keine E-Mails mehr erhalten würden, in denen Frauen fragen, ob sie auch an der Studie zum Thema Geburtserleben teilnehmen dürften, obwohl sie ja nur per Kaiserschnitt und damit nicht richtig geboren hätten, weil jeder Frau klar ist, dass auch Sectiones richtige Geburten sind. Weil es kein Richtig und kein Falsch gibt und das eine nicht mehr wert ist als das andere.

Unfruchtbarkeit und Aborte – wenn das Baby fehlt

Selbststigmatisierung im Kontext der Reproduktion beginnt jedoch nicht erst nach der Geburt. Sie kann auch stattfinden, wenn Frauen nicht Mutter werden können, weil sie entweder nicht schwanger werden oder die Babys nicht bleiben. Die wahrgenommenen Erwartungen der Gesellschaft daran, dass Frauen Mütter werden müssen, ist unermesslich hoch. So führt der Umstand, dass eine Frau kein Kind bekommen kann, manchmal nicht nur zu Trauer, sondern auch dazu, dass sich Frauen schämen und sich nicht als richtige Frau empfinden. Selbststigmatisierung aufgrund von Unfruchtbarkeit spielt unter anderem in asiatischen Kulturen eine zentrale Rolle (Fu et al., 2015).

Ein Thema, welches in den letzten Jahren zunehmend öffentlich diskutiert wird, ist das der Fehlgeburt. Mangler beschreibt in ihrem Buch, dass sie nicht mehr das Wort *Fehlgeburt* verwendet, weil das Präfix »Fehl-« als Fehler interpretiert werden kann, es sich aber nicht um Fehler handelt, wenn eine Schwangerschaft endet (Mangler, 2024). Sie verwendet daher den medizinischen Begriff des *Aborts.* Interessanterweise habe ich das Präfix »Fehl-« nie als Fehler interpretiert, sondern als Fehlen, also dass etwas fehlt, das Kind nämlich. Da Sprache jedoch mächtig ist und der Begriff tatsächlich beides bedeuten kann, werde auch ich zukünftig versuchen, ihn zu vermeiden und durch Abort ersetzen. Denn Fakt ist: Es gibt Frauen, die sich die Schuld dafür geben, wenn ihre Schwangerschaft mit einem Abort endet. Dies hat vielleicht etwas mit dem gesellschaftlichen Bild davon zu tun, dass *richtige* Frauen eben fruchtbar sind und Schwangerschaften erfolgreich austragen können, aber vielleicht auch damit, dass Schwangere so vielen expliziten und impliziten Regeln ausgesetzt sind. Regeln darüber, was sie tun dürfen und was nicht, so viele Regeln, dass es vielleicht nicht unwahrscheinlich ist, dass auch mal ein Fehler passiert. Wir haben einen Fragebogen entwickelt, der Selbststigmatisierung nach Aborten misst (Berner et al., 2025). Dieser umfasst unter anderem die Frage danach, ob man sich für den Abort schämt oder der Überzeugung ist, dass der Abort vermeidbar gewesen wäre, wenn man Dinge anders gemacht hätte.

Dass Menschen dazu neigen, die Ursachen für Ereignisse, in der Person und nicht in der Situation zu suchen, beschreibt eine Form des fundamentalen Attributionsfehlers, auf den ich bereits im Kapitel *Geschlechtsrollenstereotype und Mom Guilt I* eingegangen bin. Bezogen auf Aborte gibt es eigentlich einen sehr stark situativen Faktor. Denn Aborte vor der 12. Schwangerschaftswoche sind sehr häufig (Mangler, 2024) und es ist daher nicht ungewöhnlich, einen zu erleiden. Trotzdem wird häufig davon ausgegangen, dass die betroffene Person etwas getan haben muss, damit es zu diesem Ereignis kam. Menschen suchen den Fehler. Das tun sie aus einem einfachen Grund: Der Suche nach Kontrolle. Denn wenn ich das Gefühl habe, jemand trägt Verantwortung für das, was passiert ist, kann ich mich vor diesem Ereignis schützen, damit mir nicht das Gleiche passiert. Ich kann mir also ausmalen, dass es zum Abort kam, weil die Schwangere zu schwer getragen oder Alkohol getrunken hat, und muss einfach nur Gegenteiliges tun (nicht schwer tragen, keinen Alkohol trinken) und unterliege damit dem Gefühl, die Situation kontrollieren zu können. Diese Annahme ist sehr viel leichter auszuhalten als die Tatsache, dass ich manche Dinge eben nicht kontrollieren kann, weil ich nicht in der Hand habe, ob eine Schwangerschaft bleibt oder nicht. Dies so zu akzeptieren, kann schwer auszuhalten sein. Die andere Sicht, nämlich die, die eine Verantwortung suggeriert, kann jedoch anderen Menschen schaden. Denen nämlich, denen das Unkontrollierbare passiert. Entsprechend zeigen Ergebnisse einer Studie von uns, dass Selbststigmatisierung nach Aborten mit einem geringeren Wohlbefinden assoziiert ist (Berner et al., 2025). Dies heißt letztlich, dass ein Abort, der für viele sowieso schon belastend ist, noch mal schlimmer ist, wenn Frauen das Gefühl haben, sie wären schuld.

Die Sache mit dem Sprechen

In der Schwangerschaft gilt die mehr oder weniger ungeschriebene Regel, dass von Schwangerschaften erst nach der 12. Woche berichtet werden soll, weil ab diesem Zeitpunkt Aborte sehr viel unwahrscheinlicher sind. Häufig wird argumentiert, dass dies für die potentiell Betroffenen einen Schutz darstelle. Denn so müssen sie sich nicht den Fragen anderer Personen stellen, wenn sie plötzlich nicht mehr schwanger sind. Ich frage mich manchmal, ob dies tatsächlich nur zum Schutz der Schwangeren passiert oder ob es nicht auch etwas damit zu tun hat, wie in unserer Gesellschaft mit Trauer umgegangen wird. Das, was wir letztlich von Betroffenen verlangen, ist, dass sie mit ihrer Trauer alleine bleiben. Denn wir geben ihnen keinen Raum dafür. Trauer findet heimlich statt. Mir hat mal eine Frau berichtet, die grade ihr ungeborenes Baby verloren hatte, dass sie nicht wusste, ob sie ihrer Familie und ihren Freund*innen von dem Abort berichten sollte, denn es war kurz vor Weihnachten und sie wollte niemanden mit ihrer Trauer belasten. Ich glaube, dass es keine einheitliche Antwort auf die Frage gibt, ob Menschen vor der 12. Schwangerschaftswoche über die Schwangerschaft reden sollten und ob sie von einem Abort erzählen möchten. Ich glaube aber, dass es sich lohnen würde, auch hier die Rolle der Selbststigmatisierung genauer zu betrachten. Denn das, was wir in den Ergebnissen unserer Studie gesehen haben, war, dass eine höhere Selbststigmatisierung damit in Verbindung stand, nicht von dem Abort zu berichten (Berner et al., 2025). Ganz vielleicht also berichten Frauen nicht von ihrem Abort, weil sie entweder das Gefühl haben, jemanden unnötig mit ihrer Trauer zu belasten, oder weil sie das Gefühl haben, sie hätten etwas falsch gemacht. Beide Aspekte sind dabei letztlich wieder Abbild der vorherrschenden und internalisierten Bilder über Weiblichkeit. Frauen belasten andere nicht, weil ihre Bedürfnisse weniger zählen, und Frauen sind schuld, wenn ihnen etwas Schlimmes geschieht, denn sie hätten sich schließlich anders verhalten können.

Spätaborte, Totgeburten und medizinische Abbrüche

Aborte, die vor der 12. Schwangerschaftswoche stattfinden, sind häufig. Spätaborte (ab der 13. Schwangerschaftswoche) und Totgeburten (ab der 24. Schwangerschaftswoche) hingegen selten (Mangler, 2024), trotzdem finden sie statt. Aber auch hierüber wird wenig gesprochen. So sind Frauen und Familien häufig allein in ihrer Trauer und darüber hinaus sind sie auch potenziell von Respektlosigkeit und Gewalt betroffen. Nicht selten wird nämlich suggeriert, dass ihre Trauer nicht angebracht ist, weil das verstorbene Kind letztlich noch kein richtiger Mensch gewesen wäre (Kern & Körner, 2024). Dies jedoch spielt das Leid betroffener Personen herunter und führt vielleicht auch dazu, dass sie eben nicht über das sprechen, was ihnen passiert ist, weil sie das Gefühl haben, dass ihre Gefühle nicht angemessen sind.

Ähnliches gilt für medizinische Schwangerschaftsabbrüche, die auch nach der 12. Schwangerschaftswoche bei gesundheitlichen Problemen des Fötus durchgeführt werden können. Kern & Körner (2024) kritisieren dabei, dass Eltern häufig nicht umfassend aufgeklärt werden, wenn im Raum steht, dass der Fötus krank ist, eine Behinderung hat oder nicht lebensfähig ist. Prinzipiell besteht die Möglichkeit, die Schwangerschaft abzubrechen, aber auch eine palliative Geburt oder das Leben mit einem Kind mit Behinderung sind möglich. Um eine selbstbestimmte Entscheidung zu fördern, müssten Eltern adäquat aufgeklärt werden, dies ist aber – wie beschrieben – häufig nicht der Fall. Eltern sind dementsprechend allein gelassen in ihrer Entscheidung. Personen, die sich für einen Abbruch entscheiden, setzen sich der Gefahr der Stigmatisierung aus. Ironischerweise schützt vor Stigmatisierung aber auch nicht, das Kind mit Behinderung zu bekommen. Denn in einer ableistischen Gesellschaft sind auch Menschen mit Behinderungen Stigmatisierung und Diskriminierung ausgesetzt. Auch dieses Bild passt nicht in die gesellschaftlichen Erwartungen an Elternschaft und Familie. Schon sehr häufig habe ich Berichte von Eltern gehört, die sagen, dass sie gefragt wurden, ob es denn wirklich notwendig gewesen wäre, das Kind (mit Behinderung) zu bekommen. Letzteres zeigt, dass in patriarchalen Gesellschaften nur gesunde und Menschen ohne Behinderung willkommen sind. Ich würde daher argumentieren, dass selbstbestimmte Entscheidungen für oder gegen die Geburt eines nichtgesunden oder eines Kindes mit Behinderung letztlich nur stattfinden können, wenn kranke und Menschen mit Behinderung nicht mehr abgewertet werden. Denn nur dann ist die Entscheidung frei von gesellschaftlichen Erwartungen und nur dann kann ich mich für oder gegen etwas entscheiden, weil ich es wirklich möchte, und nicht, weil ich denke, ich müsste es tun.

Frauen, die keine Kinder bekommen möchten, und Regretting Parenthood

Ich habe dafür zwar keine empirische Evidenz, aber zumindest die Vermutung, dass, stärker noch als die oben beschriebenen Aspekte, Schwangerschaftsabbrüche vor der 12. Woche stigmatisiert sind. Laut Statistischem Bundesamt wurden im Jahr 2023 ungefähr 100.000 Schwangerschaftsabbrüche durchgeführt (Statistisches Bundesamt, 2024b). Gegner*innen von Schwangerschaftsabbrüchen argumentieren dabei nicht nur häufig, dass das Leben des ungeborenen Kindes schutzbedürftig ist und folglich über der Autonomie der Frau steht, sondern auch damit, dass Frauen ihre Entscheidung später bereuen würden. Für letztes gibt es aber keine Evidenz, da die Mehrzahl der Frauen, die einen Abbruch durchführen lässt, diesen später nicht bereut (Mangler, 2024). Fragen danach, ob man es eventuell bereuen könnte, ein Kind zu bekommen, werden in der Regel übrigens nicht gestellt.

Interessant ist sicherlich auch, dass Gegner*innen von Schwangerschaftsabbrüchen häufig eher konservativ sind, beziehungsweise konservativen Parteien angehören. Dies sind allerdings in der Regel nicht die Parteien, die sich besonders stark für soziale Themen einsetzen. Ironischerweise zeigen Studien laut Mangler aber, dass Gründe für Schwangerschaftsabbrüche häufig finanzielle Probleme oder auch Gewalt in Partnerschaften darstellen (Mangler, 2024). Schwangerschaftsabbrüche scheinen also in sozialen Problemen verankert zu sein. Wenn mir also daran gelegen wäre, Schwangerschaftsabbrüche zu vermeiden, wäre es vielleicht gut, an diesen Stellen anzusetzen, statt Frauen diese verbieten zu wollen oder sie für ihre Entscheidungen zu beschämen. Vielleicht aber geht es gar nicht primär um den Schutz des ungeborenen Lebens, sondern vielmehr um eine Einschränkung der Autonomie von Frauen? Wer weiß. Dass die Körper von Frauen in vielen, auch nicht schwangerschafts- oder geburtsbezogenen Bereichen stärker moralisiert werden als die von Männern, zeigt übrigens auch eine neuere Studie (Morgenroth et al., 2024). Die moralischen Erwartungen an Frauen sind also höher als die, die an Männer gestellt werden. Sie sind es auch, wenn sie die körperliche Autonomie betreffen.

Frauen werden also dafür stigmatisiert, wenn sie sich gegen ein Kind entscheiden – sowohl wenn sie dies vor der 12. Schwangerschaftswoche tun als auch wenn sie es später tun, weil das Kind krank ist oder eine Behinderung hat. Sich gegen ein Kind zu entscheiden, ist gesellschaftlich nicht gewünscht (sich für ein Kind mit Behinderung zu entscheiden, aber auch nicht). Sich für ein Kind zu entscheiden und dies dann aber zu bereuen, ist allerdings auch nicht richtig. Denn wenn ich ein Kind bekommen habe, soll ich damit gefälligst auch glücklich sein.

Das Bereuen der Mutterschaft ist vor etwa zehn Jahren durch die Soziologin Donath bekannt geworden, die 23 Mütter interviewte, die davon berichteten, ihre Kinder zwar zu lieben, aber dennoch bereuen, Mutter geworden zu sein (Donath, 2015). Mittlerweile hat das Thema auch Einzug in Social Media gehalten und es gibt einige Accounts von Müttern, auf denen davon berichtet wird, dass die Mutterschaft bereut wird. Wie in so vielen Bereichen fehlt es jedoch auch hier vor allem an quantitativer Forschung und so ist das existierende Bild eher beruhend auf anekdotischer Evidenz und wenigen qualitativen Studien. Die vorhandenen Daten (Moore & Abetz, 2019) weisen darauf hin, dass es zwei Arten oder Facetten des Bereuens gibt. Mütter können die Bedingungen der Mutterschaft bereuen, das heißt, sie bereuen zum Beispiel die Anzahl der Kinder oder den gewählten Zeitpunkt, nicht jedoch die Mutterschaft an sich. Letzteres bildet die zweite Facette ab, bei der es tatsächlich darum geht, dass die Mutterschaft, unabhängig von den Bedingungen, bereut wird. Moore und Abetz (2019) gehen auf Basis ihrer qualitativen Studien davon aus, dass die Anzahl in der ersten Gruppe höher ist als die derer, die tatsächlich die Mutterschaft bereuen.

Donath (2015) berichtet davon, dass Mutterschaft so stark normativ verankert ist, dass ein Bereuen nicht vorgesehen ist. Letztlich glaube ich, dass man aber noch weiter gehen kann. Denn Mutterschaft ist nicht nur so stark verankert, dass man sie nicht bereuen sollte, sondern letztlich können sich Frauen gar nicht wirklich frei dafür entscheiden, überhaupt Mütter werden zu wollen. Denn zu stark ist das gesellschaftliche Bild verankert, dass das Muttersein zum Glück einer Frau dazu gehört. Frauen, die sich gegen eine Mutterschaft entscheiden, werden als *crazy old cat ladies* abgewertet, es wird ihnen gesagt, dass sie es später sicherlich bereuen werden, wenn sie alleine und ohne Kinder sind. In unserer Gesellschaft ist Weiblichkeit inhärent mit der Annahme verwoben, dass Frauen aufgrund ihrer Wärme und Fürsorglichkeit *mit* anderen und *für* andere da sein wollen. Entscheiden sie sich dagegen – weil sie keine

Kinder (oder keinen Partner) haben (wollen) –, wird davon ausgegangen, dass ihnen etwas fehlen muss.

Sozialer Druck

Es gibt Situationen im Leben, die sind inhärent mit Herausforderungen und starken Emotionen konnotiert. Schwangerschaft, Geburt und Elternschaft gehören ganz sicher dazu. Es gibt Geburtsverläufe, die sind so aversiv und komplikationsreich, dass dies an sich schon etwas ist, womit die betroffene Person zurechtkommen muss. Nicht schwanger werden zu können oder ein Kind während der Schwangerschaft zu verlieren, ist herausfordernd. Schwanger zu sein, aber das Kind nicht behalten zu wollen oder zu können ganz sicher auch. All dies an sich ist schon schwierig und erfordert die Regulation vieler verschiedener, sich meist negativ anfühlender Emotionen. Wenn obendrauf noch Erwartungen der Gesellschaft kommen und Frauen suggeriert wird, dass ihre Entscheidungen irgendwie nicht richtig sind oder auch einfach das, was mit ihnen passiert ist, falsch ist und sie als Resultat dessen Gefühle der Scham und des Versagens entwickeln, stellt dies ein gesellschaftliches Problem dar. Selbststigmatisierung aufgrund von Unfruchtbarkeit, Schwangerschaftsverlust, Schwangerschaftsabbruch, Geburt oder bereuter Mutterschaft sind aber nichts, was wir hinnehmen sollten. Vielmehr sollten wir gegen eine Stigmatisierung einstehen und eine Gesellschaft ermöglichen, in der sich Frauen aufgehoben fühlen, wenn sie trauern, ohne dass sie Angst haben müssen, andere damit zu belasten, und in der sie sich selbstbestimmt für oder gegen Kinder entscheiden können.

10 Gewalt. Und Gewalt unter Geburt

Das Bundeskriminalamt berichtet in einem Lagebericht, dass im Jahr 2023 Straftaten gegen Frauen in allen untersuchten Bereichen im Vergleich zum Vorjahr angestiegen sind. Die erhobenen Bereiche umfassten häusliche Gewalt (180.715 weibliche Betroffene), Sexualstraftaten (52.330 weibliche Betroffene), digitale Gewalt (17.193 weibliche Betroffene), Menschenhandel (591 weibliche Betroffene) und Femizide (938 Betroffene). Frauen werden also sehr häufig Opfer von Gewalt, die Täter sind dabei überwiegend männlich. Eine Ausnahme bildet die interfamiläre Gewalt, wo Frauen und Männer etwa gleich häufig Täter*innen sind (Bundeskriminalamt, 2024).

Frauen sind also von vielen unterschiedlichen Formen der Gewalt betroffen. Die meisten Frauen wachsen mit diesem Wissen auf und entwickeln häufig stärkere Angst vor Kriminalität als Männer – etwas, was in der Forschung als *Gender-Fear-Paradox* beschrieben wird, weil eigentlich Männer eine höhere Wahrscheinlichkeit als Frauen haben, Betroffene von Kriminalität zu werden (Hale, 1996). Ich muss gestehen, ich finde dies eigentlich nicht besonders verwunderlich oder paradox, da es meistens Mädchen sind, die davor gewarnt werden, Opfer von Gewalt, in der Regel sexueller Gewalt, zu werden. Sehr lange galt der Spruch: *Protect your daughters. Schützt eure Töchter.* Zu wissen, dass sie potentiell Opfer werden können, macht natürlich etwas mit Frauen. Wie sollte es auch nicht. Tatsächlich zeigt eine neuere Studie, dass aber nicht nur Frausein mit einer stärkeren Angst vor Kriminalität in Verbindung steht, sondern auch sich weiblich zu fühlen. Wer sich weiblicher fühlt, hat mehr Angst vor Kriminalität, egal ob Mann oder Frau, und zeigt entsprechend mehr Schutzverhalten (Berner et al., 2024) – vielleicht weil Weiblichkeit eben mit mehr Schwäche assoziiert ist und wer sich schwach fühlt, ist bemüht, sich zu schützen.

Sexuelle Gewalt

Ich weiß nicht, wie viele Frauen es gibt, die noch nie Angst davor hatten, Opfer sexueller Gewalt zu werden. Ich kenne nur wenige. Die WHO gibt an, dass weltweit 35 Prozent der Frauen schon mal sexuelle oder körperliche Gewalt durch den Partner oder fremde Personen erlebt haben (WHO, 2019). Die Zahlen für Europa liegen mit etwa 27 Prozent etwas niedriger. Generell stellt (sexuelle) Gewalt durch den Partner die größere Gefahr dar. Die Prozentzahl für sexuelle Gewalt durch Nichtpartner liegt bei 7,2 Prozent. Daten einer deutschen Studie legen nahe, dass Frauen eine Lebenszeitprävalenz von fast 15 Prozent für versuchte oder vollzogene Vergewaltigungen haben, und fast 41 Prozent der Frauen erleben in ihrem Leben ungewollte sexuelle Berührungen (Brunner et al., 2021). Die Daten zeigen auch, dass Frauen ein deutlich höheres Risiko haben, sexuelle Gewalt zu erleiden als Männer.

Frauen wachsen auf mit dem Wissen, sie müssten vor sexueller Gewalt geschützt werden – oder sie müssten sich schützen. Ich kenne Frauen, und nicht wenige, die sich nie richtig sicher fühlen, wenn sie abends alleine unterwegs sind. Ich kenne Frauen, die sich schützen, indem sie sich von Freund*innen nach Hause bringen lassen, auf dem Nachhauseweg vorgeben, zu telefonieren oder dies tatsächlich tun, Frauen, die ihre Schlüssel so in der Hand halten, dass sie sie notfalls als Waffe verwenden könnten. Dies kann man als hysterisch oder übertrieben auffassen – oder als paradox, weil Frauen ja eigentlich viel seltener Opfer von Straftaten werden als Männer. Wie gesagt, glaube ich gar nicht so richtig daran, dass es sich tatsächlich um ein Paradoxon handelt, weil Mädchen eben anders aufwachsen als Jungen. Dass Personen, die mit Angst aufwachsen, diese vielleicht nicht so leicht loswerden, ist nicht paradox, sondern ziemlich menschlich. All dies jedoch auf Zahlen runterbrechen zu wollen und Frauen damit zu suggerieren, dass ihre Wahrnehmung nicht korrekt ist, weil ja eigentlich Männer viel stärker in Gefahr sind, macht Frauen vielleicht zusätzlich klein und invalidiert sie.

Worüber man jedoch sprechen könnte, ist etwas anderes, etwas, was tatsächlich irgendwie paradox ist: Nämlich, dass viele Frauen Angst davor haben sexuelle Gewalt zu erleben, aber Studien darauf hinweisen, dass eine Vielzahl von Frauen gar nicht erkennen, wenn sie sexuelle Gewalt erlebt haben.

Die Erkennungslücke bei der Wahrnehmung von Gewalt

Es gibt tatsächlich mehrere Studien, vor allem aus den USA, die darauf hinweisen, dass Frauen nicht immer zuverlässig erkennen, dass ihnen sexuelle Gewalt widerfahren ist. Wenn man Frauen in Studien danach fragt, ob sie schon mal bestimmte sexuelle Handlungen gegen ihren Willen und ohne explizite Zustimmung ausführen mussten, zeigt sich, dass ein Großteil der Frauen dies bejaht, aber die explizite Frage, ob sie schon mal vergewaltigt wurde, verneint. Eine Metaanalyse, also eine Studie, die mehere Studien zusammenfasst, schätzt diesen Mismatch in den Antworten auf etwa 60 Prozent (Wilson & Miller, 2016) – was eben bedeutet, dass diese 60 Prozent nicht erkannt haben, sexuelle Gewalt erlebt zu haben. Um das noch mal zu konkretisieren, weil es vielleicht nicht so leicht verständlich ist: Ich frage Frauen, ob sie schon mal gegen ihren Willen jemanden oral befriedigen mussten und 100 Frauen geben an, dass dies der Fall ist. Aber nur 40 dieser Frauen antworten auf die explizite Frage, ob sie schon mal vergewaltigt wurden, mit »ja«, während 60 dieser Frauen angeben, dass sie noch nie vergewaltigt wurden.

Natürlich ist nicht ganz klar, ob die Betroffenen die Gewalt tatsächlich nicht erkannt haben, oder sie es eben nur nicht als Vergewaltigung bezeichnen (möchten). Warum es zu dieser Erkennungslücke kommt, ist vielfältig begründet. Studien weisen darauf hin, dass auch hier wieder Female Mindsets eine Rolle spielen könnten. So zeigt sich zum Beispiel, dass Vergewaltigungen eher erkannt werden, wenn sie den klassischen Skripts, also Annahmen über Vergewaltigungen entsprechen (Bondurant, 2001). So identifizieren Frauen also Vergewaltigungen durch fremde Personen eher als sexuelle Gewalt als solche, die von ihnen bekannten Personen begangen wurden. Vergewaltigungen werden auch eher erkannt, wenn sie körperliche Verletzungen zur Folge haben (McMullin & White, 2006), vielleicht weil dann die Anzeichen deutlicher sind, vielleicht aber auch, weil dies auch eher den weiblichen Mindsets über Vergewaltigungen entspricht. Kennen Frauen andere Personen, die vergewaltigt wurden, erhöht dies auch die Wahrscheinlichkeit, dass sie sexuelle Gewalt als solche identifizieren (Botta & Pingree, 1997). Die Situationen, in denen Vergewaltigungen stattfinden, können nämlich ambigue, also mehrdeutig sein. Weil Vergewaltigungen durch eine fremde Person im Park eben die Ausnahmen darstellen. In den meisten Fällen geschehen sie durch Partner und bekannte Personen. Als betroffene Person brauche ich also Wissen, dass dies ebenso übergriffig ist, wie die Vergewaltigungen, die durch fremde Personen vollzogen werden. Auch dies hat etwas mit den vorherrschenden sozialen Normen zu tun, die indirekt helfen, die Ambiguität aufrecht zu erhalten. Denn wenn Personen lernen, dass sie Partnern irgendwie Sex schulden, oder dass begonnene sexuelle Handlungen auch weitergeführt werden müssen, ist es vielleicht im Nachhinein für die betroffene Person nicht immer klar zu erkennen, ob sie nun tatsächlich vergewaltigt wurde oder ob sie nicht doch an irgendeiner Stelle unbeabsichtigt zugestimmt hat oder zustimmen hätte müssen, weil Sex zu einer Partnerschaft eben dazu gehört, auch wenn man diesen vielleicht nicht will. Wissen und Aufklärung darüber, was sexueller Konsens bedeutet, können folglich helfen, auch ambigue Situationen, in denen Vergewaltigungen stattgefunden haben, als solche zu identifizieren. Wissen hilft vermutlich vor allem auch, um *leichtere* Übergriffe als solche erkennbar zu machen.

Denn sehr lange galten vermeintlich leichte sexuelle Übergriffe als irgendwie normal. Klar packen einem Typen in der Disco ungefragt mal an den Hintern. Passiert doch schließlich allen Frauen mal – das will man vielleicht nicht, aber ist halt so, wenn man sich als Frau in öffentliche Räume begibt. Was also als normal gilt, wird nicht als gewaltvoll erkannt. Wissen ist notwendig, um dieses vermeintliche Normale aufzubrechen.

Und die Sache mit dem Wohlbefinden

Intuitiv würden vermutlich viele Menschen sagen, dass es Frauen nach Vergewaltigungen schlecht gehen muss. Betrachtet man jedoch, dass eine Vielzahl von Betroffenen Vergewaltigungen gar nicht als solche bezeichnen oder erkennen, steigt natürlich die Komplexität des Sachverhalts ein wenig. Denn es stellt sich die Frage, ob sexuelle Gewalt nur dann einen negativen Effekt hat, wenn Frauen erkennen, dass sie sie erlebt haben, oder ob es ihnen unabhängig der korrekten Identifikation schlechter geht. Es gibt zahlreiche wissenschaftliche Studien, die sich genau mit dieser Frage beschäftigen. Diskutiert wird dabei zum Beispiel, dass vergewaltigt worden zu sein, mit Stigmatisierung zusammenhängen könnte und es dadurch für Personen vorteilhaft sein könnte, Vergewaltigungen für sich nicht als solche einzuordnen. Auf der anderen Seite könnte es bei fehlender Anerkennung der Vergewaltigung zu Bewältigungsstrategien kommen, die nicht so günstig sind, etwa ein erhöhter Alkoholkonsum oder ähnliches (Clements & Ogle, 2009). Es gibt auch einige Studien, die darauf hinweisen, dass die Frage, ob es nun förderlich ist, sexuelle Gewalt als solche zu erkennen, gar nicht für alle Personen gleich stark mit ja oder nein beantwortet werden kann, sondern auch von weiteren Bedingungen abhängig ist. Nämlich zum Beispiel davon, ob ich Frauen die Schuld an Vergewaltigungen gebe, weil sie zum Beispiel aufreizend gekleidet oder betrunken waren. Solche Annahmen nennt man Vergewaltigungsmythen und es zeigt sich, dass deren Akzeptanz, also eine höhere *Rape Myth Acceptance*, bei der Wahrnehmung von Vergewaltigungen eine wichtige Rolle einnehmen können (Wilson et al., 2017). Personen nämlich, die dazu neigen, Vergewaltigungsmythen zuzustimmen, haben tendenziell ein höheres Wohlbefinden nach sexuellen Übergriffen, wenn sie diese nicht als Vergewaltigungen anerkennen, als Personen, die Vergewaltigungsmythen nicht so stark zustimmen. Das Ganze ist also sehr komplex und zeigt letztlich, dass das Erkennen von Vergewaltigungen und das Wohlbefinden nach Vergewaltigungen nicht unabhängig von Female Mindsets zu betrachten sind. Sondern zum Beispiel auch davon, wie Schuld und Verantwortung von Vergewaltigung wahrgenommen werden, denn das ist letztlich das Ziel von Vergewaltigungsmythen: Die Umkehr von Schuld und Verantwortung.

Rape Myth Acceptance und die Frage nach der Schuld

Rape Myths sind Annahmen und Mythen, die rund um Vergewaltigungen bestehen (Payne et al., 1999): Sie beschreiben zum Beispiel, dass Frauen mit für Vergewaltigungen verantwortlich sind, wenn sie Alkohol getrunken oder sich aufreizend gekleidet haben. Sie beschreiben, dass Frauen eigentlich vergewaltigt werden wollen, weil es sie angeblich anturnt, wenn ein Mann grob mit ihnen ist. Sie beschreiben, dass Frauen lügen, wenn sie sagen, sie wären vergewaltigt wurden, weil sie den Sex eigentlich wollten, aber eben im Nachhinein ihre Meinung geändert haben. Resultat dieser Mythen ist, dass die Gesellschaft Betroffenen von Vergewaltigungen die Schuld und Verantwortung für eben diese geben. Manchmal übernehmen die Betroffenen diese Sicht. Vergewaltigungsmythen stellen damit eine Täter-Opfer-Umkehr dar. Diese normativen Vorstellungen über Vergewaltigungen zu ändern, ist nicht leicht, aber ich habe das Gefühl, dass ein Umdenken zum Glück langsam stattfinden. Denn der Satz *Protect your daughters*, der impliziert, man könnte seine Töchter und sich vor Vergewaltigungen schützen, wird immer häufiger abgelöst von dem Satz: *Educate your sons.* Denn Frauen können nichts tun, nicht vergewaltigt zu werden. Ihnen das zu suggerieren, verschiebt die Schuld und Verantwortung. Schuld und Verantwortung liegen jedoch bei den Personen, die vergewaltigen, und das sind mit wenigen Ausnahmen Männer.

Dies anzuerkennen und die Verantwortung zurückzugeben an die Personen, die sie tragen sollten, kann etwas Positives bewirken, nämlich einen *Female-Mindset-Switch*, also eine Änderung des Mindsets. Etwas, was vielleicht dazu führen könnte, dass sexuelle Übergriffe häufiger erkannt werden und Frauen geeignete Bewältigungsstrategien entwickeln können, ohne dass sie Angst haben müssten, stigmatisiert zu werden, weil klar ist: Es ist nicht ihre Verantwortung. Es ist nicht ihre Schuld – egal wie kurz oder lang der Rock war, egal ob sie Alkohol getrunken haben, egal ob sie beim konsensuellen Sex darauf stehen, wenn dieser rauer ist. Die Verantwortung für Vergewaltigungen tragen die Täter*innen.

Geburtsbezogene Gewalt

Mehrfach schon habe ich beschrieben, dass es im Bereich Geburt wenig psychologische Forschung gibt. Dies gilt auch für das Thema Gewalt unter Geburt (Kahalon & Klein, 2024). Dennoch ist dieses eigentlich kein Nischenthema mehr, denn in den vergangenen Jahren gab es eine Vielzahl von Berichten in den Medien, mehrere Fachbücher wurden veröffentlicht und auch Bücher und Berichte von betroffenen Frauen. Seit 2011 wird jedes Jahr am 25. November durch den Roses Revolution Day auf Respektlosigkeit und Gewalt unter Geburt aufmerksam gemacht, indem betroffene Personen Rosen vor den Orten ablegen, an denen sie Gewalt erlebt habe, also häufig vor Kreißsälen.

Gewalt unter Geburt oder geburtsbezogene Gewalt beinhaltet sowohl psychische als auch körperliche Gewalt, die Personen während der Schwangerschaft, Geburt und im Wochenbett erleben können (O'Brien & Rich, 2022). Psychische Gewalt meint dabei etwa Bedrohungen oder Beleidigungen, körperliche Gewalt kann von ungefragten oder unnötigen medizinischen Maßnahmen (Bowser & Hill, 2010) bis hin zu Kneifen oder Ohrfeigen reichen (Hoffmann et al., 2024c). Teilweise werden auch strukturelle Missstände, wie zum Beispiel eine unangemessene räumliche Versorgung, in die Definition miteinbezogen (Bohren et al., 2015). Von Expert*innen wird geburtsbezogene Gewalt als geschlechtsspezifische Gewalt gegen Frauen aufgefasst, weil Frauen eben übermäßig stark von dieser Form der Gewalt betroffen sind (Bredler, 2024).

Wie häufig kommt es zu Gewalt unter Geburt?

Gewalt unter Geburt wird häufig als Ausnahme oder drastische Einzelfälle mit großer medialer Wirkung heruntergespielt. Wie hoch die Fallzahlen tatsächlich sind, ist nicht ganz klar, da diese zwischen verschiedenen Ländern stark variieren und unterschiedliche Studien verschiedene Definitionen von Gewalt anwenden. In einer US-amerikanischen Studie, die ungefähr 2.000 Geburten zwischen 2010 und 2016 betrachtete, wurde die Prävalenz, also die Auftretenswahrscheinlichkeit, auf 17 Prozent geschätzt (Perrotte et al., 2020). Für Deutschland gibt es bisher keine Daten (Bredler, 2024). Studien, die wir durchgeführt haben, deuten darauf hin, dass etwa die Hälfte der Teilnehmenden mindestens ein Kriterium angibt, welches für Gewalt unter Geburt sprechen könnte (Hoffmann et al., 2024b). Die Kriterien unterscheiden sich jedoch sehr stark in der Schwere der potenziellen

Gewalt und einige der Kriterien, wie etwa, dass die gebärende Person über eine sehr lange Zeit allein gelassen wurde (in etwa 27 bis 30 Prozent der von uns untersuchten Geburten), werden sicherlich nicht von jeder Person als gewaltvoll aufgefasst. In unseren Studien gaben allerdings auch rund ein Prozent der Befragten an, während der Geburt gekniffen worden zu sein – eine Handlung, bei denen sich die meisten Personen sicherlich einig sind, dass diese gewaltvoll ist.

Letztlich ist aber auch die Definition von Gewalt normativ. Gewalt ist sehr häufig dadurch definiert, dass es eine Intention geben muss, einer anderen Person Schaden zu wollen. Dieser sehr strenge Gewaltbegriff hat sich in den letzten Jahren etwas erweitert. Auch in anderen Bereichen werden mittlerweile Handlungen als gewaltvoll oder zumindest grenzüberschreitend betrachtet, bei denen nicht klar ist, ob die Intention hinter dem Verhalten bewusst schädigend ist. So berichteten vor einigen Jahren unterschiedliche Medien (u.a. Spiegel, 2022) von gewaltvollen Handlungen auf Seiten der Erzieher*innen in Kitas. Dabei werden auch Situationen benannt, die sich auf erzieherisches grenzüberschreitendes Verhalten beim Essen beziehen wie etwa, dass Kindern die Bewegungsfreiheit genommen wird, in dem man sie sehr nah an den Tisch heranschiebt oder ihre Teller auf ihre Lätzchen stellt, um den späteren Putzaufwand zu reduzieren. Die Daten stammen dabei aus einer Studie zur Beteiligung von Kindern im KITA-Alltag (Hildebrandt et al., 2021). Bei der Debatte darum, ob etwas als Gewalt zu betrachten ist oder vielleicht einfach als ein etwas unangenehmes Erlebnis, kann es ganz hilfreich sein, wenn man die Handlungen mal in einen anderen Kontext setzt. Denn wenn es nicht um Geburt oder Kinder geht, ist es vielleicht gar nicht mehr so schwer zu verstehen, dass Menschen nicht ohne ihr Einverständnis festgehalten werden oder zu bestimmten Dingen gezwungen werden möchten, dass es nicht in Ordnung ist, ungefragt intim angefasst oder untersucht zu werden. Nimmt man den Kontext raus, wird ziemlich schnell klar, dass diese Verhaltensweisen sehr grenzüberschreitend und ja, auch gewaltvoll sein können.

Wahrnehmung von geburtshilflicher Gewalt

Wie beschrieben, gibt es Studien zur sexuellen Gewalt, die zeigen, dass die Wahrnehmung von Gewalt nicht (nur) von objektiven Kriterien abhängt, sondern dass für die Erkennung von Gewalt auch das Wissen über Vergewaltigungen oder Mindsets in Form von Skripts oder Vergewaltigungsmythen eine Rolle spielen können. Wie sieht es aber im Bereich der Geburt aus, eine Situation, die ebenfalls sehr ambigue ist und dazu häufig schnell, stressbehaftet und schmerzhaft – wird hier stattgefundene Gewalt als solche erkannt?

Um uns dieser Fragestellung anzunähern haben wir 2023 zwei Studien durchgeführt (Hoffmann et al., 2024c), in deren Rahmen wir überprüfen wollten, ob geburtshilfliche Gewalt erkannt wird und welche Faktoren zur Erkennung und Benennung von Gewalt beitragen. Um dies zu testen, waren unseren Studien ähnlich wie die zur sexuellen Gewalt aufgebaut. Die Proband*innen wurden zunächst gefragt, ob sie bestimmte Dinge während der Geburt erlebt haben wie zum Beispiel ungefragte Untersuchungen, gegen den eigenen Willen festgehalten, beleidigt oder gekniffen zu werden. Dies konnten die Teilnehmenden entweder bejahen oder verneinen. Etwas später in der Studie wurden sie auch gefragt, ob sie Gewalt unter Geburt erlebt hatten. Was sich zeigte war, dass die Mehrzahl der Personen die erlebte Gewalt erkennen konnte. Es war aber nicht so, dass Gewalt etwa überschätzt wurde, denn es gab lediglich eine Teilnehmerin, die angab, Gewalt erlebt zu haben, obwohl keine der Gewaltkriterien tatsächlich erfüllt waren. Auch verwechselten die Teilnehmenden (notwendige) medizinische Interventionen nicht mit Gewalt. Die Angabe, Gewalt erlebt zu haben, war spezifisch für die Gewaltkriterien. Beide Punkte sind mir wichtig zu erwähnen, da sehr häufig argumentiert wird, dass Frauen vielleicht einfach nicht verstehen würden, dass Geburt manchmal *heftig* ist und medizinischer Handlungen und Interventionen bedarf und sie dies vielleicht einfach mit Gewalt verwechseln.

Vielleicht fällt bei diesen Aussagen auf, dass sie so ähnlich sind wie die oben beschriebenen Vergewaltigungsmythen, die unter anderem ja auch darin bestehen, dass Frauen manchmal ein wenig lügen und Sex oder eben Geburt nicht so gut einschätzen können. Tatsächlich haben wir auch einen Fragebogen entwickelt, der genau das misst – die Akzeptanz von geburtshilflicher Gewalt. Dabei erfragen wir die Zustimmung nach Aussagen wie, dass Frauen eben schwere Geburten mit gewaltvollen Geburten verwechseln, oder sich in etwas hineinsteigern, wenn sie von gewaltvollen Geburten sprechen, oder dass Geburt eben einen rauen Umgang mit der Gebärenden erfordert und dass man damit eben klarkommen muss, wenn man ein Kind bekommen möchte. Was wir in den Ergebnissen sahen, war, dass Gebärende, die angegeben hatten, Gewalt unter Geburt erlebt zu haben, diese tendenziell schlechter als solche erkannten, wenn sie eine höhere Akzeptanz für geburtshilfliche Gewalt hatten. Letztlich also könnte eine höhere Akzeptanz dazu beitragen, dass Gewalt unter Geburt nicht erkannt oder zumindest nicht als solche benannt wird. Dieses Ergebnis ähnelt dem, was wir schon aus den Studien zur sexuellen Gewalt kennen, die auch dafürsprechen, dass Gewalt eher erkannt wird, wenn es mit meinem Mindset über Vergewaltigungen übereinstimmt. Denke ich bei Vergewaltigungen lediglich an den fremden Mann im Park, der mich überfällt, fällt es mir schwerer, Vergewaltigungen zu erkennen, weil diese ja eben meistens nicht durch Fremde vollzogen werden. Habe ich das Mindset, dass es Gewalt unter Geburt eigentlich nicht gibt, weil Frauen eben tendenziell einfach ein wenig übertreiben, erkenne ich Gewalt auch nicht, wenn sie mir passiert ist. Die Wahrnehmung von Gewalt ist nicht objektiv. In keinem Bereich. Auch nicht im Bereich der Geburt.

Und wieder: Die Sache mit dem Wohlbefinden

Ich hatte ja beschrieben, dass es im Bereich der sexuellen Gewalt unter Wissenschaftler*innen keinen Konsens darüber gibt, ob es gut oder schlecht für das Wohlergehen ist, wenn ich Gewalt als solche bezeichne oder eben auch nicht. Die Ergebnisse unserer Studien liefern für den Bereich der geburtsbezogenen Gewalt eigentlich ein erstaunlich klares Bild. Es zeigte sich, dass die Bejahung der Gewaltkriterien – also ob man zum Beispiel gegen den Willen untersucht wurde, die Gebärende beleidigt oder gekniffen wurde – stärker mit einem geringeren Wohlbefinden nach der Geburt zusammenhing als die Antwort auf die explizite Frage, ob man Gewalt unter Geburt erlebt hat. Dies würde implizieren, dass unabhängig davon, ob die potenzielle Gewalt als solche erkannt wird oder nicht, sie einen negativen Effekt auf das Wohlbefinden haben kann, und dass es nicht notwendig ist, die Gewalt explizit als solche zu benennen. Ich schreibe dabei absichtlich *haben kann*, denn die Studie war eine Querschnittsstudie auf deren Basis keine Aussagen über Kausalitäten gemacht werden können. So ist auch möglich, dass Personen, denen es nach der Geburt nicht gut geht, nach Gründen für dieses geringere Wohlbefinden suchen und die Antwort dann in vermeintlich erlebter Gewalt finden. Dies würde allerdings nicht erklären, warum die Bejahung der einzelnen Gewaltkriterien wichtiger für das Wohlbefinden ist als die explizite Angabe, Gewalt erlebt zu haben. Aber um ein genaueres Bild über die Zusammenhänge zu bekommen und um Gewalt unter Geburt besser zu verstehen, müssen weitere Studie folgen – auch Längsschnittstudien. Dies wäre auch wichtig, um den Zusammenhang zwischen der Akzeptanz geburtshilflicher Gewalt und dem Wohlbefinden nach der Geburt spezifischer zu untersuchen. Denn ebenso wie in den Studien zur sexuellen Gewalt fanden auch wir, dass die negativen Auswirkungen erlebter Gewalt für diejenigen Frauen geringer waren, die eine höhere Akzeptanz geburtshilflicher Gewalt (analog zur Vergewaltigungsmythenakzeptanz) aufwiesen. Es könnte also sein, dass die Legitimierung von

Gewalt – zumindest kurzzeitig – einen positiven Effekt auf das Wohlbefinden hat, wenn Gewalt erlebt wurde. Hier sind jedoch weitere Studien notwendig, um diesen Zusammenhang besser zu verstehen und um herauszufinden, ob er zeitlich stabil bleibt oder sich verändert.

Wer ist besonders von Gewalt unter Geburt betroffen?

Vor einigen Jahren wurde mir am Roses Revolution Day auf Facebook eine Werbung für ein Coaching angezeigt, welches dafür warb, dass, wenn man den angebotenen Hypnobirthing-Kurs besuchen würde, man keine Rose werden würde – gemeint war, dass man dann keine Gewalt unter Geburt erleben würde. Ich bin mir nicht sicher, ob es der werbenden Person so richtig klar war, aber das, was sie tat, war eben auch Victim Blaming, also Täter-Opfer-Umkehr, weil die Werbung suggerierte, dass Gebärende etwas tun könnten, um keine Gewalt unter Geburt zu erleben. Wenn man sich jedoch vor Augen führt, wie stark in der Gesellschaft Vergewaltigungsmythen präsent sind, ist dies nicht weiter verwunderlich. Denn bei diesen findet man diese Täter-Opfer-Umkehr, da Betroffenen suggeriert wird, sie müssten sich anders verhalten (zum Beispiel anders kleiden), um sexuelle Gewalt zu umgehen. Gewalt unter Geburt, ebenso wie Vergewaltigung oder jegliche andere Form der Gewalt, ist aber eben nicht die Schuld der Betroffenen. Gebärende können nichts tun, um Gewalt zu umgehen. Gewalt unter Geburt hat übrigens auch nichts mit dem geburtsbezogenen Mindset zu tun. Auch das zeigt unsere Studie (Hoffmann et al., 2024b).

Tatsächlich aber zeigen Studien, dass es Personengruppen gibt, die besonders häufig von Gewalt unter Geburt betroffen sind – nämlich diejenigen, die ohnehin gesellschaftlich sehr stark diskriminiert sind: Queere Personen (Salden, 2024) und Personen, die von Rassismus betroffen sind (Suri, 2024). Dies legen auch unsere Studien zu Gewalt unter Geburt nahe.

Zu Rassismus in der Geburtshilfe gibt es für Deutschland keine spezifischen Studien (Suri, 2024). Wie bereits im Kapitel *Geburt* beschrieben, zeigen Daten aus dem Vereinigten Königreich, dass Rassismus in der Geburtshilfe ein ziemlich großes Problem darstellt, was unter anderem mit einer erhöhten Sterblichkeit von nicht weißen Personen assoziiert ist (MBRRACE-UK, 2021). So war die Sterblichkeit während Schwangerschaft und Geburt für Schwarze um ein Vierfaches erhöht und für asiatische Frauen um ein Zweifaches. Rassismus in der Geburtshilfe fängt aber natürlich schon viel früher an und ist in vielen Bereichen im Alltag tief verankert, ohne dass er den ausführenden Personen zwangsläufig bewusst ist. Rassismus ist häufig bereits in der Sprache verankert und er kann auch vermeintlich wohlwollend sein, indem ich Personen zum Beispiel – verwundert – sage, wie gut sie aber deutsch sprächen (Suri, 2024). Ich habe auch schon gehört, dass Hebammen ein Baby aufgrund seiner Hautfarbe als ein Lebensmittel beschrieben haben. Auch das ist nicht *lieb gemeint* oder irgendwie *cute*, sondern rassistisch. Aber wie in so vielen Bereichen von struktureller Diskriminierung fehlt es an Wissen. Wissen darüber, was korrekt ist, und Wissen darüber, was diskriminiert. Ein Problem, welches auch queere Personen, insbesondere trans*Personen in der Geburtshilfe haben. Denn auch sie treffen auf ein System, das nicht auf sie ausgerichtet ist und in dem sie Diskriminierung erfahren. Ein mögliches Resultat ist, dass queere Personen die Situationen, in denen sie diskriminiert werden, vermeiden. In der Schwangerschaft kann dies bedeuten, dass sie Vorsorgeuntersuchungen, Kliniken und die Teilnahme an Kursen meiden (Salden, 2024), was potentiell Auswirkungen auf die Gesundheit von ihnen und vom (ungeborenen) Kind haben kann. Salden gibt dabei an, dass sich die Situation für queere Personen verbessern könnte, wenn sich das geburtshilfliche Personal über den Bedarf von queeren Personen informieren und ihnen dann mit mehr Respekt begegnen würde.

Ich habe vor einigen Jahren in einer Hebammenzeitschrift einen Artikel veröffentlicht. Als ich das Belegexemplar zugeschickt bekam, war ich ein bisschen peinlich berührt über einen Artikel, der im gleichen Heft veröffentlicht worden war. In diesem ging es um einen trans*Mann, der in der Klinik der Hebamme geboren hat, die den Artikel verfasst hat. Der Artikel war gefüllt von Stereotypen und Unwissen. Dieses Unwissen wurde aber nicht dazu genutzt, sich zu informieren oder weiterzuentwickeln, sondern vielmehr schwang irgendwie der Vorwurf mit, dass sich jetzt eben darum auch noch gekümmert werden müsse. Aber wie der Psychologe Slota in einem Interview (Schellenberg, 2022) in der Wochenzeitung *Die Zeit* zum Thema Rassismus in der Psychotherapie bereits sagte: Es ist nicht Aufgabe der Patient*innen Behandelnde aufzuklären, es ist Aufgabe der Behandelnden sich zu informieren. Ich stimme dem zu und würde auch sagen, dass es Aufgabe von Hebammen und Ärzt*innen ist, Rahmenbedingungen in der Geburtshilfe zu schaffen, durch die Diskriminierung vermieden werden kann.

Ausübung von Gewalt

In diesem Kapitel ging es bisher sehr viel darum, inwieweit Mindsets über Gewalt beeinflussen, ob Handlungen als gewalttätig wahrgenommen werden oder nicht – dies betrifft aber letztlich natürlich nicht nur die Personen, die potentiell Betroffene der Gewalt werden, sondern auch die Personen, die Gewalt ausüben. Auch hier spielen soziale Normen und Mindsets eine Rolle. Sie spielen eine Rolle dafür, was ich überhaupt als Gewalt empfinde und auch dafür, für wie nötig ich bestimmte gewaltvolle und nicht gewaltvolle Maßnahmen halte. Für letzteres könnte das geburtsbezogene Mindset eine zentrale Rolle einnehmen. Denn ebenso wie Gebärende oder deren Begleit- oder Partnerpersonen hat auch geburtshilfliches Personal ein geburtsbezogenes Mindset, welches vermutlich einen Effekt auf den

Geburtsverlauf haben kann und welches vielleicht aber auch die Wahrscheinlichkeit dafür erhöhen kann, (unbeabsichtigt) Gewalt unter Geburt auszuüben. Denn wenn Geburt vom geburtshilflichen Personal als risikobehafteter Vorgang wahrgenommen wird, in dessen Rahmen routinemäßig interveniert werden muss, ist ja fast klar, dass es dann häufiger zu Interventionen kommt und vermutlich auch zu Interventionen, die nicht unbedingt medizinisch indiziert sind (Hoffmann, 2024). *Better safe than sorry* würde dann über das Ziel hinausschießen und die Wahrscheinlichkeit für Gewalt erhöhen, weil interveniert wird, obwohl dies eigentlich gar nicht notwendig gewesen wäre. Nicht notwendige Interventionen fallen jedoch unter die Definition geburtshilflicher Gewalt. Diese Gewalt geschieht dann vielleicht nicht aus böser Absicht, sie ist nicht intendiert, sondern die Wahrnehmung über Geburt führt dazu, dass gehandelt werden muss. Auch kann ein natürliches Mindset die Wahrscheinlichkeit für Gewalt unter Geburt erhöhen, nämlich immer dann, wenn geburtshilfliches Personal (oder andere Begleitpersonen wie Doulas) Gebärenden medizinische Hilfe verweigert, weil Geburt angeblich interventionslos ablaufen muss. So berichtet zum Beispiel Heinicke in ihrem Buch *Aus dem Bauch heraus – wir müssen über Mutterschaft reden* darüber, dass ihre Doula ihren Wunsch nach einer Sectio zunächst ignoriert hätte, um Heinicke die von ihr gewünschte *selbststimmte Geburt* zu ermöglichen. Den Wunsch nach einer Sectio zu ignorieren, fördert jedoch nicht die Selbstbestimmung der Frau – im Gegenteil. Interventionen zu verneinen, weil sie nicht dem eigenen Mindset entsprechen, sind ebenso Gewalt, wie Interventionen durchzuführen, weil diese dem eigenen Mindset entspricht.

Geburtshilfliches Personal hat aber nicht nur ein geburtsbezogenes Mindset, welches in seinen extremen Ausprägungen die Wahrscheinlichkeit für Gewalt vielleicht erhöhen kann, sondern geburtshilfliches Personal ist auch immer Teil einer bestimmten Institution, zum Beispiel einer Klinik, und unterliegt den expliziten und impliziten sozialen Normen dieser Institution. Diese sozialen Normen geben einen Rahmen dafür, was als gewaltvoll betrachtet wird und was nicht. Wenn in einer Klinik mehr oder weniger sichtbare Normen vorherrschen, die Gewalt begünstigen oder irgendwie sogar befürworten, weil Dinge eben »immer so gemacht werden«, übernimmt das Personal diese Regeln und verhält sich entsprechend (Hoffmann, 2024). Denn wie in allen anderen Bereichen auch wollen Menschen sich den sozialen Normen anpassen, weil sie nicht nur einen gewissen Halt und Orientierung geben, sondern auch Auskunft darüber, welches Verhalten in der Institution zulässig ist und welches nicht. In klinischen Kontexten spielen darüber hinaus auch Hierarchien eine nicht zu vernachlässigende Rolle und nur die wenigsten Personen lehnen sich gegen Autoritätspersonen auf. Kommt eine Anweisung *von oben*, wird sie in der Regel befolgt. Das kann einen erzürnen und das kann man schlimm finden, ist es eventuell auch, aber vor allem ist es menschlich. Das machen wir (fast) alle so.

Daher, glaube ich, kann sich Gewalt unter Geburt erst wirklich reduzieren, wenn sich die vorherrschenden sozialen Normen ändern, und zwar hin zu einem etwas weiter gefassten Begriff der Gewalt. Wenn irgendwann klar ist, dass auch unter Geburt Gebärende gefragt werden möchten, bevor sie angefasst oder bevor ihnen Medikamente verabreicht oder andere medizinische Maßnahmen durchgeführt werden. Wenn irgendwann klar ist, dass auch Druck und Erpressung eine Form der Gewalt sind und man Gebärende nicht zu Handlungen oder Entscheidungen drängen sollte, indem man ihnen als Alternative den Tod des Kindes oder seine Wegnahme in Aussicht stellt. Erst dann kann sich Gewalt unter Geburt reduzieren. Dafür ist es wichtig, dass sich das gesellschaftliche Bild über Gewalt ändert und vielleicht auch das vorherrschende Menschenbild über gebärende Personen.

Menschenbilder und wie sie vielleicht mit Gewalt unter Geburt zusammenhängen

Sehr oft habe ich schon gehört, dass Gebärende unter Geburt als unkooperativ bezeichnet werden, dass sie nicht richtig mitmachen beziehungsweise nicht so gut mitmachen, wie sie es eigentlich könnten. Dahinter könnte man auch wieder den fundamentalen Attributionsfehler, den ich bereits an früherer Stelle beschrieben habe, vermuten, welcher beschreibt, dass die Ursachen für ein Ereignis nicht in der Situation gesucht werden, sondern in der Person. Geburt ist ohne Frage eine sehr herausfordernde Situation, die Menschen an ihre Grenzen bringt. Geburt geht dabei für die meisten Menschen mit sehr großen Schmerzen einher und wer vielleicht selbst schon mal große Schmerzen hatte (die in der Regel nicht gleichzusetzen sind mit Geburtsschmerzen, aber trotzdem), weiß vielleicht auch, dass Schmerzen eine große Herausforderung darstellen. Von Gebärenden wird aber irgendwie erwartet, dass sie trotzdem einfach irgendwie funktionieren und diese herausfordernde Situation möglichst stillschweigend meistern, ohne sich zu beklagen. Gebärende als unkooperativ, also als nicht gut mitmachend, zu bezeichnen, bedeutet, dass man die außergewöhnlichen Umstände der Situation verkennt und die Schuld der Person zuschiebt. Wenn ich als geburtsbegleitende Person diese herausfordernde Situation so interpretiere, dass die Person nicht richtig mitmachen will, statt zu sehen, dass sie vielleicht ihr Bestes gibt, aber gerade nicht anders kann, kann dies eine ungünstige Reaktion erzeugen, keine die wohlwollend ist, sondern vielmehr eine, die von Gewalt geprägt sein kann.

Die Wissenschaftlerinnen Kahalon und Klein (2024) beschreiben in einem Artikel zudem die Möglichkeit der Dehumanisierung von Frauen unter Geburt. Dehumanisierung beschreibt einen Prozess, in dem bestimmte Gruppen oder Personen als weniger menschlich angesehen werden und ihnen daher weniger Empathie und Wohlwollen entgegengebracht wird. Für den Bereich Geburt gehen die beiden davon aus, dass Gebärende nicht komplett entmenschlicht werden, aber dass Dehumanisierung in einer etwas subtileren Form stattfinden könnte, zum Beispiel, indem Gebärenden bestimmte Emotionen oder Fähigkeiten abgesprochen werden. Ich glaube tatsächlich, dass letzteres sehr zentral sein könnte. Denn Gewalt unter Geburt wird nicht selten damit begründet, dass bestimmte Maßnahmen notwendig sind, damit für das Wohlergehen des Kindes gesorgt ist. Es wird argumentiert, dass ein angeblicher Interessenskonflikt zwischen der Autonomie der gebärenden Person und der Gesundheit des Fötus bestünde (Bredler, 2024). Wenn man darüber nachdenkt, könnte man meinen, dass der Gebärenden dabei mehr oder weniger explizit unterstellt wird, dass sie eben nicht zum Wohlergehen des Kindes entscheidet – vielleicht, weil sie dazu nicht fähig ist, vielleicht, weil ihre eigenen Emotionen vermeintlich im Weg stehen. Laut der Juristin Bredler ist der angebliche Interessenskonflikt ohnehin nicht wirklich haltbar, denn eigentlich ist klar geregelt, dass die gebärende Person diejenige ist, die für den Fötus entscheidet, nicht das geburtshilfliche Personal. Damit darf dieses keine Maßnahmen an der Gebärenden ohne deren Einwilligung durchführen. Gebärenden jedoch das Recht auf Selbstbestimmung zu nehmen und davon auszugehen, dass sie nicht im Wohle des Kindes handeln würden, als läge ihnen dieses nicht am stärksten von allen Menschen am Herzen, ist vielleicht wirklich eine Form der Dehumanisierung, die dann Gewalt begünstigt.

Um also Gewalt unter Geburt zu vermeiden, benötigt es ein Umdenken in der Gesellschaft. Es benötigt ein Umdenken bezogen darauf, was Gewalt eigentlich ist, aber vermutlich letztlich auch bezogen auf die Wahrnehmung von Frauen. Denn bei der oft beschworenen Selbstbestimmung der Frau geht es im Kern vielleicht gar nicht wirklich um Selbstbestimmung, sondern ganz vielleicht darum, Frauen ernst zu nehmen und davon auszugehen, dass sie fähig sind, Entscheidungen für sich und ihr Kind zu treffen. Dass sie nicht nein zu einer medizinischen Intervention sagen, weil sie dazu keine Lust haben oder ihnen egal ist, was passiert, sondern dass sie vielleicht nein aus gutem Grund sagen – oder, ganz absurd, dass sie vielleicht überhaupt gefragt werden möchten. Ich würde meine Hand dafür ins Feuer legen, dass die allermeisten Gebärenden im Wohle ihres Kindes handeln. Es wäre sehr viel sinnvoller, dies anzuerkennen, Frauen anzuerkennen, wirklich als gleichwertig anzuerkennen und sie nicht als emotional und unwissend einzustufen – und dann mit ihnen zusammenzuarbeiten und nicht gegen sie. Ich bin ganz sicher, dann *kooperieren* sie auch.

Gewaltfreiheit

Partnerschaft, Sex, Geburt sind alles Bereiche und Erlebnisse, die bestärken können. Eigentlich. Es sind aber auch welche, die für manche Menschen, insbesondere für Frauen, mit Gewalt assoziiert sind. Wir leben in einer Kultur, in der Weiblichkeit auch damit assoziiert ist, weibliche Personen weniger ernst zu nehmen, ihre (körperliche) Autonomie infrage zu stellen und ihre intimen Grenzen zu übertreten. Es wäre wünschenswert, dass wir uns nicht zu einer Kultur entwickeln, in der Weiblichkeit normativ erzeugt wird, sondern zu einer Kultur, die in ihrem Handeln das widerspiegelt, was sie weiblichen Personen oft zuschreibt: Empathie, Weichheit und Wärme. Also eine Kultur, deren soziale Norm mit höherer Wahrscheinlichkeit eines ist: gewaltfrei.

11 Female Mindsets about Sex

Als ich mir Notizen zu diesem Buch machte, war klar, dass es auch ein Kapitel über Sex geben wird. In meine Notizen schrieb ich *Sex nach der Geburt und allgemein.* Dabei kann man sich natürlich fragen, ob es Zufall war, dass sich die Reihenfolge, die mir in den Kopf kam, zunächst auf den Sex als Mutter bezog. Ich glaube aber mittlerweile, dass es eigentlich kein Zufall war. Über das Thema weibliche Sexualität wird kaum gesprochen – und wenig geforscht. Häufig mit der Aussage, dass weibliche Sexualität zu *kompliziert* sei, weil sie hormonellen Einflüssen unterliegt und weil Frauen weniger spezifische Erregungsmuster in Studien zeigen als Männer, das heißt nicht nur von männlichen Stimuli erregt werden, so wie man es vielleicht erwarten würde (Chivers et al., 2010). Weibliche Sexualität jedoch wird diskutiert und untersucht in den Bereichen, in denen ihr Fehlen für Männer problematisch ist, zum Beispiel, weil es Unterschiede in der gewünschten Frequenz des Aktes gibt. Auch Mangler beschreibt in ihrem Buch (2024), dass in der Gynäkologie Sexualität hauptsächlich aus Sicht des Mannes Betrachtung findet. Ich vermute, dass Sexualität im Kontext der Mutterschaft daher zumindest ein weniger prominenter besprochen wird, weil in diesem Zeitraum die Häufigkeit des dyadischen (partnerschaftlichen) Sexes für viele Paare zurückgeht. Tatsächlich fanden wir entsprechend dieser Annahme in einer Studie, dass Frauen vor der Schwangerschaft im Mittel ungefähr zwei Mal pro Woche Sex hatten und nach der Geburt seltener als ein Mal pro Monat (Hoffmann & Imhoff, 2024). Während für Männer in dieser Phase übrigens die Häufigkeit des Solosexes stieg, das heißt, sie häufiger masturbierten, war dies für Frauen nicht der Fall.

Sex Drive, Doppelstandards und die Evolutionspsychologie

Tatsächlich gibt es viel Forschung dazu, dass Frauen im Mittel einen geringeren Sex Drive haben (Frankenbach et al., 2022), also ein weniger starkes Bedürfnis nach Sex, weniger an Sex denken und seltener masturbieren. Obwohl häufig argumentiert wird, dass dieser Unterschied auf Unterschiede im Antwortverhalten zurück-zuführen sei, und Frauen aufgrund der Angst, schlechter angesehen zu werden, angeben, einen geringeren Sex Drive zu haben, fand eine kürzlich veröffentlichte Metaanalyse, dass sich diese Befunde auch dann zeigen, wenn man für diese Antworttendenz kontrolliert.

Die Idee mit der möglichen Verzerrung in der Antworttendenz lässt sich davon ableiten, dass es im Bereich der Sexualität für Frauen andere Standards gibt als für Männer – in der Forschung spricht man von Doppelstandards. Manchmal fällt auch der Begriff des *Slut shamings* (Conley & Yang, 2024). Sexuelle Doppelstandards beschreiben die negativen Sichtweisen auf Frauen, die viele und häufig wechselnde Sexualpartner haben; während diese Verhaltensweisen bei Männern als positiv angesehen werden, findet bei Frauen eine Abwertung statt (Crawford & Popp, 2003). Studien legen dabei nahe, dass Frauen, die sich sexuell progressiv und damit entgegen der ihnen auferlegten Rollen verhalten, negativer bewertet werden als Frauen, die die gesellschaftlichen Erwartungen, die eine Zurückhaltung der Frauen bei der Befriedigung ihrer sexuellen Bedürfnisse befürwortet, erfüllen (Klein et al., 2019). Die Studie zeigte auch, dass Männer weniger Interesse an einer festen Beziehung oder Freundschaft mit Frauen hatten, die sich sexuell progressiv verhalten. Interessanterweise wurden in dieser Studie die Effekte aber auch für Männer gefunden, sodass es sich zumindest da nicht um einen Doppelstandard handelte, sondern vielmehr Menschen, die sich sexuell progressiv verhalten, abgewertet werden. Trotzdem zeigen andere Daten, dass diese Abwertung für Frauen gegebenenfalls etwas stärker ist, denn Studien zeigen auch, dass, wenn man Personen nach der Anzahl gewünschter Sexualpartner fragt, Männer typischerweise eine höhere Anzahl angeben als Frauen (Conley et al., 2011). Es konnte jedoch auch gezeigt werden, dass der Unterschied verschwindet, wenn man Männern sagt, dass sie an einen Lügendetektor angeschlossen seien (Alexander & Fisher, 2003). Während Frauen also gesellschaftlich tendenziell eher das Gefühl und der Anspruch vermittelt wird, zurückhaltend zu sein und möglichst wenige Sexualpartner zu haben, denken Männer, für sie würde genau das Umgekehrte gelten. Männern und Frauen wird damit eine Rolle übergestülpt, der sie entsprechen müssen. Für beide ist dies eigentlich kein wünschenswerter Zustand.

Wie oben beschrieben, hat die angeführte Metaanalyse nun für diese Antwortverzerrung kontrolliert und findet trotzdem noch Unterschiede im Sex Drive (Frankenbach et al., 2022). Klassischerweise wird dies mit biologischen Unterschieden beziehungsweise evolutionär-psychologisch begründet. Die grundlegenden Annahmen der Evolutionspsychologie gehen davon aus, dass es biologisch beziehungsweise evolutionär begründbare Geschlechtsunterschiede zwischen Männern und Frauen gibt, die darauf basieren, dass Männer und Frauen unterschiedliche Anpassungsanforderungen an ihre Umwelt hinsichtlich der Fortpflanzung zu bewältigen hatten (Asendorpf et al., 2017). Letztlich beschreibt dies, dass es determinierte Verhaltensschemata gibt, die jeweils mit einer größeren oder kleineren Wahrscheinlichkeit mit dem Reproduktionserfolg verknüpft waren und sich daher erfolgreicher im Genpool durchgesetzt haben. Die Reproduktion einer Frau ist auf eine gewisse Zeitspanne limitiert, weil sie nur während eines begrenzten Lebensabschnittes fruchtbar ist, aber auch, weil eine Schwangerschaft mehrere Monate dauert und dadurch auch die potenzielle Anzahl an Schwangerschaften eingeschränkt ist. Männer hingegen können sich häufiger und über eine längere Spanne ihres Lebens fortpflanzen. Was sich daraus ergibt, ist die Annahme, dass Frauen bei der Fortpflanzung oder auch bei der Suche nach einem Partner wählerischer sein müssen, also mehr auf Qualität achten, während dies für Männer weniger zentral ist. Für Frauen ist die Qualität auch wichtiger, damit sie und ihr Nachwuchs später gut umsorgt sind. Männer hingegen können sowohl auf Qualität, aber auch auf Quantität, also auf möglichst viele Sexualpartnerinnen setzen, um ihre Gene möglichst häufig zu weiterzugeben. Die Evolutionspsychologie geht also davon aus, dass Männer mehr Interesse an wechselnden Sexualpartnerinnen haben und dass dies genetisch bedingt ist. Mit der Theorie verbunden sind auch Annahmen darüber, dass Männer eher auf Attraktivität stehen und für Frauen der Status eines Mannes wichtiger ist, weil bei einem Mann mit hohem Status die Wahrscheinlichkeit höher ist, dass er sie und ihr Kind angemessen versorgen kann.

Die Evolutionspsychologie ist ziemlich schwer zu widerlegen, weil sie letztlich eher post-hoc, also im Nachhinein, Erklärungen für beobachtbare Verhaltensweisen liefert. Noch komplizierter wird es, da neuere Ansätze der Evolutionspsychologie immer mehr Bedingungen aufstellen, unter denen die ursprünglich beschriebenen Geschlechtsunterschiede doch nicht mehr zutreffen und Forschende bei abweichenden Verhalten von den aufgestellten evolutionspsychologischen Thesen Argumente entwickeln, die dann angeblich doch wieder für die Evolutionspsychologie sprechen. Dass Frauen manchmal doch attraktive Partner bevorzugen, wird dann beispielsweise damit erklärt, dass dies der Fall sein kann, wenn sie eher an kurzzeitigen Bekanntschaften interessiert sind (Schmitt et al., 2012). Übrigens kann die Evolutionspsychologie Verhalten von homosexuellen Personen auch eher schlecht erklären und ist somit sehr stark heteronormativ ausgerichtet.

Letztlich zeigt die existierende Debatte um die Ursache für mögliche Geschlechtsunterschiede, wie wichtig unsere eigenen Mindsets bei der Interpretation von Verhalten sind. Wenn ich Anhänger*in der Evolutionspsychologie bin, werde ich vermehrt Hinweise finden, die eben für diese Theorie sprechen. Menschliches Verhalten wird dann passend zur Evolutionspsychologie interpretiert, das heißt, die Ursachen für Geschlechtsunterschiede werden auf Basis einer genetischen Prädisposition vermutet: Natürlich spielen Mädchen lieber mit Puppen, denn das ist letztlich das, wofür sie die Natur gemacht hat, und natürlich wollen Männer mehr Sex, denn auch das liegt eben in ihrer Natur. Dass Männer einen höheren Sex Drive zu haben scheinen, zeigt dabei nicht nur die beschriebene Metaanalyse (Frankenbach et al., 2022), sondern ist generell eine sehr präsente Laientheorie (Conley & Klein, 2022).

Bin ich eher kein*e Anhänger*in der evolutionspsychologischen Theorie, fokussiere ich mich vermutlich stärker auf Theorien und Konzepte, die Sexualität und Geschlechtsunterschiede auf soziale Faktoren zurückführen. Das Interessante dabei ist, dass sich tatsächlich die meisten sexuellen Verhaltensweisen aus beiden Perspektiven erklären lassen, es also fast unmöglich ist, herauszufinden, was denn eigentlich *stimmt.*

Ich bin ehrlich gesagt keine sehr starke Anhängerin der Evolutionspsychologie und versuche jetzt mal die andere Seite, nämlich die, die Unterschiede in der Sexualität als gelernt betrachtet, darzustellen.

Orgasm Gap

Geschlechtsunterschiede im Sex Drive sind nicht nur bei dem Wunsch nach häufigerem dyadischem Sex bei Männern zu finden, sondern Studien legen, wie beschrieben, auch nahe, dass Frauen seltener masturbieren und auch später damit anfangen (Werth et. al, 2020b). Ein ganz zentraler und zum Glück zunehmend diskutierter Unterschied besteht auch in der Orgasmushäufigkeit beim dyadischen, also partnerschaftlichen Sex.

In verschiedenen und mittlerweile einer Vielzahl von Studien zeigt sich, dass Frauen beim heterosexuellen Geschlechtsverkehr seltener zum Orgasmus kommen als Männer. Während die Zahlen bei Frauen zwischen 30 bis 60 Prozent variieren, liegen sie für Männer zwischen 70 und 100 Prozent (Döring & Mohseni, 2022). Das heißt also, während Männer fast immer oder sogar immer beim Heterosex zum Orgasmus kommen, liegt die Zahl für Frauen deutlich niedriger, teilweise bei unter 50 Prozent. Besonders interessant dabei ist, dass Frauen bei der Masturbation nicht seltener zum Orgasmus kommen als Männer (Dienberg et al., 2022), auch steigt ihre Orgasmuswahrscheinlichkeit wenn sie in einer festen Partnerschaft sind sowie beim Sex mit anderen Frauen (Conley et al., 2011). Darüber hinaus zeigt sich, dass innerhalb der Gruppe von Frauen die Orgasmushäufigkeit stärker variiert als innerhalb der Gruppe von Männern (Döring & Mohseni, 2022). Dies bedeutet, dass einige Frauen sehr zuverlässig zum Orgasmus kommen, andere hingegen kaum. Der Grund für die Unterschiede in der Orgasmusfrequenz innerhalb der Gruppe von Frauen, aber auch die Abhängigkeit von der Art der Partnerschaft ist relativ simpel zu erklären: Die Mehrzahl der Frauen benötigt für einen Orgasmus eine Stimulation der Klitoris und diese erfolgt bei vaginal-penetrativen Sex in den meisten Fällen nicht. Entsprechend erlangen bei dieser Art der Stimulation nur wenige Frauen einen Orgasmus. Wenn Frauen nun aber für sie richtig stimuliert werden, bekommen sie eben doch sehr zuverlässig einen. Deswegen haben eben manche Frauen fast immer einen Orgasmus, andere nie. Auch in einer festen Partnerschaft wächst die Wahrscheinlichkeit der *richtigen* Stimulation (Conley et al., 2011), zumindest für manche Frauen, die vielleicht offen mit ihrem Partner kommunizieren (können). Studien legen aber auch nahe, dass Frauen bei vaginal-penetrativen Sex Orgasmen häufiger als bei anderen Stimulationsformen wie zum Beispiel beim Oralsex vortäuschen (Muehlenhardt & Shippee, 2010). Daher ist es vielleicht nicht verwunderlich, dass Männern das Ausmaß des Orgasm Gaps in der Regel nicht bekannt ist und sie typischerweise die Orgasmusfrequenz ihrer Partnerinnen überschätzen (Frederick et al., 2018).

Für den Orgasm Gap werden nicht selten biologische Gründe herangezogen. Da im Gegensatz zum männlichen der weibliche Orgasmus für die Fortpflanzung nicht notwendig ist, besteht manchmal die Annahme, der weibliche Körper sei weniger fähig Orgasmen zu produzieren. Man spricht dann von fehlender Orgasmusfähigkeit.

Auf der Zunge zergehen lassen kann man sich dabei vielleicht auch mal den Begriff der Orgasmus*fähigkeit*, der irgendwie suggeriert, dass es eine Fähigkeit zum Orgasmus geben muss, die man entweder hat oder eben nicht. Der Begriff suggeriert also, dass etwas gegeben sein muss, damit etwas anderes passiert. Häufig gilt dabei eben die Annahme, dass die Fähigkeit zum Orgasmus in der Biologie verankert ist. Betrachtet man jedoch, dass die Orgasmusfrequenz vor allem von der geeigneten Stimulation abhängt, die eben für die allermeisten Frauen nicht (rein) vaginal-penetrativ ist, überzeugen biologische Begründungen für den Orgasm Gap eher weniger. Generell gibt es eigentlich keine Evidenz, die darauf hinweist, dass Frauen eine geringere Orgasmus*fähigkeit* haben als Männer oder dass ihre Orgasmen milder ausfallen (Conley & Klein, 2022). Auch bezüglich der Masturbation scheint es – wie bereits beschrieben – keinen Geschlechtseffekt zu geben, da Frauen beim Masturbieren genauso häufig und zuverlässig kommen wie Männer (Dienberg et al., 2022). All dies deutet darauf hin, dass der Orgasm Gap nicht auf körperliche Unterschiede zurückzuführen ist. Die Frage ist also, welche möglichen Ursachen es für die Unterschiede geben kann. In der psychologischen Forschung werden neben dem Ausbleiben der richtigen Stimulation zum Beispiel auch das Vorhandensein geschlechtsspezifischer Skripte sowie das Wissen über die weibliche Anatomie diskutiert.

Skripts über Sex, Männer und Frauen

Allgemein sind Skripts in der Psychologie als Wissensstruktur definiert, die bestimmte Handlungen und Handlungserwartungen in bestimmten Situationen beschreiben (Werth et al., 2020b). Dabei ist ein häufig aufgeführtes Beispiel das des Restaurantbesuchs (ebd.). Menschen wissen, wie sie sich im Restaurant zu verhalten haben, der Ablauf eines Besuches ist meist ähnlich: Man kommt rein, setzt sich hin (oder bekommt einen Platz zugewiesen), bestellt etwas, isst, bezahlt, gibt Trinkgeld und geht. Die Abläufe sowie die Anforderungen an die beteiligten Personen sind klar und eindeutig verteilt. Skripte erleichtern insofern die Interaktion und erhöhen die Vorhersehbarkeit – und Menschen ist es in der Regel wichtig, dass Dinge für sie vorhersehbar sind. Auch im Bereich der Sexualität gibt es Skripte. Dabei beschreiben sexuelle Skripte Vorstellungen über Sex, sexuelle Aktivitäten und Erwartungen an die beteiligten Akteure. So kann ich zum Beispiel davon ausgehen, dass Männer Sex allgemein und Orgasmen mehr benötigen als Frauen und dass Männer generell den aktiveren Part beim Sex einnehmen, ihn initiieren und Frauen erobert werden möchten (oder müssen). Ganz so, wie es uns Hollywood suggeriert. Denn die Skripte spiegeln dabei normative Ansichten der Gesellschaft wider, die, wie oben erwähnt, besagen, dass Männer eben häufiger Lust auf Sex haben, weil dies, wie durch die Evolutionspsychologie postuliert, schlicht in ihren Genen liegt.

Ganz grob lassen sich die sexuellen Skripts in eher konservativ und eher progressiv unterteilen. Wenn ich ein eher konservatives Skript habe, habe ich die Annahme, Sexualität sei für Männer wichtiger, weil es ihrem Naturell entspricht. Weil es für sie wichtiger ist, wird ihre sexuelle Befriedigung beim Sex priorisiert, und Männer sind auch diejenigen, die den Sex initiieren, denn Frauen wollen ja eigentlich gar nicht so gerne Sex. Wenn ich ein eher progressives Skript habe, gehe ich nicht von einem solchen Unterschied zwischen Mann und Frau aus. Während bei konservativen Skripts also dem sexuellen Vergnügen des Mannes höhere Bedeutung zugeschrieben wird (Dienberg et al., 2022), würde bei einem progressiveren Skript die sexuelle Gleichberechtigung im Vordergrund stehen mit der zugrundeliegenden Annahme, dass auch Frauen Lust und Interesse an Sex haben, dass auch sie – bei adäquater Stimulation – zuverlässig einen Orgasmus bekommen und dass dieser für Frauen ebenso wichtig ist wie für Männer. Weil es vielleicht nicht intuitiv verständlich ist, ist mir wichtig, hervorzuheben, dass sowohl Frauen als auch Männer konservative Skripts haben können und dass die Vorkommensfrequenz dieser Skripts sich bei Männern und Frauen nicht unterscheidet, das heißt, auch Frauen gehen manchmal (und sogar häufig) davon aus, dass der weibliche Orgasmus weniger wichtig sei als der männliche. Sexuelle Skripts sind – wie vermutlich die meisten Mindsets – gelernt. Sie spiegeln die existierenden Normen in unserer Gesellschaft wider und diese haben Frauen nicht weniger internalisiert als Männer.

Sexuelle Skripts könnten vielleicht wie eine Art selbsterfüllende Prophezeiung wirken. Selbsterfüllende Prophezeiungen beschreiben, dass die Auftretenswahrscheinlichkeit für ein Ergebnis erhöht ist, weil ich erwarte, dass eben dieses Ergebnis eintreten wird. Wenn ich also davon ausgehe, keinen Orgasmus zu erlangen, beispielsweise weil mir immer und immer wieder gesagt wurde, dass es als Frau total schwierig sei, zum Orgasmus zu kommen, dann hindert mich das vielleicht daran, diesen explizit bei meiner Partnerperson einzufordern. Dann hindert mich das daran, dass ich darauf bestehe, so stimuliert zu werden, wie ich es brauche, um zum Orgasmus zu kommen. Vielleicht bin ich auch weniger geduldig und wenn es länger dauert, gehe ich schnell davon aus, dass es heute *wieder* nicht klappt. Da, wie gesagt, sowohl Frauen als auch Männer den männlichen Orgasmus häufig als wichtiger ansehen als den weiblichen (Klein & Conley, 2021), ist es vielleicht nicht verwunderlich, dass dieser fokussiert wird und der Sex nach dem männlichen Orgasmus beendet ist. Entweder kommt die Frau vorher oder sie hat eben Pech. Tatsächlich konnte auch in einer kürzlich veröffentlichten Studie gezeigt werden, dass sowohl die männlichen als auch die weiblichen Studienteilnehmenden den männlichen Orgasmus als wichtiger einstuften (Klein & Conley, 2021). Mussten die Versuchspersonen sich entscheiden, ob ein Mann oder eine Frau den Orgasmus mehr verdient hat, entschieden sie sich signifikant häufiger für die Antwort ›Männer‹. Der weibliche Orgasmus scheint also eher *ein Nice to have* zu sein, vielleicht auch etwas, womit sich der Mann dann auf die Schulter klopfen kann, wenn er es *geschafft* hat (alles schon gehört), aber eben nicht zwangsläufig ein zentraler Bestandteil von gutem Sex. Diese Ansicht, dieses Mindset, haben dabei aber nicht nur Männer, sondern auch Frauen.

Sexuelle Skripts und sexueller Ekel

Eine Studentin von mir hat in ihrer Masterarbeit untersucht, inwieweit sexuelle Skripts mit sexuellem Ekel beziehungsweise dem Empfinden von Ekel bei sexueller Erregung zusammenhängen könnten (Kort, 2024). Dafür haben wir Frauen ein sexuelles Audio präsentiert, auf dem eine erregte, stöhnende Frau zu hören war. Unsere These war, dass Frauen mit eher konservativem Skript den auditiven Stimulus weniger erregend finden könnten als Frauen mit progressivem Skript. Tatsächlich zeigte sich kein Unterschied: Unabhängig vom Skript wurde der auditive Stimulus als erregend bewertet. Was wir jedoch sahen, war, dass Frauen mit eher konservativem Skript nach Präsentation des sexuellen Stimulus eine stärkere Scham- und Ekelreaktion zeigten als Personen mit eher progressivem Skript. Die Studie war übrigens bereits unsere zweite Studie, die diesen Zusammenhang nahelegt, trotzdem würde ich sie noch als explorativ betrachten. Wir sind gerade dabei, weiter zu erforschen, wie dieser Effekt zustande kommen könnte. Vielleicht aber kann man schon mal vorsichtig festhalten, dass es ein Problem sein könnte, wenn Frauen gesellschaftlich suggeriert bekommen, ihr Lustempfinden wäre etwas, wofür frau sich schämen sollte. Betrachtet man jedoch die oben beschriebenen Doppelstandards, sind die Ergebnisse eventuell auch nicht sehr verwunderlich. Wenn Frauen internalisiert haben, dass ein höheres Lustempfinden etwas ist, was eigentlich nicht erwünscht ist, empfinden sie möglicherweise eben Scham und Ekel, wenn sie erregt sind.

Generell ist das Scham- und Ekelempfinden für die Sexualität kein unwichtiger Faktor. So zählt sexueller Ekel als Subfacette der allgemeinen Ekelsensitivität und beschreibt, dass Menschen sich durch Sex, vor allem abseits von vaginal-penetrativen Sex, angeekelt fühlen (Eickmeier et al., 2019). In einer Studie, die leider jedoch eine nicht allzu große Teilnehmerinnenzahl hat, weswegen ich auch hier die Ergebnisse noch zurückhaltend betrachten würde, wird ein allgemein höheres Ekelempfinden auch als möglicher Prädiktor für

Vaginismus diskutiert (de Jong et al., 2009). Vaginismus beschreibt, dass Frauen und Menschen mit Vulva Schwierigkeiten haben, bestimmte Dinge wie zum Bespiel Tampons, Finger, Penisse in ihre Vagina einzuführen (Mangler, 2024). Manche Frauen können dabei lediglich einige Dinge nicht einführen, andere wiederum nichts. Vaginismus hat natürlich einen großen Effekt vor allem auf die penetrative Sexualität.

Sex ist kein Restaurantbesuch

Die vorhandene Forschung verweist deutlich auf die Relevanz sexueller Skripts für die weibliche (und männliche) Sexualität. Sie bestimmen, wie Frauen und Männer beim Sex wahrgenommen werden, wie der weibliche Orgasmus wertgeschätzt wird (Rubin et al., 2019) und damit vielleicht auch, ob es überhaupt zum Orgasmus kommt. Vermutlich hängen sie auch damit zusammen, ob Frauen nach der Exposition eines sexuellen Stimulus Scham und Ekel empfinden (Kort, 2024).

Während Skripts uns in vielen Bereichen des Lebens eben dieses vereinfachen, indem sie uns Handlungsanweisungen geben, so ist jedoch ihr potenzieller Schaden für die weibliche Sexualität nicht von der Hand zu weisen. Denn Sex ist eben kein Restaurantbesuch, bei dem es vielleicht förderlich ist, bestimmten Mustern zu folgen, oder bei dem es förderlich ist, Rollen nicht plötzlich umzukehren, sodass die Kellnerin sich an den Tisch setzt und der Besucher aufspringt und das Essen aus der Küche holt. Für den Bereich der Sexualität gilt das nicht. Natürlich ist es gut, dass es ein bestimmtes Grundkonzept des Aktes gibt und sehr wünschenswert wäre es, wenn ein allgemeingültiges Skript über sexuellen Konsens bestünde. Skripte jedoch, die Frauen – und damit letztlich auch Männer – in ihren Handlungen und ihrer sexuellen Befriedigung einengen, sind es eher nicht. Im Bereich der Sexualität wäre es wunderbar, gäbe es keine so festgeschriebenen, auf dem Geschlecht basierenden Rollen. Vielmehr wäre es wünschenswert, dass die Kellnerin immer auch zur bekellnerten Person würde, weil der vermeintliche Gast aufspringt und – gemeinsam mit ihr – für ihr sexuelles Wohlbefinden sorgt, denn dies wäre ein wichtiger Schritt in Richtung sexuelle Gleichberechtigung und um den Orgasm Gap zunichtezumachen.

Warum sind Orgasmen überhaupt wichtig?

Gar nicht selten höre ich von Frauen, dass Orgasmen letztlich gar nicht so wichtig wären und dass Sex auch ohne sie sehr schön sein könnte. Nichts liegt mir ferner, als jemandem dieses Empfinden abzusprechen, denn natürlich kann Sex auch ohne Orgasmus schön sein, denn Sex beinhaltet selbstverständlich mehr als körperliche Aspekte. Sex ist optimalerweise zum Beispiel mit Nähe assoziiert, etwas, was für Frauen sehr wichtig ist (Dienberg et al., 2023). Und dennoch bekommt diese Aussage einen etwas faden Beigeschmack, weil sie in der Regel so nur von Frauen geäußert wird, die beim dyadischen Sex eben sehr viel seltener zum Orgasmus kommen. Wenn mir eine Frau erzählt, dass sie beim Sex nicht zum Orgasmus kommt, aber dies auch nicht weiter wichtig wäre, frage ich meist, ob sie denn beim Masturbieren auch immer kurz vor dem Orgasmus stoppt, weil es ohne ja auch schön ist. Die meisten Frauen tun dies natürlich nicht. Warum auch? Auch kann ich mir beim besten Willen nicht vorstellen, dass Männer eine sexuelle Beziehung dulden würden, in der sie fast nie zum Orgasmus kommen. Da dies jedoch nur Annahmen und nicht erforschte Aussagen von mir sind, möchte ich noch etwas Empirie hinzufügen – schließlich hat dieses Buch einen wissenschaftlichen Anspruch. Studien zeigen, dass das Erleben von Orgasmen natürlich auch für Frauen mit sexueller Zufriedenheit und ihrer Lust auf (zukünftigen) Sex zusammenhängt (Dienberg et al., 2023). Der weibliche Orgasmus scheint also schon wichtig zu sein –

und, so lässt sich vermuten, vielleicht hängt das Herunterspielen des weiblichen Orgasmus eher mit kognitiver Dissonanz zusammen als damit, dass er unnötig und lediglich ein *Nice to have* ist.

Kognitive Dissonanz vielleicht?

Entsprechend der Theorie der Kognitiven Dissonanz von Festinger (Festinger & Carlsmith, 1959) entsteht diese, wenn sich zwei Kognitionen oder eine Kognition und eine Handlung widersprechen. Die Person versucht die unangenehme Dissonanz, also den unangenehmen Spannungszustand, aufzulösen, indem sie ihre Kognitionen so umstrukturiert, dass sie wieder zueinander passen. Als typisches Beispiel für kognitive Dissonanz wird in Lehrbüchern häufig das Rauchen angeführt. Menschen rauchen, haben aber eigentlich auch das Bedürfnis nach Gesundheit. Diese beiden Aspekte führen zu kognitiver Dissonanz, weil sie eigentlich nicht miteinander vereinbar sind. Folglich kann ich aufhören zu rauchen, um die Dissonanz aufzulösen. Da dies aber vielleicht gar nicht so leicht ist, besteht auch die Möglichkeit, meine Kognitionen umzustrukturieren, indem ich mir vielleicht sage, dass die meisten Menschen, die rauchen, keinen Lungenkrebs bekommen, oder dass man nur einmal lebt und das Leben in vollen Zügen genießen sollte, oder dass man ja bis auf das Rauchen gesund lebt.

Überträgt man die Annahmen der Theorie der Kognitiven Dissonanz in den Bereich der (weiblichen) Sexualität, so könnte eine Frau, die in einer Beziehung ist und diese gerne weiterführen will, aber vielleicht schlechten Sex hat, weil sie nie zum Orgasmus kommt, die Wichtigkeit des Orgasmus herunterspielen und die Überzeugung annehmen, dass Sex eben auch ohne Orgasmus schön sei. Ein Mann, dessen Partnerin durch vaginale Penetration nie zum Orgasmus kommt, kann die Auffassung haben, dass es eben an der Biologie der Frau liegt, weil Frauen eine schlechte Orgasmusfähigkeit haben. Die naheliegende Lösung, nämlich zu gucken, wie es gelingen kann, dass die Frau zum Orgasmus kommt, wird in beiden Fällen nicht gesucht. Sollte sie aber – zumindest dann, wenn man an der sexuellen Zufriedenheit aller am Sex Teilnehmenden interessiert ist.

Vielleicht auch wird dieses Umdenken, dieses Dafür-Sorgen, dass alle, die beim Sex beteiligt sind, auch einen Orgasmus haben, als sehr viel schwieriger eingeschätzt als es eigentlich ist. Die Lösung wäre so einfach, sie liegt nämlich darin, dass wir gesellschaftlich den sehr starken Fokus verändern, der auf vaginal-penetrativem Sex und der Annahme liegt, dass dies für Frauen schon irgendwie ausreiche. Damit Frauen einen Orgasmus bekommen, muss die weibliche Klitoris stimuliert werden, und dies ist beim vaginal-penetrativen Sex häufig nicht der Fall. Aber anstatt Menschen Wissen darüber zu vermitteln, wie es gelingen kann, als Frau ziemlich sicher einen Orgasmus zu bekommen, wird der weibliche Orgasmus als nicht so wichtig abgewertet und in vielen Köpfen der Mythos aufrechterhalten, es gäbe so etwas wie einen vaginalen Orgasmus. Dieser Mythos besagt, dass es zwei Arten von Orgasmen gibt: einen klitoralen und einen vaginalen Orgasmus. Letzterer ist der, der angeblich durch die vaginale Penetration induziert wird und teilweise von Laien, aber auch Wissenschaftler*innen (Brody & Weiss, 2010) als wertvoller betrachtet wird als der, der durch die Stimulation der äußeren Klitoris erzeugt wird. State of the Art der Sexualforschung ist jedoch, dass diese Trennung keinen Sinn ergibt, da beim weiblichen Orgasmus immer die Klitoris beteiligt ist (Mangler, 2024).

Männliches Ego, Sex und Klitoriswissen

Vermutlich jedoch würde ein Umdenken über Sex, der sich eben auch auf andere Praktiken fokussiert, ziemlich viel des bisher Geglaubten auf den Kopf stellen und endgültig mit der Annahme brechen, dass Sex allein der Fortpflanzung diene. Noch immer hält sich, wie gesagt, der Mythos, dass es zwei unterschiedliche und vor allem unterschiedlich wertvolle Orgasmen gibt. Nämlich den klitoralen und den vaginalen. Frauen vaginal, das heißt durch Penetration, (angeblich) zum Orgasmus zu bringen, kann demnach als eine Art Leistung angesehen werden. Doch, wie die 2022 verstorbene Sexualwissenschaftlerin Ellen Laan mal in einem Vortrag sagte: *Nur Männer haben vaginale Orgasmen.* Denn die der Frau sind ausschließlich klitoral, auch die, die durch vaginale Penetration erzeugt werden. Interessant ist nur, dass, anstatt darauf zu fokussieren, wie *man(n)* eine Frau sehr leicht zum Kommen bringen kann, nämlich durch die direkte Stimulation der Klitoris, versucht wird, über Umwege (zum Beispiel die vaginale Penetration) einen Orgasmus zu erzeugen. Für manche Frauen kann dies funktionieren, weil durch die Penetration in diesen Fällen die Klitoris stimuliert wird, für die Mehrzahl der Frauen funktioniert diese Art der Stimulation jedoch nicht so gut. Wohin diese Fokussierung zwangsläufig führt, ist, dass Frauen weniger Orgasmen haben, damit schlechteren Sex und vermutlich häufiger Orgasmen vortäuschen, denn Orgasmen werden besonders häufig bei vaginaler Penetration vorgetäuscht (Muehlenhardt & Shippee, 2010). Eine neuere Studie zeigt übrigens, dass Frauen besonders häufig Orgasmen vortäuschen, wenn die Frau fürchtet, dass durch das Ausbleiben des Orgasmus der Mann in seiner Männlichkeit bedroht ist (Jordan et al., 2022). Entsprechend täuschten Frauen, die einen höheren beruflichen Status als ihre Partner hatten, Orgasmen vor, weil sie dem Mann wenigstens das Gefühl geben wollten, besonders gut im Bett zu sein. Irgendjemand auf Social Media kommentierte die Befunde der Studie damit, dass heterosexuelle Beziehungen irgendwie wild seien – und dem ist gar nicht so viel hinzuzufügen. Vielleicht nur, dass es an Ironie kaum zu übertreffen ist, dass Frauen, die seltener Orgasmen beim dyadischen Sex haben, sich selbst sagen, dass dies aber auch nicht so wichtig sei, aber trotzdem das Gefühl haben, ihren Partner schützen zu müssen, damit dieser sich nicht schlecht fühlt, wenn die Frau schlechten Sex hat. Kognitive Dissonanz at its best.

Für die Orgasmusfrequenz spielt übrigens auch das Wissen über den weiblichen Körper eine Rolle. Frauen und Männer hatten auch in einer Studie, die 2022 veröffentlicht wurde, noch große Lücken, was das Wissen über die Klitoris betraf; die Autorinnen der Studie geben aber auch an, dass im Vergleich zu vorherigen Studien das Wissen etwas angestiegen war (Dienberg et al., 2022). Frauen mit stärker konservativ ausgeprägten Skripts hatten übrigens tendenziell weniger Wissen über die Klitoris, was dann wiederum mit einem geringeren sexuellen Vergnügen und einer geringen Wahrscheinlichkeit für Orgasmen einherging. Das Klitoriswissen war jedoch nur für die Masturbation relevant. Das heißt, Frauen mit höherem Klitoriswissen kamen zuverlässiger bei der Masturbation, für den dyadischen Sex spielte das Klitoriswissen jedoch keine Rolle. Beim partnerschaftlichen Sex scheinen Frauen also ihr Wissen über ihren Körper nicht anwenden zu können. Vielleicht weil sie sich nicht trauen, vielleicht weil sie nicht gefragt werden, was sie denn eigentlich mögen. Wahrscheinlich spielt beides eine Rolle.

Die Sache mit dem Oralverkehr

Fast ironisch ist auch, dass Frauen zwar tendenziell eher Oralverkehr für einen Orgasmus benötigen als Männer, die ja auch sehr zuverlässig bei vaginaler Penetration kommen, aber trotzdem häufiger die performende als die empfangende Rolle einnehmen (Jozkowski & Satinsky, 2013). Tatsächlich diskutieren Forscherinnen (Conley & Klein, 2022) das Fehlen von Oralverkehr als mögliche Ursache für den Orgasm Gap. Dabei heben die Autorinnen auch hervor, dass die weiblichen Genitalien häufiger mit negativen Attributen besetzt sind, manchmal sogar als eklig beschrieben werden, und Frauen es deswegen gegebenenfalls auch als unangenehm empfinden könnten, oral stimuliert zu werden. Hier sieht man auch, dass es wichtig ist zu verstehen, dass Ursachen nie nur in einem Geschlecht gesucht werden können. Es sind nicht nur die Männer, die eben seltener Oralsex performen wollen, sondern es sind vielleicht auch die Frauen, die sich damit nicht wohl fühlen. Beides ist ein Resultat der Kultur, in der Menschen groß geworden sind. In der es – vielleicht auch aufgrund der Pornoindustrie – normal ist, dass Männer oral befriedigt werden, aber es angeblich eklig ist, wenn Frauen oral befriedigt werden. Und dabei geht es übrigens nie um Schuld. Sondern eher darum zu verstehen, dass unser Verhalten, auch unser sexuelles Verhalten, Produkt der gesellschaftlichen Normen ist, Produkt unseres Mindsets über Sex.

Über schlechten Sex und die Frage nach der richtigen Frage

Ganz am Anfang beschrieb ich die vor einigen Jahren erschienene Metaanalyse zum niedrigeren Sex Drive von Frauen. Vermutlich – denn so ist das ja immer in der Psychologie – sind die Ursachen für die gefundenen Unterschiede vielfältig. Ich frage mich aber zunehmend, ob die Diskussion darüber, ob Frauen und Männer einen unterschiedlichen Sex Drive haben, also ein unterschiedliches Bedürfnis nach Sex, eigentlich die richtige ist, oder ob die Frage nicht vielmehr lauten sollte: Warum eigentlich haben Frauen weniger Interesse an Sex? Weil das in ihrer Biologie liegt? Das ist vielleicht eine einfache Antwort, die impliziert, dass es schon in Ordnung ist, wie es ist – zumindest für Männer. Oder vielleicht, weil für Frauen Sex häufig weniger lohnenswert ist als für Männer? Denn warum eigentlich sollte ich häufig an Sex denken oder ihn initiieren, wenn es im Kern darum geht, eher die Bedürfnisse meines Partners zu befriedigen, als dass die eigenen befriedigt werden? Wenn die Wahrscheinlichkeit, dass ich Oralsex aktiv performe, höher ist, als dass ich selbst oral befriedigt werde? Wenn generell die Wahrscheinlichkeit für einen Orgasmus vergleichbar gering ist?

Die Wissenschaftlerinnen Conley und Yang (2024) haben übrigens eine kritische Einordnung der Metaanalyse (Frankenbach et al., 2022) vorgenommen. Dabei argumentieren auch sie, dass Sex und auch der Sex Drive, also das Verlangen nach Sex, nicht losgelöst von den gesellschaftlichen Normen betrachtet werden kann und damit davon, wie Menschen Sex in der Gesellschaft, in der sie leben, empfinden. Denn Sex ist für Männer und Frauen nicht gleich. Fraglich ist, ob Frauen tatsächlich weniger Lust auf Sex haben, weil sie Sex weniger mögen, oder ob sie vielleicht nur weniger Lust auf vaginal-penetrativen Sex haben (Conley & Klein, 2022), weil dieser für sie eben weniger Vorteile hat als für Personen mit Penis und auch weil sie sich – wie Studien nahelegen – in der Regel stärker auf die Befriedigung der Bedürfnisse ihrer Partner konzentrieren, diese sich aber weniger auf die der Frauen (Jozkowski & Satinsky, 2013).

Ein Kollege von mir erzählte mir letztens, dass er sowohl die Metaanalyse (Frankenbach et al., 2022) als auch den Kommentar von Conley und Yang (2024) in seiner Vorlesung vorgestellt hätte. Einer der Studierenden hielt jedoch die Begründung, dass schlechter Sex für die Diskrepanz verantwortlich sei, für unverständlich. Woraufhin mein Kollege entgegnete, er solle sich vorstellen, dass seinem Bruder ein Menü auf Sterne-Niveau gekocht würde und ihm Kartoffeln mit Möhren. Tag für Tag. Jahr für Jahr. Dann fragt man ihn und seinen Bruder, wer eigentlich den größeren Appetit hat, und misst, wer mehr isst.[1] Die Antwort ist, glaube ich, ziemlich einfach. Solange also Sex für Männer wie ein Michelin-Menü ist und Sex für Frauen eher Kartoffeln mit Möhren, sei dahingestellt, ob die Frage, wer denn nun eigentlich den größeren Sex Drive hat, die ist, die wir sinnvollerweise stellen sollten. Vermutlich nicht.

1 Eine ähnliche Analogie verwenden auch Conley und Klein (2022) in einem Fachartikel – hier sind es allerdings Ravioli und nicht Kartoffeln mit Möhren.

Über Männer und penetrativen Sex

Aber vielleicht noch kurz zum Abschluss: Dies hier ist ein Buch über Female Mindsets und das vorliegende Kapitel hat sich mit der weiblichen Sexualität auseinandergesetzt. Männern jedoch zu suggerieren, ihr Sex Drive wäre automatisch höher als der von Frauen, sie würden ständig Sex wollen und es läge an ihnen, diesen zu initiieren, ist auch wenig förderlich. Denn auch Männer werden durch diese Vorannahme eingeengt. Denn auch sie geraten unter eine Art Druck, performen zu müssen, und laufen Gefahr, kein richtiger Mann zu sein, wenn ihr Drang nach Sex vielleicht geringer ausgeprägt ist als der von so mancher Frau. Sex aber ist keine Leistung. Sex ist auch für Männer mehr und vielseitiger als Stimulation durch die Vagina. Letztlich also werden auch Männer eingeengt im Ausleben ihrer Präferenzen, wenn in den Köpfen von Menschen verankert ist, dass beim Heterosex nur vaginal-penetrativer Sex richtiger Sex ist. Sex jedoch ist vielseitig, kann oral, vaginal, anal, mit Fingern, mit Toys, was auch immer stattfinden. Vor allem aber sollte Sex nicht als Leistung oder Wettrennen um den besseren Orgasmus verstanden werden. Es sollten nur beide einen haben. Sex sollte gleichberechtigt sein, denn nur dann kann er letztlich gut sein. Guter Sex ist aber nicht dadurch definiert, dass ich als Mann eine Frau zum vaginalen Orgasmus bringen kann. Beim guten Sex geht es darum, es für alle Beteiligten maximal schön zu machen, ohne Druck auszuüben, aber auch ohne Zwang, den gesellschaftlichen Vorstellungen entsprechen zu müssen, denn wie dieses *es sich schön machen* funktioniert, variiert von Individuum zu Individuum. Das Aufbrechen von stereotypisierten sexuellen Skripts hin zu einer Gesellschaft, in der sich jede Person unabhängig von ihrem Geschlecht sexuell so entfalten kann, wie es ihrer Präferenz und sexuellen Bedürfnissen entspricht, in der ich sowohl als Frau als auch als Mann die Bedürfnisse der mit mir Sex habenden Person miteinbeziehe, ist ganz sicher vorteilhaft für Frauen, aber letztlich eben auch für Männer.

12 Mom Sex

Wie im vorherigen Kapitel schon kurz beschrieben, wird weibliche Sexualität im Bereich der Mutterschaft von Laien ausgiebiger diskutiert als weibliche Sexualität an sich – so zumindest meine anekdotische Evidenz. Ich hatte dieses Gefühl eigentlich auch bezüglich der Forschung, also dass zur Sexualität nach der Geburt tendenziell mehr geforscht wird als zur Sexualität von Nicht-Müttern. Aber auch bezogen auf diesen Bereich geben zumindest andere Wissenschaftler*innen an, dass das Thema Sexualität nach der Geburt eher unerforscht ist und dass die Forschung, die es gibt, sehr stark darauf fokussiert, wann sexuelle Aktivität nach der Geburt wieder aufgenommen wird, und weniger stark an möglichen Ursachen für die Lust oder Unlust auf Sex nach der Geburt interessiert ist (Ollivier et al., 2024). Tatsächlich habe ich auf der Suche nach Literatur hauptsächlich qualitative Studien gefunden, also scheint es zumindest einen Mangel an quantitativen Studien zu geben. Das hatte ich so nicht erwartet.

Wann haben Paare üblicherweise wieder Sex?

Eine Geburt bringt sowohl für die Partnerschaft als auch für den weiblichen Körper einige Veränderungen. Von Mediziner*innen wird manchmal empfohlen, ungefähr bis sechs Wochen nach Geburt mit dem Sex zu warten. Dabei stellen jedoch einige Autor*innen zur Diskussion, dass kein wissenschaftlicher Konsens darüber besteht, ob und warum dies notwendig sei (DeMaria et al., 2019) – und die Frage ist ja auch, was denn genau mit *keinem Sex* gemeint ist, vermutlich der vaginal-penetrative. Der Zeitpunkt, wann Sex nach der

Geburt wieder aufgenommen wird, variiert sehr stark je nach Studie, und scheint auch sehr stark von Frau zu Frau zu variieren (Ollivier et al., 2024). Letztlich ist es also sehr schwierig, konkrete Zahlen zu nennen. In einer Studie wird die ermittelte Zeitspanne, in der Eltern nach der Geburt wieder Sex hatten, zwischen zwei Wochen und 11 Monaten angegeben, wobei die Hälfte der untersuchten Stichprobe die sexuelle Aktivität innerhalb der ersten zwei Monate aufnahm und die andere Hälfte eben später (Pastore et al., 2007). Generell gibt es jedoch Hinweise darauf, dass das sexuelle Interesse von Frauen drei bis vier Monate reduziert ist im Vergleich zu vor der Geburt (von Syndow, 1999). Wir fanden in einer Studie, die die sexuelle Aktivität von Eltern in den ersten zwei Jahren nach Geburt untersuchte, dass sich die Häufigkeit des dyadischen Sex nach der Geburt eines Kindes deutlich reduziert, für Frauen nämlich von ungefähr zwei Mal pro Woche auf weniger als ein Mal pro Monat, dass sie aber nicht mit dem Alter des Kindes zusammenhing, also Mütter von jüngeren Babys nicht unbedingt weniger Sex hatten als Mütter von älteren Babys (Hoffmann & Imhoff, 2024). Die Häufigkeit des Sex war übrigens auch nicht mit der Beziehungsdauer assoziiert.

So interessant diese Zahlen auch sind, es ist natürlich aber noch viel interessanter, herauszufinden, warum der Sex weniger wird und warum es eine solch starke Variabilität in den Daten gibt? Warum haben manche Frauen auch nach der Geburt weiterhin gerne Sex und andere wiederum nicht? Studien zeigen, dass das Genießen sexueller Aktivität in der Schwangerschaft mit einer höheren Beziehungszufriedenheit in den ersten drei Lebensjahren des Kindes verbunden ist (von Sydow, 1999). Sex kann also eine Ressource sein – für die Frau, für den Mann und für die Partnerschaft.

Über Sorgen, Schmerzen und das Geburtserlebnis

Der Orgasmus der Frau wird in der Schwangerschaft manchmal als Risiko für den Fötus betrachtet (von Sydow, 1999). Dabei sind die zugrundeliegenden Studien nicht besonders konsistent in ihren Befunden und beruhen auf kleinen Stichproben (von Sydow, 1999). Trotzdem ist dies vielleicht etwas, was die Mehrzahl der Frauen schon mal gehört hat. Ich habe auch schon gelesen, dass es nicht günstig wäre, während der Schwangerschaft einen Vibrator zu verwenden, da dadurch das Gehör des Fötus geschädigt werden könnte. Mal abgesehen davon, dass sehr fraglich ist, dass diese Geräuschquelle zu laut für den Fötus ist, ist dabei auch nochmal deutlich zu erkennen, wie stark der Fokus auf die vaginale Penetration ausgelegt ist, da diese Aussage suggeriert, dass alle Frauen sich Vibratoren vaginal einführen. Dabei eignen sich aber auch Vibratoren ausgesprochen gut dafür, die äußere Klitoris zu stimulieren – etwas, was viele Frauen tun und was ganz sicher nicht zu laut für den Fötus ist. Bei schwangeren Frauen jedoch können solche Aussagen zu Besorgnis und vielleicht Scham führen, denn vermutlich möchten die wenigsten Schwangeren zum Ausleben ihrer sexuellen Bedürfnisse das Gehör ihres Babys schädigen. Aber wie generell zur Schwangerschaft gibt es auch im Bereich der Sexualität in der Schwangerschaft sehr viele Infos, bei denen die lesende Person gar nicht so leicht feststellen kann, ob diese nun korrekt sind oder nicht. Mehr Lust auf Sex machen Sorgen sicherlich nicht, sind aber während Schwangerschaft und Geburt allgegenwärtig. Denn irgendwie gilt: *better safe than sorry.* Daher ist es vielleicht kein Wunder, dass, nicht nur bezogen auf die Schwangerschaft, sondern auch bezogen auf die Sexualität, nach der Geburt bei Eltern viele Sorgen bestehen (Pastore et al., 2007). Etwas, was letztlich durch gute Beratung, Forschung und Wissen aufgehoben werden könnte. Denn Unwissenheit und Sorgen müssten theoretisch nicht bestehen. Dies würde natürlich aber auch bedeuten, dass sich Schwangere und Eltern in einer Beratung so gut aufgehoben fühlen, dass sie sich trauen, diese

Dinge anzusprechen – dafür wäre es aber auch notwendig, wenn das Thema Sex und die offene Kommunikation über Sex gesellschaftlich weniger tabuisiert würden. Denn trotz Pornos ist Sexualität ohne Frage tabuisiert. Teilweise auch bei Fachpersonen.

Problematisch ist sicherlich auch, dass der medizinische Rat zur Wiederaufnahme der sexuellen Aktivität nach der Geburt laut Studien sehr stark auf den vaginal-penetrativen Sex fokussiert ist (von Sydow, 1999). Betrachtet man jedoch, dass insbesondere vaginal-penetrativer Sex nach der Geburt für die Frau schmerzhaft sein kann, ist fraglich, wie förderlich diese Art der Beratung ist? Wir haben in unserer Studie gefunden, dass Frauen, die von Schmerzen während des Sexes berichteten, tendenziell weniger Sex hatten (Hoffmann & Imhoff, 2024). Weniger Sex hatten auch Frauen, bei denen in der Partnerschaft ein starker Fokus auf vaginal-penetrativem Sex lag. Vielleicht also wäre es notwendig, dass insbesondere nach der Geburt sexuelle Praktiken angewendet werden, die Frauen weniger Schmerzen bereiten, damit sie dann auch mehr Lust auf Sex haben? Welche Art der Stimulation geeignet ist, können sicherlich die betroffenen Personen am besten einschätzen. Dafür wäre es notwendig, offen zu kommunizieren.

Die Autor*innen einer qualitativen Studie mit 70 Probandinnen schlussfolgerten, basierend auf ihren Interviews, dass es einen Unterschied darin gibt, ob Frauen sich nach der Geburt wieder körperlich bereit für Sex fühlen und ob sie sich auch psychisch bereit fühlen (DeMaria et al., 2019). Denn häufig wird Frauen nach der Abschlussuntersuchung, die in der Regel sechs Wochen nach der Geburt stattfindet, gesagt, dass sie nun wieder körperlich bereit für Sex seien. Ob dies jedoch auch psychisch so ist, ist aber eben nochmal eine vollkommen andere Frage – denn natürlich fühlen sich noch nicht alle Frauen wieder bereit, sechs Wochen nach einer Geburt Sex zu haben, auch wenn körperlich alles in Ordnung scheint.

Eine, aus meiner Sicht nicht unwichtige, psychologische Variable könnte auch in diesen Fällen das Geburtserlebnis, also die subjektive Bewertung der Geburt, darstellen. Denn ein negativeres Geburtserlebnis ist mit einer geringeren sexuellen Aktivität in den ersten zwei

Jahren nach der Geburt assoziiert (Hoffmann & Imhoff, 2024). Vielleicht nämlich gilt hier ähnliches wie für das Stillen und allgemein für das Wohlbefinden im Wochenbett. Wenn ich nach der Geburt erst einmal das Geschehene verarbeiten muss, bin ich vielleicht noch nicht bereit für sexuelle Intimität. Wenn eine Geburt Grenzüberschreitungen und vielleicht den Verlust von Kontrolle über den Körper bedeutet hat, fällt es vielleicht schwer, sich anderen Personen zu öffnen und sich verletzlich zu machen. Wenn ich dann noch Schmerzen beim Sex habe, ist ja fast klar, dass dies einen ungünstigen Effekt auf die Lust nach Sex haben kann. Ich würde behaupten, Partnerschaft, Sexualität und das weibliche Wohlbefinden können nicht unabhängig von der Geburt betrachtet werden – zumindest nicht in den ersten Lebensjahren des Kindes.

Mom Skripts

Wir haben in einer Studie übrigens auch exploriert, ob die sexuelle Aktivität eventuell mit Skripts über Elternschaft zusammenhängen könnten. Dass Skripts im Bereich der (weiblichen) Sexualität eine zentrale Rolle einnehmen können, habe ich ja bereits im vorherigen Kapitel beschrieben. Aber welche Rolle spielen sie für Mom Sex? Tatsächlich fanden wir, dass Mütter, die angaben, dass Stillen und Sex nicht zusammenpassen, seltener Sex hatten. Auch fragten wir, wie insgesamt die Mutterrolle mit Sex vereinbar ist und auch hier sahen wir, dass Mütter, die das Gefühl hatten, dass Sex und Mutterschaft nicht zusammenpassen, seltener sexuell aktiv waren als Mütter, die diese Inkompatibilitäten nicht wahrnahmen. Das etwas konservative Mindset also, dass Mütter eben Mütter sind und dies nicht mit Lust in Verbindung gebracht werden sollte, könnte eine mögliche Ursache dafür sein, dass Frauen nach der Geburt keinen Sex haben wollen. Alternativ ist natürlich aber auch möglich, dass Mütter, die wenig Lust auf Sex haben – aus welchen Gründen auch immer –, angeben, dass dies so ist, weil Mutterschaft und Sex nicht zusammenpassen. Um herauszufinden, welche der beiden Erklärungen stimmt, wäre eine Längsschnittuntersuchung notwendig. Interessant ist erst mal, dass auch beim Thema Mom Sex-Skripts Female Mindsets eine Rolle spielen.

Warum denken Mütter, dass andere Mütter keinen Sex wollen?

Wir haben in unserer Studie nicht nur mögliche Zusammenhänge zwischen psychologischen Variablen und der sexuellen Aktivität exploriert, sondern die teilnehmenden Mütter auch danach gefragt, warum sie glauben, dass andere Mütter nach der Geburt keinen Sex haben wollen (Hoffmann & Imhoff, 2024). Dabei zeigte sich, dass die meisten Teilnehmenden davon ausgingen, dass Stress ein wichtiger Grund für wenig Sex nach der Geburt sei. Wenn ich mir vor Augen führe, wie häufig allein ich in Gesprächen schon genau dies als Begründung für ein gering ausgeprägtes Sexleben nach der Geburt gehört habe, finde ich das gar nicht besonders verwunderlich. Tatsächlich ist die Begründung, wenig Sex würde von zu viel Stress kommen, jedoch – zumindest laut den Daten unserer Studie – eine Fehlannahme. Denn die Ergebnisse unserer Studie zeigten, dass Stress nicht mit der Häufigkeit sexueller Aktivität in Verbindung stand. Das heißt, Teilnehmende, die von viel Stress berichteten, hatten nicht weniger Sex als Mütter, die wenig Stress angegeben haben. Ich könnte mir vorstellen, dass es aber zu dieser Fehlannahme kommt, weil die Antworten einfach das widerspiegeln, was Mütter sich gegenseitig erzählen. Die Frage ist aber, warum Menschen angeben, dass sie keinen Sex haben, weil sie so gestresst sind, obwohl empirische Daten zeigen, dass es eher keinen Zusammenhang gibt?

Ich habe die Vermutung, dass es Menschen leichter fällt, öffentlich oder ihrer Partnerperson gegenüber zu kommunizieren, dass sie keinen Sex möchten, weil sie gerade so gestresst sind. Denn es ist okay und für die meisten Menschen verständlich, dass man halt einfach keinen Sex haben möchte, wenn man gestresst ist. Es ist viel schwerer zu sagen, dass man nicht das Bedürfnis danach hat oder dass einem Sex wenig Spaß macht, weil man zu selten kommt. Wenn ich fehlenden Sex damit begründe, dass ich (aktuell) Stress habe, tue ich niemanden weh, denn dann liegt die Begründung außerhalb der sie betreffenden Personen. Ich attribuiere sie external. Aber letztlich geht auch hier vielleicht etwas Wesentliches verloren; nämlich die Möglichkeit, Sex so zu gestalten, dass er für Mütter tatsächlich lohnenswert ist, sodass Mütter dann eben auch *mehr Bock* haben.

Mom Sex – same same, not different?

Wie bereits weiter oben beschrieben, scheint es so zu sein, dass nicht alle Frauen nach der Geburt weniger Sex wollen, sondern dass es hier eine große Variabilität gibt (von Sydow, 1999), die sich darin zeigt, dass bei einigen Frauen das sexuelle Verlangen nicht weniger wird und auch nach der Geburt noch genauso stark ausgeprägt ist (De-Maria et al., 2019). Frauen wollen nach der Geburt also nicht grundsätzlich weniger Sex. Daher wäre es so wichtig, auf Basis großer und auch quantitativer Studien sich weiter der Fragestellung anzunähern, worin die Ursachen für weniger Sex nach Geburt liegen. Manche scheinen klar, aber ein genaues Bild gibt es noch nicht. Dabei sollte vielleicht auch die Frage aufkommen, ob sich die Ursachen dabei tatsächlich zwischen Nicht-Müttern und Müttern so stark unterscheiden. Wenn ich betrachte, dass im Rahmen der Mutterschaft bestimmte Skripts eine Rolle zu spielen scheinen und dass ein eher konservatives Skript über die Inkompatibilität von Sex und der Mutterrolle mit einer geringeren sexuellen Frequenz zusammenhängen, könnte ich mir vorstellen, dass die möglichen Ursachen gar nicht so furchtbar unterschiedlich sind. Letztlich ist dies jedoch eine empirische Fragestellung, der sich mehr Studien zukünftig widmen sollten.

In unserer Studie (Hoffmann & Imhoff, 2024) haben wir auch einen positiven Zusammenhang zwischen sexueller Zufriedenheit und sexueller Aktivität gefunden. Das bedeutet, dass Mütter, die angegeben haben, mehr Sex zu haben, tendenziell zufriedener mit ihrem Sexleben waren. Dabei sind zwei Wirkrichtungen als Erklärung für diesen Zusammenhang möglich. Es kann diese Korrelation geben, einfach weil Frauen, die nach der Geburt viel Sex haben, zufriedener mit ihrem Sexualleben sind, weil sie viel Sex haben. Dann wäre die Häufigkeit des Sexes die Ursache dafür, sexuell zufrieden zu sein. Es kann aber auch andersrum sein. Vielleicht sind Frauen nicht so zufrieden mit dem Sex und haben deswegen auch seltener welchen. Mit einem querschnittlichen Studiendesign ist dies nicht herauszufinden, auch hierfür bräuchte man eine Längsschnittstudie.

Vielleicht also wäre die mütterliche sexuelle Zufriedenheit tatsächlich etwas, was sich zu diskutieren lohnt – so wie generell weibliche Sexualität. Denn auch beim Thema Mom Sex lassen sich Hinweise darauf finden, dass Frauen vielleicht gar nicht weniger Lust auf Sex, also einen geringeren Sex Drive haben, sondern dass sie nur weniger auf den Sex stehen, der in der Gesellschaft dominiert: vaginal-penetrativer Sex (Conley & Klein, 2022).

Vielleicht ist es daher tatsächlich nötig, Sexualität neu zu definieren. In einer qualitativen Studie zeigte sich, dass manche Frauen dies nach der Geburt bereits tun, indem sie unter (sexuelle) Intimität nicht mehr nur vaginal-penetrativen Sex fassen, sondern auch andere Formen der Intimität, wie kuscheln oder sich gegenseitig mit Worten wertzuschätzen (Ollivier et al., 2024). Wie bereits oben beschrieben, wäre es für die sexuelle Entfaltung vieler Frauen notwendig, den starken Fokus auf penetrativen Sex zu überdenken, da dieser mit einer geringeren sexuellen Aktivität nach der Geburt in Verbindung steht (Hoffmann & Imhoff, 2024).

Wie wir im vorherigen Kapitel gesehen haben, ist dies ja aber gar kein spezielles Problem von Sex nach einer Geburt – hier wird das Thema vielleicht nur noch mal anders sichtbar, weil neben einer möglichen fehlenden sexuellen Zufriedenheit zum Beispiel auch noch Schmerzen dazukommen können. Letztlich aber basiert Sex vor und nach der Geburt auf Vorstellungen und internalisierten Skripten über Sex, die Frauen (und Männer) gesellschaftlich vermittelt bekommen, und das nicht nur während Schwangerschaft und Geburt, sondern schon während ihres gesamten Aufwachsens. Damit Frauen – egal ob sie Mütter sind oder nicht – guten Sex haben, wäre es wichtig, dass sie angemessen aufgeklärt werden. Dafür wäre es schon ein guter Anfang, dass die Bundeszentrale für Gesundheitliche Aufklärung nicht 2024 noch Informationsheftchen zum *ersten Mal* verteilen würde, in denen das erste Mal als Begriff vollkommen schwammig gehalten wird und auf den letzten Seiten dann doch letztlich der vaginal-penetrative Sex beschrieben wird[2]. Es wäre notwendig, dass sich die medizinische Beratung vor und nach der Geburt nicht vorwiegend auf penetrativen Sex fokussiert. Vielmehr wäre es so förderlich zu vermitteln, dass Sexualität mehr umfasst als penetriert zu werden und dass für die meisten Frauen andere Stimulationsformen notwendig sind, um einen Orgasmus zu bekommen. Dies wäre wichtig, und zwar sowohl für Frauen als auch für Männer – zumindest, wenn man unterstellen möchte, und das tue ich an dieser Stelle, dass Männer auch daran interessiert sind, dass die Personen, mit denen sie Sex haben, diesen tatsächlich auch gut finden.

Ich glaube, um Mom Sex zu verstehen und um zu verstehen, warum sich Sex nach der Geburt reduziert, müssen wir einfach nur weiter an der weiblichen Sexualität forschen. Denn so groß scheinen die Unterschiede gar nicht zu sein – same same, not different. Denn Frauen wollen genau wie Männer einfach guten, selbstbestimmten

2 Sexualität umfassender darzustellen, wäre übrigens nicht nur für Frauen förderlich, sondern sicherlich auch für nicht-heterosexuelle Jugendliche, denn diese haben auch *ein erstes Mal.*

und auf ihre Bedürfnisse ausgerichteten Sex. Ganz einfach. Eigentlich.

13 Female Mindsets revisited

Manchmal muss ich schmunzeln, wenn Studierende schon in der ersten Sitzung eines Seminars fragen, wie denn die Klausur gestaltet sein wird. Was dahinter steckt, ist vermutlich das Bedürfnis nach Kontrolle und Vorhersehbarkeit. Auch wenn ich das durchaus verstehe, weiß ich häufig am Anfang des Semesters noch nicht ganz genau, welche spezifischen Klausurfragen ich stellen werde, weil sie sich letztlich erst im Laufe des Semesters und aus den geführten Diskussionen ergeben. Oft habe ich aber das Gefühl, dass sich Studierende eher eine Art Liste mit Bulletpoints wünschen, die sie auswendig lernen können und dann verstanden haben, wie Psychologie funktioniert. Bulletpoint eins – check, Bulletpoint zwei – check. Psychologie als Checkliste. Check.

Ich habe das Gefühl, dass das Bedürfnis danach, dass das Leben doch nur auf einer (möglichst einfachen) Checkliste basiert würde, für die meisten Lebensbereiche gilt. Beim Thema Bindung zum Beispiel wird recht schnell deutlich, dass viele Personen der Ansicht sind, man müsse Regel eins bis sieben befolgen und, zack, hat man eine sichere Bindung zum Kind. Befolgt man eine der Regeln nicht, fällt zum Beispiel das Bonding nach der Geburt aus, weil die Gebärende eine Notsectio hatte, wird das Ganze mit der Bindung schon etwas komplizierter, weil dann eben ein Bulletpoint nicht abgehakt werden kann. Psychologie und psychologische Themen sind jedoch keine Checklisten. Bindung besteht nicht aus sieben Punkten, die ich befolgen muss und dann habe ich es geschafft (oder eben auch nicht geschafft). Bindung ist fließend, sie entwickelt sich ein Leben lang, sie ist nicht starr, sie ist nicht entschieden durch das 20-minütige Bonding nach der Geburt oder durchs Stillen.

Beim Thema Gleichberechtigung sieht es nicht anders aus. Es gibt keine Checkliste für Feminismus, die ich befolgen und abhaken muss und dann ist vermeintlich *alles gut*, weil ich dann feministisch bin.

Feminismus ist nicht unbedingt oder zumindest nicht ausschließlich in Handlungen begründet. Ich kann stillen oder nicht stillen, direkt nach der Geburt arbeiten gehen oder erst nach drei Jahren, den Löwenanteil der Hausarbeit übernehmen oder auch nicht, einen Heiratsantrag machen oder auf einen warten, den Nachnamen des Mannes annehmen, meinen behalten, direkt nach der Geburt Sex haben oder erst nach 12 Monaten, mich rasieren oder nicht, Karriere machen, mich auf Kinder fokussieren, kinderlos bleiben, Sex mit und ohne Orgasmen haben, vor einem Mann knien und ihn oral befriedigen, ohne mich selbst je oral befriedigen zu lassen. All das ist möglich und nicht unfeministisch, solange ich es tue, weil ich es will, weil es meinen Bedürfnissen, Wünschen und Neigungen entspricht und die Ursache nicht darin liegt, dass ich eine Vulva (oder einen Penis) habe.

Zu oft aber liegt die Ursache genau eben darin. Zu oft sind unsere Verhaltensweisen nicht vollkommen frei gewählt, sondern beruhen auf sozial vermittelten und unbeabsichtigt internalisierten Denkmustern. Denn zu oft leisten Frauen Care-Arbeit und den Großteil der emotionalen Arbeit in einer Familie, weil sie das mit dem Kümmern und den Emotionen angeblich besser können. Nicht weil sie es unbedingt wollen oder danach gefragt werden, sondern weil Frauen und Männer von klein auf gelernt haben, dass Frauen sich kümmern, weil sie halt weich, warm und empathisch sind. Zu oft setzen Frauen beim Sex ihre Bedürfnisse nicht durch. Nicht, weil sie nicht gerne kommen, sondern weil Frauen und Männer sozial vermittelt wird, dass Bedürfnisse von Frauen weniger wichtig sind. Denn der Mann braucht den Orgasmus eben mehr. Zu oft konzentrieren sich Frauen in der Wissenschaft viel stärker auf die Lehre als auf die Forschung, weil auch gute Lehre Ausdruck von Fürsorglichkeit ist, so wie Frauen eben sein sollen – und ihre Umwelt, zum Beispiel Studierende, auch erwartet, dass sie es sind. Zu oft geben sich Frauen die Schuld für Erlebnisse, die ihnen widerfahren: für medizinische Interventionen unter Geburt, für Schwangerschaftsabbrüche, für Vergewaltigungen. Weil ihnen sozial vermittelt wird, dass sie sich nur auf eine bestimmte Weise verhalten müssten, dann wäre das, was ihnen widerfahren ist, nicht passiert. Hätten sie nur einen besseren Geburtsvorbereitungskurs gewählt, wären sie während der Schwangerschaft einfach nur weniger gestresst gewesen, wäre die Kleidung nur ein bisschen weniger aufreizend gewesen. Dann.

All diese Annahmen, die Frauen (und Männer) über sich haben, führen dazu, dass der Status Quo aufrechterhalten wird. Sie führen dazu, dass Frauen nach wie vor nicht gleichberechtigt sind. Female Mindsets tragen dazu bei, dass es eine bestimmte Norm der Weiblichkeit gibt – eine Norm, die dazu führt, dass Frauen sich nicht frei entfalten, so wie es ihren Präferenzen und Wünschen entspricht, sondern sich so verhalten, wie es die expliziten und impliziten Erwartungen der Gesellschaft erfordern.

Die Sache mit den Privilegien

Ganz am Anfang dieses Buches beschrieb ich, dass mir selbst lange Zeit Sexismus gar nicht so wirklich aufgefallen sei – obwohl ich selbst welchen erlebt habe, vor allem in medizinischen Kontexten, und obwohl ich selbst sexistisch war, indem ich Stereotype über Männer und Frauen weitergetragen habe, Witze gemacht oder die Entscheidungen von Frauen abgewertet habe, wenn sie nicht den sozialen Normen entsprachen.

Dass mir der erlebte und gelebte Sexismus nicht aufgefallen ist, kann an verschiedenen Dingen liegen. Wie anfangs beschrieben unter anderem daran, dass er meist sehr subtil ist und es Wissen benötigt, um die vorherrschenden sozialen Normen kritisch zu hinterfragen. Es kann aber auch dran liegen, dass ich einfach nicht genug Sexismus erfahren habe, ich also nicht stark genug diskriminiert wurde, vielleicht weil ich als Frau in Deutschland relativ gleichberechtigt bin. Dies würden zumindest die Ergebnisse einer neueren Studie nahelegen, die zeigen, dass eine zunehmende gesellschaftliche Gleichberechtigung zu einer stärkeren Legitimierung des Status Quo führt, auch von Frauen, die sehr stark für Gleichberechtigung sind (Buhl et al., 2025). Menschen muss es also nicht nur ein bisschen schlecht gehen, um bestehende Strukturen aufbrechen zu wollen, sondern es muss ihnen richtig schlecht gehen. Auch wenn das verständlich und offensichtlich menschlich ist, ist es dennoch problematisch. Menschen, die bereits sehr stark durch die bestehenden Strukturen benachteiligt sind, werden durch einen Kampf für mehr Rechte folglich doppelt belastet. Einsetzen müssten sich daher eigentlich die Personengruppen, die Kraft haben – nicht die Benachteiligten, sondern die Privilegierten.

Auch dieses Buch beschäftigt sich hauptsächlich mit nur einer benachteiligten Gruppe. Einer Gruppe, der ich eben zufällig angehöre: Frauen. Sehr viele Gruppen, darunter viele, die deutlich mehr diskriminiert werden, habe ich nicht oder nur an sehr wenigen Stellen beschrieben. So habe ich Themen wie Trans*Geschlechtlichkeit oder Rassismus nur kurz aufgegriffen. Auch habe ich viel zu wenig über chronisch Kranke und Menschen mit Behinderung geschrieben. Dabei sind diese zum Beispiel im Wissenschaftsbetrieb auch benachteiligt, weil sie die Spielregeln der Wissenschaft kaum mitspielen können, da für sie allein die Teilnahme an Tagungen und Konferenzen nur schwer oder überhaupt nicht möglich ist. Ich hätte beschreiben können, was es heißt, aufgrund einer chronischen Erkrankung nicht wissen zu können, ob man auf eine Tagung gehen kann, ob man die Reise übersteht oder ob diese zu anstrengend oder nicht machbar ist. Ich hätte auch schreiben können, wie es sich anfühlt, sich Sorgen darüber zu machen, mit schwer behandelbaren Schmerzen im Hotel aufzuwachen, und dass es für manche Menschen jedes Mal ein Abwägen ist, was wichtiger ist: die Vermeidung von Schmerzen oder Networking. Ich hätte dazu schreiben können, wie schwer es vermutlich für Menschen mit Behinderung ist, überhaupt zu networken, in einer Welt, die von Grund auf ableistisch ist. Ich hätte darauf hinweisen können, dass Menschen aus nicht-westlichen und nicht-europäischen Ländern häufig sehr viele Schwierigkeiten haben, an Tagungen teilzunehmen, weil sie manchmal keine Chance haben, ein Visum zu bekommen oder weil die Kosten zu hoch sind. Oder darüber, wie viel schwerer es sein kann, in der Wissenschaft zu publizieren, wenn sprachliche Kenntnisse fehlen oder sie nicht auf Muttersprachler*innen-Niveau sind.

Dieses Buch greift lediglich einen Teil der Ungerechtigkeiten in der Gesell- und Wissenschaft auf. Das könnte ich jetzt damit begründen, dass die Seitenzahl begrenzt ist und ich eben nicht auf alles eingehen kann. Letztlich ist das aber Quatsch, denn natürlich liegt die Ursache darin, dass ich das große Glück habe, trotz meines Geschlechts und einer chronischen Erkrankung relativ privilegiert zu sein, und dass mir deswegen für viele andere Themen ein Stück weit die Sensibilität fehlt. Und vermutlich ist das irgendwie menschlich, ganz bestimmt sogar. Aber vor allem ist es ein Problem.

Das Geschlechtsparadox

Häufig habe ich in diesem Buch über Gaps und Paradoxe geschrieben und ich glaube, ich möchte auch auf eines hinweisen. Darauf nämlich, dass in medizinischen Bereichen biologische Unterschiede eine zentrale Rolle einnehmen, auch solche, die die Geschlechtsmerkmale einer Person betreffen. Denn es gibt natürlich körperliche Unterschiede zwischen Menschen mit Penis, Menschen mit Vulva und Menschen, deren biologisches Geschlecht keinem der genannten eindeutig zuzuordnen ist. Die Medizin jedoch ist eingestellt auf ein cis-männliches Default. Cis-Männer können jedoch nicht menstruieren, an Endometriose erkranken oder Betroffene von menstruell bedingter Migräne sein. Aber nicht nur Cis-Männer benötigen Medikamente, Impfstoffe oder erkranken an Herzinfarkten. Medizin muss geschlechtsspezifisch sein, um den Bedarf aller Menschen abzudecken. Im medizinischen Bereich und der medizinischen Forschung wurde die Gendermedizin jedoch sehr lange ignoriert. Dieser Negation steht paradoxerweise aber ein Hervorheben angeblicher psychologischer Unterschiede entgegen. Vorlieben, Präferenzen, Persönlichkeitseigenschaften werden geschlechtsspezifisch betrachtet und genetisch-determiniert erklärt. Es wird eine normative Sicht auf Weiblichkeit und Männlichkeit erzeugt, die so nicht bestehen müsste. Genau wie die fehlende Gendermedizin führt die Hervorhebung psychologischer Unterschiede jedoch dazu, dass Menschen abseits dieser cis-männlichen Norm benachteiligt sind – und damit eben sogar mehrfach: medizinisch, psychologisch und gesellschaftlich.

Ich will Wärme

Ich bin aufgewachsen mit dem Lied *Wer sagt, dass Mädchen dümmer sind* vom Grips Theater. In diesem Lied geht es – wie der Titel schon sagt – darum, dass Mädchen weder dümmer, empfindlicher, schwächer oder weniger mutig sind als Jungen. Obwohl alles in diesem Lied irgendwie wahr ist, ruft trotzdem etwas in mir *aber.* Denn wenn ich ehrlich bin, will ich nicht nur in einer Welt leben, in der man verstanden hat, dass Mädchen die gleichen Eigenschaften haben können wie Jungen. Ich will mehr. Ich will in einer Welt leben, in der Frauen nicht nur als so schlau und stark angesehen werden wie Männer, sondern ich will eine Welt, in der Weichheit und Wärme über Härte und Kälte stehen.

So oft aber habe ich schon von Feminist*innen gelesen, dass Frauen sich viel häufiger entschuldigen als Männer und dass sie dies weniger tun sollten, um sich dem Verhalten der Männer anzugleichen. Aber ich denke nicht, dass Frauen sich weniger entschuldigen sollten. Oder zumindest würde ich diese Aussage nicht uneingeschränkt so treffen. Ganz bestimmt sollten sich Frauen weniger dafür entschuldigen, dass sie auch Bedürfnisse haben und dass sie diese durchsetzen und befriedigt haben möchten. Aber davon abgesehen will ich eine Welt, in der sich nicht Frauen weniger, sondern

Männern mehr entschuldigen. Eine Welt, in der Menschen für ihre Fehler einstehen und diese korrigieren, und in der die Bedürfnisse aller Menschen gesehen werden – egal wo sie herkommen, egal wie sie aussehen, egal welches Geschlecht sie haben und wie gesund oder leistungsfähig sie sind. Ich will eine Welt, in der Menschen aufeinander achten. Ich will Wärme, Sensibilität, Weichheit und Empathie. Also eine *weibliche* Welt, ohne dass man diese dann als solche bezeichnen würde, einfach weil es keine Rolle mehr spielt, ob Attribute männlich oder weiblich gelesen sind, sondern einfach nur menschlich. Variierend von Individuum zu Individuum.

Ich will, dass all dies zur Norm wird und ich glaube ganz fest, dass das eigentlich geht. Ich weiß nicht mehr, worum es in unserer Diskussion ging, aber letztens schrieb ich einer Kollegin folgende Nachricht: *Die Sozialpsychologie tut immer so, als würde der Status quo abbilden, wie Menschen halt sind. Aber das ist Quatsch. Sozialpsychologie misst das, was wir machen, nicht wie Menschen inhärent sind, sondern wie die Gesellschaft ist. Und gesellschaftliche Normen können sich ändern.*

Ich bin (Sozial-)Psychologin, weil ich sozialpsychologische Themen liebe, weil diese Disziplin so facettenreich ist und weil Menschsein bedeutet, Teil eines sozialen Gefüges zu sein. Aber die Zweifel, die ich schon im zweiten Semester hatte, als ich dachte, dass Menschen scheinbar gar nicht so toll sind, wenn sie so häufig in Stereotypen denken, wenn sie (strukturell) auf Grund der Herkunft oder des Geschlechts diskriminieren oder Menschen aufgrund von Behinderung, psychischen Erkrankungen oder auch dem Geburtsmodus stigmatisieren, sind nach wie vor in mir und ich schaffe es nie, sie ganz abzuschütteln. Menschen folgen den expliziten und impliziten sozialen Normen der Gesellschaft, weil sie nicht negativ auffallen wollen, weil sie nicht durch die Gesellschaft bestraft werden möchten. Das ist irgendwie verständlich, aber ganz sicher nicht immer gut – zumindest nicht, wenn die gesellschaftlichen Normen auf patriarchalen Strukturen beruhen und damit einen Großteil der Menschen, letztlich fast alle außer weiße Cis-Männer (und wahrscheinlich sogar die) einschränken. All das lässt mich so oft an Menschen zweifeln und dann wiederum denke ich daran, dass sich gesellschaftliche Normen auch ändern können. Sie sind nicht starr, sie sind ganz bestimmt nicht biologisch determiniert. Vielleicht also stereotypisieren, diskriminieren und stigmatisieren Menschen, weil es nach wie vor irgendwie in Ordnung ist, dies zu tun. Aber so traurig es ist, dass gesellschaftliche Intoleranz vielleicht nicht genug bestraft wird, so sehr habe ich auch Hoffnung, dass dies nicht für immer so sein muss. Denn gesellschaftliche Normen ändern sich. Haben sie schon oft.

Vielleicht also gibt es irgendwann keine (fe-)male Mindsets mehr, weil klar ist, dass Weiblichkeit (und Männlichkeit) nichts ist, was uns Menschen von Natur aus mitgegeben wird oder was inhärent mit unseren biologischen Geschlechtsmerkmalen verwoben ist, sondern vielmehr etwas, was durch unsere Sicht auf die Welt normativ erzeugt wird. Female Mindsets prägen unsere Sicht auf die Welt und auf Weiblichkeit. Aber all das ist normativ. Das muss nicht so bleiben. Das kann sich ändern.

Denn Psyche macht Geschlecht.

Danksagung

Ich habe in diesem Buch einige Male kritisch angemerkt, dass das Thema Geburt in der psychologischen Forschung wenig Anklang findet. Es gibt sie aber, die schillernden Ausnahmen: Denn trotz des oftmals schwierigen Publikationsprozess haben mich viele Psycholog*innen in meiner Arbeit sehr unterstützt und sie dadurch viel besser gemacht, als ich es allein hätte können. Dazu zählen auf jeden Fall meine ehemaligen Kolleg*innen aus der Sozial- und Rechtspsychologie der Universität Bonn (und weil sie keine Psychologin ist, nenne ich sie explizit: Carolin Nettemann). Besonders möchte ich mich bei Rainer Banse bedanken, zu dem ich irgendwann mal ins Büro gestolpert kam und verkündete, dass ich gerne genau dieses Thema beforschen möchte. Auch wenn er bis zu diesem Zeitpunkt überhaupt nichts mit diesem zu tun hatte, hat er meine Ideen immer unterstützt und mich in jeglicher Hinsicht bestärkt. Auch möchte ich Norbert Hilger danken, dafür dass ich nicht nur – wie ursprünglich geplant –Hilfe beim Anfertigen schicker statistischer Modelle, sondern vor allem auch einen Freund gefunden habe.

Mein großer Dank gilt auch Elisa Berner und Roland Imhoff, ohne die meine Forschung in den letzten Jahren, vor allem aber dieses Buch so nicht möglich gewesen wäre. Vielen Dank für das Zuhören, Mitdenken und die Kritik während des Schreibprozesses – es fühlt sich fast nicht richtig an, dass ich hier alleine als Autorin stehe. Vor allem aber danke auch dafür, dass ihr meine Arbeit in den letzten Jahren sehr viel weniger einsam und sehr viel schöner gemacht habt.

Ganz herzlich möchte ich mich auch beim Kohlhammer Verlag und vor allem bei Annika Grupp, Kathrin Kastl und Susanne Ehmann für ihre Unterstützung und ihr Vertrauen in dieses Projekt bedanken. Natalie Kort danke ich für die Hilfe bei der Literaturrecherche für das Kapitel zum Thema Sex. Susanne Mierau danke ich sehr für ihre achtsamen und wichtigen Worte im Geleitwort. Auch möchte ich mich bei Jana Heinicke bedanken dafür, dass sie durch das Interview, das sie für ihr Buch geführt hat, unbeabsichtigt den Kohlhammer Verlag auf mich aufmerksam gemacht hat. Ganz allgemein bedanke ich mich bei allen, die meine Forschung und meine Studien unterstützen, indem sie teilnehmen oder die Inhalte bei Social Media teilen. Nur so werden sie überhaupt sichtbar. Danke auch an Stefani Schönhardt für ihr Vertrauen und an meine neuen Kolleginnen vom Institut für Hebammenwissenschaft der Universität Bonn. Ich bin noch nicht lange da, fühle mich aber sehr wohl bei euch.

Darüber hinaus danke ich meinen Eltern, meinen Geschwistern, meinen Nichten und meinem Neffen, meiner Schwiegermutter und meinen Freund*innen – schön, dass ihr alle da seid. Das hilft mir sehr.

Dies gilt ganz besonders auch für meine Töchter und meinen Mann Lars Laaser. Ihr drei habt mich wie bei allen meinen Projekten auch bei diesem Buch sehr getragen. Mit eurer Zeit, eurem Interesse, eurer Neugierde und eurer Begeisterung. Dass das so ist, macht alles immer unbeschreiblich leicht für mich. Ich wüsste nicht, was ich ohne euch wäre. Danke. Ganz in echt.

Literatur

Alexander, M. G., & Fisher, T. D. (2003). Truth and consequences: Using the bogus pipeline to examine sex differences in self-reported sexuality. *The Journal of Sex Research, 40(1),* 27–35. https://doi.org/10.1080/00224490309552164

Artz, B., Goodall, A. H., & Oswald, A. J. (2018). Do Women Ask? *Industrial Relations: A Journal of Economy and Society, 57*(4), 611–636. https://doi.org/10.1111/irel.12214

Asendorpf, J., Banse, R., & Neyer, F. J. (2017). *Psychologie der Beziehung.* Hogrefe AG.

Atir, S., & Ferguson, M. J. (2018). How gender determines the way we speak about professionals. *Proceedings of the National Academy of Sciences of the United States of America, 115*(28), 7278–7283. https://doi.org/10.1073/pnas.1805284115

Bell, A. F., & Andersson, E. (2016). The birth experience and women's postnatal depression: A systematic review. *Midwifery, 39,* 112–123. https://doi.org/10.1016/j.midw.2016.04.014

Bem, S. L. (1974a). *PsycTESTS Dataset.* https://doi.org/10.1037/t00748-000

Bem, S. L. (1974b). The measurement of psychological androgyny. *Journal of Consulting and Clinical Psychology, 42,* 155–162. https://doi.org/10.1037/h0036215

Berner, E., Meißner, L., Emons, A., & Hoffmann, L. (2024). *Girls Just Wanna Be Safe? On the Association between Gender, Sex Role Orientation and Conative Fear of Crime.* Manuskript eingereicht.

Berner, E., Winter, L. & Hoffmann, L. (2025). *Shame and Blame. Self-Stigmatization after Miscarriage.* Manuskript in Vorbereitung.

Block, J. H. (1973). Conceptions of sex role: Some cross-cultural and longitudinal perspectives. *American Psychologist, 28,* 512–526.

Bohren, M. A., Vogel, J. P., Hunter, E. C., Lutsiv, O., Makh, S. K., Souza, J. P., Aguiar, C., Saraiva Coneglian, F., Diniz, A. L. A., Tunçalp, Ö., Javadi, D., Oladapo, O. T., Khosla, R., Hindin, M. J., & Gülmezoglu, A. M. (2015). The Mistreatment of Women during Childbirth in Health Facilities Globally: A Mixed-Methods Systematic Review. *PLoS Medicine, 12(6), e1001847.* https://doi.org/10.1371/journal.pmed.1001847

Bondurant, B. (2001). University women's acknowledgement of rape: Individual, situational, and social factors. *Violence Against Women, 7,* 294–314. https://doi.org/10.1177/1077801201007003004

Bornmann, L., Mutz, R., & Daniel, H.-D. (2007). Gender differences in grant peer review: A meta-analysis. *Journal of Informetrics, 1*(3), 226–238. https://doi.org/10.1016/j.joi.2007.03.001

Botta, R. A., & Pingree, S. (1997). Interpersonal communication and rape: Women acknowledge their assaults. *Journal of Health Communication, 2(3),* 197–212. https://doi.org/10.1080/108107397127752

Bowser, D. & Hill, K. (2010). *Exploring evidence for disrespect and abuse in facility-based childbirth: Report of a Landscape Analysis.* Washington DC. Harvard School of Public Health and University Research. Zugriff am 02.06.2025 unter: https://content.sph.harvard.edu/wwwhsph/sites/2413/2014/05/Exploring-Evidence-RMC_Bowser_rep_2010.pdf

Bradley, R., & Slade, P. (2011). A review of mental health problems in fathers following the birth of a child. *Journal of Reproductive and Infant Psychology, 29*(1), 19–42. https://doi.org/10.1080/02646838.2010.513047

Bredler, E. M. (2024). Grund- und menschenrechtlicher Rahmen von geburtshilflicher Gewalt. In Kruse, M. & Hartmann, K. (Hrsg.), *Trauma und Gewalt in der Geburtshilfe. Ein Handbuch für Fachkräfte.* Schattauer/Klett-Cotta.

Brody, S., & Weiss, P. (2010). Vaginal Orgasm Is Associated with Vaginal (Not Clitoral) Sex Education, Focusing Mental Attention on Vaginal Sensations, Intercourse Duration, and a Preference for a Longer Penis. The Journal of Sexual Medicine, 7(8), 2774–2781. https://doi.org/10.1111/j.1743-6109.2009.01469.x

Brunner, F., Tozdan, S., Klein, V., Dekker, A., & Briken, P. (2021). Lebenszeitprävalenz des Erlebens von Sex und sexueller Berührung gegen den eigenen Willen sowie Zusammenhänge mit gesundheitsbezogenen Faktoren. Bundesgesundheitsblatt, 64, 1339–1354. https://doi.org/10.1007/s00103-021-03434-6

Buhl, S., Osborne, D., Sibley, C. G., & Asbrock, F. (2025). Rebels With(Out) a Cause: The Influence of Gender Inequality on the Relationship Between Egalitarianism and System Justification. Personality and Social Psychology Bulletin. https://doi.org/10.1177/01461672251314913

Bundesinstitut für Bevölkerungsforschung. (2023, 12. Juli). Aktuelle Meldungen – Zahl der Länder mit niedrigen Geburtenraten hat weltweit stark zugenommen. Zugriff am 13.05.2025 unter: https://www.bib.bund.de/DE/Aktuelles/2023/2023-07-07-Zum-Weltbevoelkerungstag-Zahl-der-Laender-mit-niedrigen-Geburtenraten-hat-weltweit-stark-zugenommen.html

Bundeskriminalamt (2024). Bundeslagebild Geschlechtsspezifisch gegen Frauen gerichtete Straftaten 2023. Zugriff am 13.05.2025 unter: https://www.bka.de/SharedDocs/Downloads/DE/Publikationen/JahresberichteUndLagebil

der/StraftatenGegenFrauen/StraftatengegenFrauenBLB2023.html?nn=237578

Chivers, M. L., Seto, M. C., Lalumière, M. L., Laan, E., & Grimbos, T. (2010). Agreement of self-reported and genital measures of sexual arousal in men and women: A meta-analysis. Archives of Sexual Behavior, 39(1), 5–56. https://doi.org/10.1007/s10508-009-9556-9

Clements, C. M., & Ogle, R. L. (2009). Does acknowledgment as an assault victim impact postassault psychological symptoms and coping? Journal of Interpersonal Violence, 24(10), 1595–1614. https://doi.org/10.1177/0886260509331486

Conley, T. D., & Klein, V. (2022). Women Get Worse Sex: A Confound in the Explanation of Gender Differences in Sexuality. Perspectives on Psychological Science: A Journal of the Association for Psychological Science, 17(4), 960–978. https://doi.org/10.1177/17456916211041598

Conley, T. D., Moors, A. C., Matsick, J. L., Ziegler, A., & Valentine, B. A. (2011). Women, Men, and the Bedroom. Current Directions in Psychological Science, 20(5), 296–300. https://doi.org/10.1177/0963721411418467

Conley, T. D., & Yang, T. A. (2024). Can sociocultural and contextual factors explain gender differences in sex drive? A response to Frankenbach et al. (2022). Psychological Bulletin, 150(8), 1004–1010. https://doi.org/10.1037/bul0000412

Conrad, P. (1992). Medicalization and Social Control. Annual Review of Sociology, 18(1), 209–232. https://doi.org/10.1146/annurev.so.18.080192.001233

Corrigan, P. W., Watson, A. C., & Barr, L. (2006). The self-stigma of mental illness: Implications for self-esteem and self-efficacy. Journal of Social and Clinical Psychology, 25(8), 875–884. https://doi.org/10.1521/jscp.2006.25.8.875

Cosans, C. (2004). The meaning of natural childbirth. Perspectives in Biology and Medicine, 47(2), 266–272. https://doi.org/10.1353/pbm.2004.0022

Crawford, M., & Popp, D. (2003). Sexual double standards: A review and methodological critique of two decades of research. Journal of Sex Research, 40(1), 13–26. https://doi.org/10.1080/00224490309552163

Crum, A. J., Salovey, P., & Achor, S. (2013). Rethinking stress: The role of mindsets in determining the stress response. Journal of Personality and Social Psychology, 104(4), 716–733. https://doi.org/10.1037/a0031201

DeMaria, A. L., Delay, C., Sundstrom, B., Wakefield, A. L., Avina, A., & Meier, S. (2019). Understanding women's postpartum sexual experiences. Culture, Health & Sexuality, 21(10), 1162–1176. https://doi.org/10.1080/13691058.2018.1543802

Dienberg, M.-F., Oschatz, T., Kosman, E., & Klein, V. (2022). Does Clitoral Knowledge Translate into Orgasm? The Interplay Between Clitoral Knowledge, Gendered Sexual Scripts, and Orgasm Experience. Journal of Sex & Marital Therapy, 49(5), 484–496. https://doi.org/10.1080/0092623X.2022.2147112

Dienberg, M.-F., Oschatz, T., Piemonte, J. L., & Klein, V. (2023). Women's Orgasm and Its Relationship with Sexual Satisfaction and Well-being. Current Sexual Health Reports, 15(3), 223–230. https://doi.org/10.1007/s11930-023-00371-0

DiMatteo, M. R., Morton, S. C., Lepper, H. S., Damush, T. M., Carney, M. F., Pearson, M., & Kahn, K. L. (1996). Cesarean childbirth and psychosocial outcomes: A meta-analysis. *Health Psychology: Official Journal of the Division of Health Psychology, American Psychological Association*, *15*(4), 303–314. https://doi.org/10.1037/0278-6133.15.4.303

Ditzen, B., Neumann, I. D., Bodenmann, G., Dawans, B. von, Turner, R. A., Ehlert, U., & Heinrichs, M. (2007). Effects of different kinds of couple interaction on cortisol and heart rate responses to stress in women. *Psychoneuroendocrinology*, *32*(5), 565–574. https://doi.org/10.1016/j.psyneuen.2007.03.011

Donath, O. (2015). Regretting motherhood: A sociopolitical analysis. Signs: *Journal of Women in Culture and Society, 40(2),* 343–367.

Döring, N., & Mohseni, M. R. (2022). Der Gender Orgasm Gap. Ein kritischer Forschungsüberblick zu Geschlechterdifferenzen in der Orgasmus-Häufigkeit beim Heterosex. *Zeitschrift Für Sexualforschung*, *35*(02), 73–87. https://doi.org/10.1055/a-1832-4771

Dovidio, J. F., Major, B., & Crocker, J. (2003). Stigma: Introduction and overview. In T. F. Heatherton (Ed.), *The social psychology of stigma (pp. 1-28).* Guilford Press.

Dror, I. (2011). A novel approach to minimize error in the medical domain: Cognitive neuroscientific insights into training. *Medical Teacher*, *33*(1), 34–38. https://doi.org/10.3109/0142159X.2011.535047

Dweck, C. S. (2012). Mindsets and human nature: Promoting change in the Middle East, the schoolyard, the racial divide, and willpower. *The American Psychologist*, *67*(8), 614–622. https://doi.org/10.1037/a0029783

Eagly, A. H. (2020). Do the social roles that women and men occupy in science allow equal access to publication? *Proceedings of the National Academy of Sciences of the United States of America*, *117*(11), 5553–5555. https://doi.org/10.1073/pnas.2001684117

Eagly, A. H., & Miller, D. I. (2016). Scientific Eminence: Where Are the Women? *Perspectives on Psychological Science: A Journal of the Association for Psychological Science*, *11*(6), 899–904. https://doi.org/10.1177/1745691616663918

Eagly, A. H., Nater, C., Miller, D. I., Kaufmann, M., & Sczesny, S. (2020). Gender stereotypes have changed: A cross-temporal meta-analysis of U.S. public opinion polls from 1946 to 2018. *American Psychologist, 75(3),* 301–315. https://doi.org/10.1037/amp0000494

Eickmeier, K., Hoffmann, L., & Banse, R. (2019). The 5-Factor Disgust Scale. *European Journal of Psychological Assessment*, *35*(3), 403–413. https://doi.org/10.1027/1015-5759/a000401

El-Alayli, A., Hansen-Brown, A. A., & Ceynar, M. (2018). Dancing Backwards in High Heels: Female Professors Experience More Work Demands and Special Favor Requests, Particularly from Academically Entitled Students. *Sex Roles*, *79*(3–4), 136–150. https://doi.org/10.1007/s11199-017-0872-6

Ellemers, N. & Haslam, A.S. (2012). *Social Identity Theory.* In P. A. M Van Lange, A. W. Kruglanski, & E. T. Higgins (Eds.), The Handbook of Theories of Social Psychology (Vol. 2, pp. 379–399). London: Sage.

Eronen, M. I., & Bringmann, L. F. (2021). The Theory Crisis in Psychology: How to Move Forward. *Perspectives on Psychological Science: A Journal of the Association for Psychological Science*, *16*(4), 779–788. https://doi.org/10.1177/1745691620970586

Feingold, A. (1994). Gender differences in personality: A meta-analysis. *Psychological Bulletin, 116,* 429–456. https://doi.org/10. 1037/0033-2909.116.3.429

Festinger, L., & Carlsmith, J. M. (1959). Cognitive consequences of forced compliance. *The Journal of Abnormal and Social Psychology, 58(2),* 203–210. https://doi.org/10.1037/h0041593

Frankenbach, J., Weber, M., Loschelder, D. D., Kilger, H., & Friese, M. (2022). Sex drive: Theoretical conceptualization and meta-analytic review of gender differences. *Psychological Bulletin.* Advance online publication. https://doi.org/10.1037/bul0000366

Frederick, D. A., John, H. K. S., Garcia, J. R., & Lloyd, E. A. (2018). Differences in Orgasm Frequency Among Gay, Lesbian, Bisexual, and Heterosexual Men and Women in a U.S. National Sample. *Archives of Sexual Behavior*, *47*(1), 273–288. https://doi.org/10.1007/s10508-017-0939-z

Fu, B., Qin, N., Cheng, L., Tang, G., Cao, Y., Yan, C., Huang, X., Yan, P., Zhu, S. & Lei, J. (2015). Development and validation of an Infertility Stigma Scale for Chinese women. *Journal of psychosomatic research, 79(1),* 69 75. https://doi.org/10.1016/j.jpsychores.2014.11.014

Garthus-Niegel, S., Soest, T. von, Vollrath, M.E., & Eberhard-Gran, M. (2013). The impact of subjective birth experiences on post-traumatic stress symptoms: A longitudinal study. *Archives of Women's Mental Health*, *16*(1), 1–10. https://doi.org/10.1007/s00737-012-0301-3

Genzken, L., & Lehnert, S. (2024). *Warum Frauen eine Alleingeburt riskieren.* tagesschau.de. Zugriff am 13.05.2025 unter: https://www.tagesschau.de/investigativ/swr/vollbild-alleingeburt-100.html

Gillath, O., Shaver, P. R., Baek, J.-M., & Chun, D. S. (2008). Genetic correlates of adult attachment style. *Personality & Social Psychology Bulletin*, *34*(10), 1396–1405. https://doi.org/10.1177/0146167208321484

Glick, P., & Fiske, S. T. (1996). The Ambivalent Sexism Inventory: Differentiating hostile and benevolent sexism. *Journal of Personality and Social Psychology*, *70*(3), 491–512. https://doi.org/10.1037/0022-3514.70.3.491

Gollwitzer, P. M., Heckhausen, H., & Steller, B. (1990). Deliberative and implemental mind-sets: Cognitive tuning toward congruous thoughts and information. *Journal of Personality and Social Psychology*, *59*(6), 1119–1127. https://doi.org/10.1037/0022-3514.59.6.1119

Gossman, G. L., Joesch, J. M., & Tanfer, K. (2006). Trends in maternal request cesarean delivery from 1991 to 2004. *Obstetrics and Gynecology*, *108*(6), 1506–1516. https://doi.org/10.1097/01.AOG.0000242564.79349.b7

Grant, J., Burden, S., & Breen, G. (1997). No evidence of sexism in peer review. *Nature*, *390*(6659), 438. https://doi.org/10.1038/37213

Grosz, M. P., Rohrer, J. M., & Thoemmes, F. (2020). The Taboo Against Explicit Causal Inference in Nonexperimental Psychology. *Perspectives on Psychological Science: A Journal of the Association for Psychological Science*, *15*(5), 1243–1255. https://doi.org/10.1177/1745691620921521

Guzikevits, M., Gordon-Hecker, T., Rekhtman, D., Salameh, S., Israel, S., Shayo, M., Gozal, D., Perry, A., Gileles-Hillel, A., & Choshen-Hillel, S. (2024). Sex bias in pain management decisions. *Proceedings of the National Academy of Sciences of the United States of America*, *121*(33), e2401331121. https://doi.org/10.1073/pnas.2401331121

Haines, H. M., Rubertsson, C., Pallant, J. F., & Hildingsson, I. (2012). The influence of women's fear, attitudes and beliefs of childbirth on mode and experience of birth. *BMC Pregnancy and Childbirth*, *12*, 55. https://doi.org/10.1186/1471-2393-12-55

Hale, C. (1996). FoC: A review of the literature. *International Review of Victimology, 4(2)*, 79–150.

Handelzalts, J. E., Becker, G., Ahren, M.-P., Lurie, S., Raz, N., Tamir, Z., & Sadan, O. (2015). Personality, fear of childbirth and birth outcomes in nulliparous women. *Archives of Gynecology and Obstetrics*, *291*(5), 1055–1062. https://doi.org/10.1007/s00404-014-3532-x

Heinicke, J. (2022). *Aus dem Bauch heraus: Wir müssen über Mutterschaft sprechen.* Goldmann.

Hermann, C. (2021). *Lebensereignisse, kritische im Dorsch Lexikon der Psychologie.* Zugriff am 13.05.2025 unter: https://dorsch.hogrefe.com/stichwort/lebensereignisse-kritische

Hildebrandt, F., Walter-Laager, C., Flöter, M., Pergande, B. (2021): *Abschlussbericht zur Studie.* Hrsg.: Fachhochschule Potsdam/ Entwicklungsinstitut PädQUIS/An-Institut der Alice Salomon Hochschule/Kooperationsinstitut der Universtität Graz. https://www.kompetenznetzwerk-deki.de/material/abschlussbericht-der-bika-beteiligung-im-kita-alltag-studie.html

Hoffmann, L., & Banse, R. (2021). Psychological aspects of childbirth: Evidence for a birth-related mindset. *European Journal of Social Psychology, 51*(1), 124–151. https://doi.org/10.1002/ejsp.2719

Hoffmann, L., Hilger, N., & Banse, R. (2023a). The mindset of birth predicts birth outcomes: Evidence from a prospective longitudinal study. *European Journal of Social Psychology, 53*(5), 857–871. https://doi.org/10.1002/ejsp.2940

Hoffmann, L., Hilger, N., Riolino, E., Lenz, A., & Banse, R. (2023b). Partner support and relationship quality as potential resources for childbirth and the transition to parenthood. *BMC Pregnancy and Childbirth, 23*(1), 435. https://doi.org/10.1186/s12884-023-05748-6

Hoffmann, L. (2024). Soziale und personale Einflussfaktoren auf Respektlosigkeit und Gewalt unter Geburt: Eine psychologische Einordnung. In Kruse, M. & Hartmann, K. (Hrsg.), *Trauma und Gewalt in der Geburtshilfe. Ein Handbuch für Fachkräfte.* Schattauer / Klett-Cotta.

Hoffmann, L., Berner, E., & Hilger, N. (2024a). »Too posh to push?« Self-stigmatization in childbirth. *Social Psychological Bulletin, 19*, Article e13073. https://doi.org/10.32872/spb.13073

Hoffmann, L., Hilger, N., & Banse, R. (2024b). Men, mindsets and birth: Results of a prospective longitudinal study. *Journal of Reproductive and Infant Psychology*, 1–12. https://doi.org/10.1080/02646838.2024.2309374

Hoffmann, L., Berner, E., & Imhoff, R. (2024c). Happy Birth-day? Perceptions of obstetric violence and their implications for well-being. Manuskript eingereicht.

Hoffmann, L., & Imhoff, R. (2024). *Who wants to have sex after birth? Comparing intuitive estimates and actual correlates* [Manuskript in Vorbereitung].

Hopkins-Doyle, A., Chalmers, J., Toribio-Flórez, D., & Cichocka, A. (2024). Gender disparities in social and personality psychology awards from 1968 to 2021. *Communications Psychology, 2*(1), 63. https://doi.org/10.1038/s44271-024-00113-5

Imhoff, R. (2020). Psychologische Bedürfnisse hinter Verschwörungsglauben. *BPJMAKTUELL.*

Imhoff, R., & Lamberty, P. (2020). A bioweapon or a hoax? The link between distinct conspiracy beliefs about the coronavirus disease (COVID-19) outbreak and pandemic behavior. *Social Psychological and Personality Science, 11*(8), 1110–1118.

Imhoff, R., Bertlich, T., & Frenken, M. (2022). Tearing apart the »evil« twins: A general conspiracy mentality is not the same as specific conspiracy beliefs. *Current Opinion in Psychology, 46*, 101349.

Imhoff, R., & Hoffmann, L. (2023). Prenatal sex role stereotypes: Gendered expectations and perceptions of (expectant) parents. *Archives of Sexual Behavior, 52,* 1095–1104. https://doi.org/10.1007/s10508-023-02584-9

Job, V., Dweck, C. S., & Walton, G. M. (2010). Ego depletion – is it all in your head? Implicit theories about willpower affect self-regulation. *Psychological Science, 21*(11), 1686–1693. https://doi.org/10.1177/0956797610384745

Johns, M., Schmader, T., & Martens, A. (2005). Knowing Is Half the Battle: Teaching Stereotype Threat as a Means of Improving Women's Math Performance. *Psychological Science, 16(3),* 175–179. https://doi.org/10.1111/j.0956-7976.2005.00799.x

Jong, P. J. de, van Overveld, M., Schultz, W. W., Peters, M. L., & Buwalda, F. M. (2009). Disgust and contamination sensitivity in vaginismus and dyspareunia. *Archives of Sexual Behavior, 38*(2), 244–252. https://doi.org/10.1007/s10508-007-9240-x

Jonge, A. de, Mesman, J. A. J. M., Manniën, J., Zwart, J. J., van Dillen, J., & van Roosmalen, J. (2013). Severe adverse maternal outcomes among low risk women with planned home versus hospital births in the Netherlands: Nationwide cohort study. *BMJ (Clinical Research Ed.), 346*, f3263. https://doi.org/10.1136/bmj.f3263

Jordan, J. A., Vandello, J. A., Heesacker, M., & Larson-Konar, D. M. (2022). Do Women Withhold Honest Sexual Communication When They Believe Their Partner's Manhood is Threatened? *Social Psychological and Personality Science, 13*(8), 1210–1220. https://doi.org/10.1177/19485506211067884

Jozkowski, K. N., & Satinsky, S. A. (2013). A gender discrepancy analysis of heterosexual sexual behaviors in two university samples. *Journal of Community Health, 38*(6), 1157–1165. https://doi.org/10.1007/s10900-013-9728-3

Kahalon, R., & Klein, V. (2024). Unmasking the role of dehumanization in obstetric violence. *Psychology of Violence.* Advance online publication. https://doi.org/10.1037/vio0000521

Kaiser, M. (2021). *Das Unwohlsein der modernen Mutter.* Rowohlt Taschenbuch.

Kern, S. & Körner, R. (2024). Gewalt bei Fehl- und Totgeburten. In Kruse, M. & Hartmann, K. (Hrsg.), *Trauma und Gewalt in der Geburtshilfe. Ein Handbuch für Fachkräfte.* Schattauer/Klett-Cotta.

Klein, V., & Conley, T. D. (2022). The Role of Gendered Entitlement in Understanding Inequality in the Bedroom. *Social Psychological and Personality Science, 13*(6), 1047–1057. https://doi.org/10.1177/19485506211053564

Klein, V., Imhoff, R., Reininger, K. M., & Briken, P. (2019). Perceptions of Sexual Script Deviation in Women and Men. *Archives of Sexual Behavior, 48*(2), 631–644. https://doi.org/10.1007/s10508-018-1280-x

Kort, N. P. (2024). *Geschlechtsspezifische Skripts und sexueller Ekel: Ihre Rolle im Kontext von sexueller Erregung und Aversion bei Frauen* [Masterarbeit]. Rheinische Friedrich-Wilhelms-Universität, Bonn.

Levinovitz, A. (2020). *Natural: The seductive myth of nature's goodness / Alan Levinovitz.* Profile Books.

Mangler, M. (2024). *Das große Gynbuch.* Insel Verlag.

Martin, J. (2024). Why are females less likely to be diagnosed with ADHD in childhood than males? *The Lancet. Psychiatry, 11*(4), 303–310. https://doi.org/10.1016/S2215-0366(24)00010-5

Matthews, R. (2001). Storks Deliver Babies (p = 0.008). *Teaching Statistics, 22*(2), 36–38. https://doi.org/10.1111/1467-9639.00013

MBRRACE-UK. Saving Lives, Improving Mothers' Care: Lay Summary 2021. Zugriff am 13.05.2025 unter: https://www.npeu.ox.ac.uk/assets/downloads/mbrrace-uk/reports/maternal-report-2021/MBRRACE-UK_Maternal_Report_2021_-_Lay_Summary_v10.pdf

McMullin, D., & White, J., W. (2006). Long-term effects on labeling rape experience. *Psychology of Women Quarterly, 30(1),* 96–105. https://doi.org/10.1111/j.1471-6402.2006.00266.x

Means, K. K., & Morgenroth, T. (2024). The ubiquity of the gender/sex binary: power and status in social psychology. *Frontiers in Social Psychology, 2,* Article 1455364. https://doi.org/10.3389/frsps.2024.1455364

Meyer, R. (2021, 10. April). Studie: Frauen sterben in Deutschland deutlich häufiger an einem Herzinfarkt. *Deutsches Ärzteblatt.* Zugriff am 13.05.2025 unter: https://www.aerzteblatt.de/nachrichten/122798/Studie-Frauen-sterben-in-Deutschland-deutlich-haeufiger-an-einem-Herzinfarkt

Miller, D. I., Nolla, K. M., Eagly, A. H., & Uttal, D. H. (2018). The Development of Children's Gender-Science Stereotypes: A Meta-analysis of 5 Decades of U.S. Draw-A-Scientist Studies. *Child Development, 89*(6), 1943–1955. https://doi.org/10.1111/cdev.13039

Mischel, W. (2012). Self-control theory. *Handbook of Theories of Social Psychology, 2,* 1–22.

Mitchell, K. M. W., & Martin, J. (2018). Gender Bias in Student Evaluations. *PS: Political Science & Politics, 51*(03), 648–652. https://doi.org/10.1017/S104909651800001X

Mondschein, E. R., Adolf, K. E., & Tamis-LeMonda, C. S. (2000). Gen- der bias in mother's expectations about infant crawling. *Journal of Experimental Child Psychology, 77,* 304–316.

Moore, J. & Abetz, J. S. (2019). What do parents regret about having children? Communicating regrets online. *Journal of Family Issues, 40(3),* 390–412. https://doi.org/10.1177/0192513X18811388

Moorhead, J. (1999, January 26). Are you too posh to push? Daily Mail, 1999, pp. 36–37.

Morgenroth, T., Ryan, M.K., Arnold, M.F., & Faber, N.S. (2024), The Moralization of Women's Bodies. *European Journal of Soccial Psycholology.* Advanced online publication. https://doi.org/10.1002/ejsp.3136

Muehlenhard, C. L., & Shippee, S. K. (2010). Men's and women's reports of pretending orgasm. *Journal of Sex Research, 47*(6), 552–567. https://doi.org/10.1080/00224490903171794

National Institute for Health and Clinical Excellence. (2014). *Intrapartum care: Care of health women and their babies during childbirth (Clinical Guideline CG190).* Zugriff am 13.05.2025 unter: https://www.nice.org.uk/guidance/cg190

Neumann, R., & Strack, F. (2000). »Mood contagion«: The automatic transfer of mood between persons. *Journal of Personality and Social Psychology, 79*(2), 211–223. https://doi.org/10.1037/0022-3514.79.2.211

Nowaczewska, M., Wiciński, M., Kaźmierczak, W., & Kaźmierczak, H. (2020). To Eat or Not to Eat: A Review of the Relationship between Chocolate and Migraines. *Nutrients, 12*(3). https://doi.org/10.3390/nu12030608

O'Brien, E., & Rich, M. (2022). Obstetric violence in historical perspective. *The Lancet, 399(10342),* 2183–2185. https://doi.org/10.1016/S0140-6736(22)01022-4

Oeberst, A., & Imhoff, R. (2023). Toward Parsimony in Bias Research: A Proposed Common Framework of Belief-Consistent Information Processing for a Set of Biases. *Perspectives on Psychological Science: A Journal of the Association for Psychological Science, 18*(6), 1464–1487. https://doi.org/10.1177/17456916221148147

Olczyk, M., Gentrup, S., Schneider, T., Volodina, A., Casoni, V. P., Washbrook, E., Kwon, S. J., & Waldfogel, J. (2023). Teacher judgements and gender achievement gaps in primary education in England, Germany, and the US. *Social Science Research, 116.* https://doi.org/10.1016/j.ssresearch.2023.102938

Ollivier, R., Aston, M., Price, S., Sheppard-LeMoine, D., & Steenbeek, A. (2024). ›feeling Ready‹: A Feminist Poststructural Analysis of Postpartum Sexual Health. *Qualitative Health Research, 34*(3), 252–262. https://doi.org/10.1177/10497323231209842

Østergård, O. K., Grønnebæk, L., & Nilsson, K. K. (2024). Do Therapists Know When Their Clients Deteriorate? An Investigation of Therapists' Ability to Estimate and Predict Client Change During and After Psychotherapy. *Clinical Psychology & Psychotherapy, 31*(6), e70015.

Pastore, L., Owens, A., & Raymond, C. (2007). Postpartum sexuality concerns among first-time parents from one U.S. Academic hospital. *The Journal of Sexual Medicine, 4*, 115–123. https://doi.org/10.1111/j.1743-6109.2006.00379.x

Payne, D. L., Lonsway, K.A., & Fitzgerald, L. F. (1999). Rape myth acceptance: Exploration of its structure and its measurement using the Illinois Rape Myth Acceptance Scale. *Journal of Research in Personality, 33(1),* 27–68.

Perrotte, V., Chaudhary, A. & Goodman, A. (2020). »At least your baby is healthy« Obstetric violence or disrespect and abuse in childbirth occurrence worldwide: A literature review. *Open Journal of Obstetrics and Gynecology, 10(11),* 1544–1562. https://doi.org/10.4236/ojog.2020.10110139

Preis, H., Pardo, J., Peled, Y., & Benyamini, Y. (2018). Changes in the basic birth beliefs following the first birth experience: Self-fulfilling prophecies? *PloS One, 13*(11), e0208090. https://doi.org/10.1371/journal.pone.0208090

Proulx, C. M., Helms, H. M., & Buehler, C. (2007). Marital Quality and Personal Well-Being: A Meta-Analysis. *Journal of Marriage and Family, 69*(3), 576–593. https://doi.org/10.1111/j.1741-3737.2007.00393.x

Rothwell, V., Hodson, G., & Prusaczyk, E. (2019). Why Pillory Hillary? Testing the endemic sexism hypothesis regarding the 2016 US election. *Personality and Individual Differences, 138*, 106–108.

Rozenkrantz, L., D'Mello, A. M., & Gabrieli, J. de (2021). Enhanced rationality in autism spectrum disorder. *Trends in Cognitive Sciences, 25*(8), 685–696.

Rublein, L., & Muschalla, B. (2022). Childbirth fear, birth-related mindset and knowledge in non-pregnant women without birth experience. *BMC Pregnancy and Childbirth, 22*(1), 249. https://doi.org/10.1186/s12884-022-04582-6

Ryan, M. K. (2023). Addressing workplace gender inequality: Using the evidence to avoid common pitfalls. *The British Journal of Social Psychology, 62*(1), 1–11. https://doi.org/10.1111/bjso.12606

Salden, S. (2024). Gewalt und Diskriminierungserfahrungen von queeren Personen. In Kruse, M. & Hartmann, K. (Hrsg.), *Trauma und Gewalt in der Geburtshilfe. Ein Handbuch für Fachkräfte.* Schattauer/Klett-Cotta.

Schellenberg, A. (2022, 29. August). »Patient:innen sollten keine Nachhilfe in Rassismus geben müssen«. *Ze.Tt.* Zugriff am 13.05.2025 unter: https://www.zeit.de/zett/2022-08/psychotherapie-rassismus-therapeuten-interview

Schläfer, E. (2024, 14. Dezember). Lehren aus Avignon: Hat die Scham die Seiten gewechselt? *Frankfurter Allgemeine Zeitung.* Zugriff am 13.05.2025 unter: https://www.faz.net/aktuell/gesellschaft/kriminalitaet/nach-avignon-prozess-hat-die-scham-die-seiten-gewechselt-110172979.html

Schmidt, H. (2020, 27. August). Blind Auditions: Wer alle hören will, muss wohl doch sehen. *Zeit Online.* Zugriff am 13.05.2025 unter: https://www.zeit.de/kultur/musik/2020-08/blind-auditions-klassische-orchester-probespielen-vorhang-diversitaet-frauenanteil/komplettansicht

Schmitt, D. P., Jonason, P. K., Byerley, G. J., Flores, S. D., Illbeck, B. E., O'Leary, K. N., & Qudrat, A. (2012). A Reexamination of Sex Differences in Sexuality. *Current Directions in Psychological Science, 21*(2), 135–139. https://doi.org/10.1177/0963721412436808

Schmitt, N., Striebich, S., Meyer, G., Berg, A., & Ayerle, G. M. (2022). The partner's experiences of childbirth in countries with a highly developed clinical setting: A scoping review. *BMC Pregnancy and Childbirth, 22*(1), 742. https://doi.org/10.1186/s12884-022-05014-1

Sears, B. & Sears, M. (2001). The Attachment Parenting Book: A Commonsense Guide to Understanding and Nurturing Your Baby. New York, Boston: Little, Brown and Company.

Seefeld, L., Weise, V., Kopp, M., Knappe, S., & Garthus-Niegel, S. (2021). Birth Experience Mediates the Association Between Fear of Childbirth and Mother-Child-Bonding Up to 14 Months Postpartum: Findings From the Prospective Cohort Study DREAM. *Frontiers in Psychiatry, 12*, 776922. https://doi.org/10.3389/fpsyt.2021.776922

Simmons, J. P., Nelson, L. D., & Simonsohn, U. (2011). False-positive psychology: Undisclosed flexibility in data collection and analysis allows presenting anything as significant. *Psychological Science, 22*(11), 1359–1366.

Smith, E. R., & Mackie, D. M. (2007). *Social Psychology* (3rd ed.). Psychology Press.

Spiegel (2022, 14. Dezember). *Alleingelassen, bloßgestellt, zum Essen gezwungen.* Zugriff am 11.06.2025 unter: https://www.spiegel.de/panorama/bildung/verdacht-auf-gewalt-in-kitas-alleingelassen-blossgestellt-zum-essen-gezwungen-a-9f688b17-2d52-4841-81eb-7ff97190b18d

Spoon, K., LaBerge, N., Wapman, K. H., Zhang, S., Morgan, A. C., Galesic, M., Fosdick, B. K., Larremore, D. B., & Clauset, A. (2023). Gender and retention patterns among U.S. Faculty. *Science Advances, 9*(42), eadi2205. https://doi.org/10.1126/sciadv.adi2205

Statistisches Bundesamt. (2023, 15. Februar). *Fast ein Drittel aller Geburten im Jahr 2021 durch Kaiserschnitt.* Zugriff am 13.05.2025 unter: https://www.destatis.de/DE/Presse/Pressemitteilungen/2023/02/PD23_N009_231.html

Statistisches Bundesamt. (2024, 2. Mai). *Zahl der Geburten im Jahr 2023 auf niedrigstem Stand seit 2013.* Zugriff am 13.05.2025 unter: https://www.destatis.de/DE/Presse/Pressemitteilungen/2024/05/PD24_174_126.html

Statistisches Bundesamt. (2024b, 24. April). Korrektur: 2,2% mehr Schwangerschaftsabbrüche im Jahr 2023. Zugriff am 13.05.2025 unter: https://www.destatis.de/DE/Presse/Pressemitteilungen/2024/04/PD24_164_233.html#:~:text=WIESBADEN%20-%20Die%20Zahl%20der%20Schwangerschaftsabbrüche,000%20Fälle)%20zu%20verzeichnen%20war

Steiner, T. J., Stovner, L. J., Jensen, R., Uluduz, D., & Katsarava, Z. (2020). Migraine remains second among the world's causes of disability, and first among young women: Findings from GBD2019. *The Journal of Headache and Pain, 21*(1), 137. https://doi.org/10.1186/s10194-020-01208-0

Stoevenbelt, A. H., Flore, P. C., Wicherts, J. M., Bergers, R., Calin-Jageman, R., Gomez, L. A., Hüffmeier, J., Imundo, M. N., Martin, S., Pan, S. C., Phillips, L., Pietschnig, J., Ripp, T., Röer, J. P., Schleu, J. E., Torka, A.-K., Verschuere, B., Voracek, M., & Weiss, L.-A. S. (2024). Registered Replication Report: Johns, Schmader, & Martens (2005). Zugriff am 13.05.2025 unter: https://osf.io/preprints/psyarxiv/qctkp_v1

Stokowski, M. [. (2020). *»Mindset« ist so ein 100% unsympathisches Wort, warum [X].* Zugriff am 13.05.2025 unter: https://x.com/marga_owski/status/1214743708786188288

Suri, R. (2024). Rassismus in der Geburtshilfe. In Kruse, M. & Hartmann, K. (Hrsg.), *Trauma und Gewalt in der Geburtshilfe. Ein Handbuch für Fachkräfte.* Schattauer/Klett-Cotta.

Sydow, K. von (1999). Sexuality during pregnancy and after childbirth: A metacontent analysis of 59 studies. *Journal of Psychosomatic Research*, *47*(1), 27–49. https://doi.org/10.1016/S0022-3999(98)00106-8

tagesschau.de. (2023). *Weltbevölkerung wächst um 66 Millionen neue Erdenbürger. Zugriff am 13.05.2025 unter:* https://www.tagesschau.de/wissen/66-millionen-neue-erdenbuerger-100.html

Thomas, T. (2024, December 11). ›Medical misogyny‹ condemns women to years of gynaecological pain, MPs told. *The Guardian.* Zugriff am 13.05.2025 unter: https://www.theguardian.com/society/2024/dec/11/medical-misogyny-condemns-women-to-years-of-gynaecological-pain-mps-told

Troche, S., & Rammsayer, T. (2011). Eine Revision des deutschsprachigen Bem Sex-Role Inventory. *Klinische Diagnostik und Evaluation, 4,* 262–283.

Tropschuh, K. (2023). Wirkung von COVID-19-Infektionen und -Impfungen auf den Zyklus, die weiblichen Sexualhormone und die Fertilität. *Journal Für Gynäkologische Endokrinologie/Schweiz, 26*(4), 190–192. https://doi.org/10.1007/s41975-023-00323-w

Rubin, J. D., Conley, T. D., Klein, V., Liu, J., Lehane, C. M., & Dammeyer, J. (2019). A cross-national examination of sexual desire: The roles of ›gendered cultural scripts‹ and ›sexual pleasure‹ in predicting heterosexual women's desire for sex. *Personality and Individual Differences, 151,* Article 109502. https://doi.org/10.1016/j.paid.2019.07.012

UN Women Deutschland e.V. (2024). *Gender Gaps in Deutschland: Einkommenslücke, Rentenlücke, Lebenseinkommenslücke, Sorgearbeitslücke.* Zugriff am 13.05.2025 unter: https://unwomen.de/gender-gaps-in-deutschland/

van Arensbergen, P., van der Weijden, I., & van den Besselaar, P. (2012). Gender differences in scientific productivity: A persisting phenomenon? *Scientometrics, 93*(3), 857–868. https://doi.org/10.1007/s11192-012-0712-y

van der Lee, R., & Ellemers, N. (2015). Gender contributes to personal research funding success in The Netherlands. *Proceedings of the National Academy of Sciences of the United States of America, 112*(40), 12349–12353. https://doi.org/10.1073/pnas.1510159112

van Lange, P., Kruglanski, A., & Higgins, E. (Eds.). (2012). *Handbook of Theories of Social Psychology: Volume 1.* SAGE Publications Ltd.

van Lange, P., Kruglanski, A., & Higgins, E. (Eds.). (2012). *Handbook of Theories of Social Psychology: Volume 1.* SAGE Publications Ltd. https://doi.org/10.4135/9781446249215

van Syckle, K., & Caron, C. (2020, March 28). ›Women Will Not Be Forced to Be Alone When They Are Giving Birth‹. *The New York Times.* Zugriff am 13.05.2025 unter: https://www.nytimes.com/2020/03/28/parenting/nyc-coronavirus-hospitals-visitors-labor.html

Vandello, J. A., Bosson, J. K., Cohen, D., Burnaford, R. M., & Weaver, J. R. (2008). Precarious manhood. *Journal of Personality and Social Psychology, 95(6),* 1325–1339. https://doi.org/10.1037/a0012453

Volker, B., & Steenbeek, W. (2015). No evidence that gender contributes to personal research funding success in The Netherlands: A reaction to van der Lee and Ellemers. *Proceedings of the National Academy of Sciences of the United States of America, 112*(51), E7036–7. https://doi.org/10.1073/pnas.1519046112

Watts, T. W., Duncan, G. J., & Quan, H. (2018). Revisiting the Marshmallow Test: A Conceptual Replication Investigating Links Between Early Delay of Gratification and Later Outcomes. *Psychological Science, 29*(7), 1159–1177. https://doi.org/10.1177/0956797618761661

Werkmeister, G., Jokinen, M., Mahmood, T., & Newburn, M. (2008). Making normal labour and birth a reality – developing a multi disciplinary consensus. *Midwifery, 24(3),* 256–259. https://doi.org/10.1016/j.midw.2008.06.001

Werth, L., Denzler, M., & Mayer, J. (2020a). *Sozialpsychologie – Das Individuum im sozialen Kontext.* Springer Berlin Heidelberg. https://doi.org/10.1007/978-3-662-53897-5

Werth, L., Seibt, B., & Mayer, J. (2020b). *Sozialpsychologie – Der Mensch in sozialen Beziehungen.* Springer Berlin Heidelberg. https://doi.org/10.1007/978-3-662-53899-9

Willcutt, E. G. (2012). The prevalence of DSM-IV attention-deficit/hyperactivity disorder: A meta-analytic review. *Neurotherapeutics: The Journal of the American Society for Experimental NeuroTherapeutics, 9*(3), 490–499. https://doi.org/10.1007/s13311-012-0135-8

Wilson, L. C., & Miller, K. E. (2016). Meta-analysis of the prevalence of unacknowledged rape. *Trauma, Violence, & Abuse, 17,* 149–159. https://doi.org/10.1177/1524838015576391

Wilson, L. C., Newins, A. R., & White, S. W. (2017). The impact of rape acknowledgement on survivor outcomes: The moderating effects of rape myth acceptance. *Journal of Clinical Psychology,* 1–14. https://doi.org/10.1002/jclp.22556

World Health Organization (1985). Appropriate Technology for Birth. *The Lancet, 326*(8452), 436–437. https://doi.org/10.1016/S0140-6736(85)92750-3

World Health Organization. (2018). *WHO recommendations. non-clinical interventions to reduce unnecessary caesarean sections / World Health Organization.* World Health Organization.

World Health Organisation (2019). *Violence against women: Intimate partner and sexual violence against women.* https://iris.who.int/bitstream/handle/10665/329889/WHO-RHR-19.16-eng.pdf?ua=1

World Health Organisation (2020). *Coronavirus disease (COVID-19): Pregnancy and childbirth.* https://www.who.int/emergencies/diseases/novel-coronavirus-2019/question-and-answers-hub/q-a-detail/coronavirus-disease-covid-19-pregnancy-and-childbirth

World Health Organization. (2025). *Coronavirus disease (COVID-19): Pregnancy, childbirth and the postnatal period.* Zugriff am 13. 05. 2025 unter. https://www.who.int/emergencies/diseases/novel-coronavirus-2019/question-and-answers-hub/q-a-detail/coronavirus-disease-covid-19-pregnancy-and-childbirth